ullstein

## Das Buch

Bis zu seiner Verhaftung Mitte der neunziger Jahre galt Andreas Marquardt als einer der brutalsten und gefährlichsten Zuhälter in der Berliner Halbwelt. Im Gefängnis vertraut er sich einem Therapeuten an und spricht erstmals offen über das, was er in seiner Kindheit durchleiden musste: Der Vater war ein sadistischer Schläger, der die Familie früh im Stich ließ, und von der Mutter wurde er jahrelang systematisch sexuell missbraucht …
Obwohl diese seelischen Wunden sicher nie ganz verheilen werden, hat Andreas Marquardt es geschafft. Er brachte die Kraft auf, sich dem Einfluss der Mutter zu entziehen, mit Hilfe einer Therapie die extrem traumatischen Erfahrungen seiner Kindheit zu verarbeiten und so den Weg zurück ins Leben zu finden.
Seine Geschichte ist der erschütternde Bericht über eine gestohlene Kindheit, ein extremes Leben im Berliner Rotlichtmilieu und eine schwierige, allmähliche Läuterung. Heute unterrichtet Andreas Marquardt in einem Sportstudio in Neukölln voller Enthusiasmus Kinder in Karate und engagiert sich für zahlreiche soziale Projekte.

## Die Autoren

Andreas Marquardt, geboren 1956, war ein international anerkannter Kampfsport-Champion und über zwei Jahrzehnte lang Zuhälter in Berlin.
2003 wurde er nach insgesamt acht Jahren aus der Haft entlassen und ist heute zusammen mit seiner langjährigen Lebensgefährtin in einer Sportschule in Berlin-Neukölln tätig.

Jürgen Lemke, geboren 1943, Diplom-Sozialpädagoge und Psychotherapeut, arbeitet seit 16 Jahren bei der Berliner Beratungsstelle »Kind im Zentrum« (KiZ). Er hat Andreas Marquardt während der Haft als Therapeut begleitet und seine Geschichte aufgeschrieben. Jürgen Lemke ist Autor von mehreren Büchern (*Ganz normal anders*, 1988; *Hochzeit auf Dänisch*, 1992 und *Verloren am anderen Ufer*, 1994) sowie Texten fürs Theater.

Andreas Marquardt
mit Jürgen Lemke

# HÄRTE

## Mein Weg aus dem Teufelskreis der Gewalt

Mit einem neuen Nachwort
von Jürgen Lemke

Ullstein

Besuchen Sie uns im Internet:
www.ullstein-taschenbuch.de

FSC
www.fsc.org
MIX
Papier aus verantwortungsvollen Quellen
FSC® C083411

Neuausgabe im Ullstein Taschenbuch
1. Auflage März 2015
3. Auflage 2017

Redaktion: Regina Carstensen
Umschlaggestaltung: ZERO Werbeagentur, München,
nach einer Vorlage von Markus Tiarks, Rosa von Praunheim Film
Foto: Elfi Mikesch
Satz: Pinkuin Satz und Datentechnik, Berlin
Gesetzt aus der Sabon
Druck und Bindearbeiten: CPI books GmbH, Leck
ISBN 978-3-548-37572-4

Für Marion

# Inhalt

# Ich bin keine Puschmütze!

1 Es gab Plätze in der Wohnung, die ich mit Vater verband. Dazu gehörten ein Stuhl am Wohnzimmertisch und unser Balkon, von dem man auf die Straße schauen konnte. Familienbesuch nannte er seine Auftritte. Er kam in die Wohnung, und gleich war dicke Luft. Meistens ging es um Unterhaltszahlungen, das leidige Dauerthema zwischen meiner Mutter und ihm. Vater führte sich auf wie ein Schwein.

Ich war noch klein, als er Mutter und mich verließ, und ich erinnere mich nicht, dass er mit uns zusammen gewohnt hat. Was er bei seinen Besuchen abzog, war der reinste Terror. Wie soll man das sonst nennen, wenn ein Vater versucht, aus seinem eigenen Sohn einen Krüppel zu machen? Nein, nein, nicht im Suff, er war stocknüchtern. Mutter, Großmutter und Großvater haben mir das bestätigt, und zwar unabhängig voneinander. Seine gewalttätigen Exzesse zog er bei klarem Verstand durch.

Ich bin sechs, da zerquetscht er mir die rechte Hand. Er poltert in unser Wohnzimmer, ich verdrücke mich in eine Ecke, ich will ihm nicht die Hand geben. Von seinem Stuhl am Wohnzimmertisch pfeift er mich heran wie einen Hund:

»Komm her, gib deinem Vater wenigstens die Hand!«

Achtung, denke ich, wieder dicke Luft! Ich strecke ihm meine Hand entgegen und laufe ganz vorsichtig auf ihn zu. Er drückt die Hand – noch ist alles normal –, ich halte gegen, ganz leicht, und flüstere: »Guten Tag, Vati.« Ich ahne schon etwas.

»Na wat denn«, blafft er mich an. »Fass mal zu hier, ick denk, du bist Sportler. Na, drück schon, bist doch 'n Kerl, Mann, oder biste 'ne Memme, 'ne Pfeife, 'ne Puschmütze? Wat biste denn, bist ja wie'n Mädchen.«

Und dann drückt er zu.

An die zwei, drei Minuten liegt meine Hand in einem Schraubstock, und der Schraubstock schließt sich Millimeter für Millimeter.

Mir schießen die Tränen in die Augen.

Ich flehe ihn an:

»Meine Hand! Bitte nicht! Du zerquetschst meine Finger!«

Ich winde mich wie ein Aal, ich beiße in seinen Oberschenkel, alles umsonst. Er lässt sich nicht erweichen, er presst und presst, dabei hat er dieses fiese Grinsen im Gesicht.

Den Schmerz vergesse ich nie. Ich brülle wie am Spieß: »Meine Hand, meine Hand!«

Endlich kann Mutter ihn von mir wegreißen.

Ich puste mir die kaputten Finger und wimmere ganz erbärmlich: »Ich bin keine Puschmütze, ich bin keine Puschmütze.«

Auf dem Weg ins Krankenhaus bläut Mutter mir ein, was ich dem Arzt sagen darf und was nicht. Die Wahrheit verbietet sie mir. Es wird schon einen Grund dafür geben, denke ich mir, warum der Doktor nicht erfahren darf, dass Vater der Übeltäter ist. Ich verstehe nicht, was gemeint ist, wenn sie sagt: »Sonst holt dich das Amt.« Aber dass sie mich nicht verlieren will, das fühle ich schon. Selbstverständlich lüge ich, was das Zeug hält: »Herr Doktor, ich habe mir in einer Schublade die Finger geklemmt. Ich weiß selber nicht, wie ich da reingekommen bin.« Der Arzt sieht sich die Hand an, schüttelt den Kopf und tut mir noch einmal weh.

Monatelang laufe ich mit einem Gipsverband herum. Ich bin in der ersten Klasse, schreiben kann ich damit nicht. Das Einzige, was läuft: Ich kann mit den anderen Schülern im Chor das Alphabet rauf- und runterleiern. Mutter erzählt in der Nachbarschaft, an meiner Schreibhand war eine Knochenrichtung nötig, damit der Junge später einmal eine sehr schöne Handschrift bekommt. Ich nicke artig mit dem Kopf, wenn sie die Geschichte mit dem Gips und der schönen Handschrift erzählt. Dass es darum geht, meine rechte Hand überhaupt noch einmal benutzen zu können, verschweigt sie.

Opa stellt Vater zur Rede, und in seiner Schimpfkanonade fällt mehrmals das Wort Jugendamt. Was dahintersteckt, weiß ich nicht.

Der Arzt bastelt monatelang an meiner Hand herum, denn die Knochen sind völlig ineinander verdreht und verschoben. In Abständen von zwei Wochen muss er den Gips öffnen, die Hand röntgen, die Knochen korrigieren und mit einer Schraube passgerecht machen. Bis alles wieder einigermaßen ordentlich zusammengewachsen ist, vergeht ein halbes Jahr.

Als mich nach den Osterferien meine Lehrerin das erste Mal an die Wandtafel holt und mich auffordert, meinen Vornamen mit Kreide an die Tafel zu schreiben, ist im Klassenzimmer schlagartig Stille. Ich erhebe mich, gehe nach vorn, greife mit der linken Hand nach einem Stück Kreide, überlege kurz, und nehme es in die rechte. Meine Finger zittern, das Kreidestück fällt mir aus der Hand und zerbricht auf dem Fußboden in mehrere Teile. Ich bücke mich, sammle die Teile auf, lege sie vorsichtig auf die Tafelablage neben den Schwamm und schaue hilflos zur Lehrerin. Sie kommt auf mich zu, reicht mir ein neues Kreidestück, und mit ihrer Unterstützung krakele ich mit der genesenen Hand meinen Namen in Großbuchstaben an die Tafel. Das leise Gekicher, das im Klassenzimmer aufgekommen war, verstummt. Ich drehe mich um zu den anderen und strahle über das ganze Gesicht.

Ich war kein Wunschkind. Vater heiratete meine Mutter, weil ich unterwegs war. Und wenn schon ein Kind, dann wollte er unbedingt ein Mädchen, auf gar keinen Fall einen Jungen. Als er einmal auf mich aufpassen musste, weil Mutter kurz einkaufen ging, stellte er mich bei null Grad – ich war noch ein Baby – auf den Balkon und bespritzte mich mit kaltem Wasser. Prompt hatte ich einen Tag später eine Lungenentzündung.

Das war schon die Härte, das muss man sich mal reinziehen. Fehlte nur, dass er mich mit nacktem Po auf die heiße Herdplatte gesetzt hätte. Ich vermute, Mutter konnte sich so schlecht gegen ihn wehren, weil sie jahrelang die Hoffnung nicht aufgab, dass er doch noch zur Vernunft kommen würde, um mit uns als Familie zusammenzuleben.

So klein, wie ich war, ich, der Sechsjährige, legte einen Schwur ab: Nie wieder Keile, nie wieder darf mir jemand so wehtun. Ich bin keine Puschmütze, ich bin ein Harter, ich werde es euch allen zeigen!

Eigentlich Wahnsinn, was sich der Knirps da vornimmt. Heute ziehe ich den Hut vor diesem Kind. Klar, dahinter standen die pure Verzweiflung und ein ausgeprägter Überlebenswille. Bei einem Sechsjährigen sicherlich eine Instinktsache, und trotzdem: Kinder in Not entwickeln diese Kräfte oder gehen vor die Hunde. Ich vergleiche mich mit einem Straßenkind, das, ganz auf sich gestellt, miese Erfahrungen macht und dabei lernt, sich wie ein kleiner Erwachsener durchzubeißen. Entweder es kommt durch, oder es bleibt auf der Strecke und verreckt erbärmlich. Ein behütetes Kind muss sich nicht selber aus seinem Elend befreien und Schwüre ablegen, um zu überleben.

Opa war Feuer und Flamme, als sein Enkel daraufhin in einen Sportverein wollte. Zuerst ging er mit mir in einen Ringerverein. Aber nach kurzer Zeit wollte ich dort weg. Das, was da auf der Matte ablief, war doch nur albernes Rumgebalge, reinster Kinderkram, viel zu lasch für mich. Dort hätte ich nie geschafft, was ich mir vorgenommen hatte.

Anschließend nahm er mich zu einem Boxverein mit. Bevor ich mich in die Mitgliederkartei eintragen ließ, sahen wir uns erst einmal ein Training an. Boxen – das kam schon besser.

Keine vier Wochen vergingen, und wir hatten den zweiten Reinfall. Ich war wieder enttäuscht. Boxen war ja genauso läppisch wie Ringen, da passierte auch nicht viel mehr, boxen konnte doch jedes Kind auf der Straße. Da würden Jahre vergehen, bis ich ein ernstzunehmender Kämpfer war.

Opa verstand sofort, tröstete mich und meinte, wir würden schon noch das Richtige finden. Bestimmt gäbe es eine Sportart, die genau zu mir passen würde. Die Woche drauf marschierten wir zusammen zu einem Judoverein. Ich war hellauf begeistert, das war's! Umschlagen, hebeln, würgen, auf den Boden drücken, festhalten, kampfunfähig machen. Der Gegner blieb auf der Matte liegen und konnte sich nicht mehr bewegen. Hier war ich in meinem Element. Judo, das war kein Kinderkram. Ich wollte unbedingt bleiben, ich hatte gefunden, womit ich meinen Schwur erfüllen konnte. Opa war so glücklich wie ich. Sah er doch, wie meine Augen leuchteten.

Er wäre weiter mit mir auf die Suche gegangen, wenn mich Judo auch nicht gefesselt hätte. Opa war die Ruhe in Person und wäre wer weiß wohin mit mir marschiert, nur um mich glücklich zu machen.

## Ein Bett für mich allein

2

Ich hatte keine rosigen Startbedingungen, aber unglücklich war meine Kindheit nicht. Na gut, mit Einschränkungen. Aber vor allem Oma und Opa haben getan, was sie konnten. Sehr gern erinnere ich mich an die Wochenenden und die Schulferien in unserer Laube. Drei kleine Zimmer und Küche, gut zweihundertfünfzig Meter von der Mauer entfernt. Ein großer Garten mit Obstbäumen, Tannen und Sträuchern, insgesamt an die fünfhundert Quadratmeter. Von zu Hause in der Mainzer Straße bis dorthin brauchte man zu Fuß ungefähr vierzig Minuten, mit dem Fahrrad knapp zehn. Ich habe mich oft im Indianeranzug und buntem Federschmuck auf dem Kopf, eine Streitaxt in der Hand, an die Erwachsenen herangepirscht und sie beim Dösen unter den Tannen erschreckt. In der Bullenhitze im Sommer bin ich zum Schwimmen in den nahe gelegenen Teltowkanal, und vor dem Schlafengehen bin ich meistens noch einmal in die Zinkbadewanne unterm Apfelbaum gesprungen. War kein Badewetter, habe ich mich aufs Fahrrad geschwungen und bin stundenlang in der Gegend herumgefahren.

Das Essen, das Oma zu Hause vorgekocht hatte, wärmte sie auf dem Propangaskocher auf, und am Gartentisch schmeckte es noch besser als am Esstisch im Winterquartier, wie Opa unsere große Drei-Zimmer-Wohnung in der Nähe vom U-Bahnhof Boddinstraße nannte. Viele Arbeiterfamilien aus Neukölln hatten neben der Wohnung ein Grundstück mit Laube, wo sie den größten Teil ihrer Freizeit verbrachten. In diesen Jahren kam ein Neuköllner noch nicht auf die Idee, im Urlaub nach Italien zu fahren.

Mir wird ganz warm ums Herz, wenn ich daran denke, wie Großvater mir abends die Sternbilder erklärte. Den Polarstern, den Großen und den Kleinen Wagen und all die anderen Sterne, von denen ich die Namen längst wieder vergessen habe. Schweigsam wurde er, wenn ich ihm Fragen nach dem Krieg stellte, den er als einfacher Soldat bis zum Schluss mitgemacht hatte.

Opa musste das Grundstück schließlich verkaufen, weil auf den Parzellen Hochhäuser gebaut wurden. Es dauerte nicht lange, und wir erwarben einen neuen Garten in der Nähe vom Spandauer Damm. Er war nicht ganz so groß wie der frühere, aber seinen Zweck erfüllte er auch.

Großvater war nicht der leibliche Vater meiner Mutter, er hat sie aber als seine Tochter angesehen. Ihr Verhältnis war nicht so herzlich wie das zwischen Oma und Mutter, in meinen Augen wirkte es eher sachlich und korrekt. Als junge Frau hatte sich Oma von einem feinen Herrn ein Kind andrehen lassen, und der dachte nicht im Traum daran, sie zu heiraten, nur weil sie guter Hoffnung war. Er ließ sie sitzen und Oma musste zusehen, wie sie mit dem Balg zurechtkam.

Auf einem Foto aus den fünfziger Jahren sitzt Opa im feinen Zwirn mit Schlips und Kragen, ein Kavalierstuch in der Brusttasche, kerzengerade auf einem Stuhl. »Seine« Frauen stehen rechts und links hinter ihm und legen vertrauensvoll eine Hand auf seine starken Schultern. Wer die Personen auf dem Foto nicht kennt, könnte die drei für einen Vater mit seinen zwei hübschen Töchtern halten, denn Mutter war zu diesem Zeitpunkt erst neunzehn und Oma noch nicht einmal vierzig. Beide wussten, dass sie gut aussahen, und zu seinem Geburtstag hatten sie sich ihre besten Kleider angezogen. Zur Feier des Tages trugen sie sogar Nelken aus unserem Garten im Haar.

Oma gefiel es, unseren Haushalt zu führen und umsichtig für uns zu sorgen. Ich war ihr Liebling, den sie hinten und vorne verwöhnen konnte und der ihr »Löcher in den Bauch« fragen durfte. Zu einem Geburtstag schenkte sie mir *Man lacht über Putzi*. Ein Comic-Heftchen, zehn mal zehn Zentimeter, nicht sehr dick und schön bunt illustriert. Kostenpunkt etwa dreißig oder vierzig Pfennig. Putzi war eine Art Mickymaus, ein lustiger Geselle, aber nicht der Stärkste. Ich wusste früh, über die Schwachen wird gelästert und gelacht. So wie Putzi werde ich nie, nahm ich mir vor, über mich lacht keiner.

Oma hat sich sehr zurückgehalten, wenn es Krach zwischen meinen Eltern gab. Nachdem mein Vater uns endgültig verlassen hatte, drängelte sie Mutter auch nicht, sich einen anderen Mann zu suchen.

Opa schuftete sein Leben lang als Bäcker. Er war mittelgroß, sehr kräftig, dabei schlank, sein Gesicht war schmal, die Ohren standen leicht ab, und der Schädel war beinahe kahl. Ich war fasziniert von seinen großen Händen, die in der Backstube den Teig in der Luft herumwirbelten und im letzten Moment geschickt wieder auffingen.

Eisern wie ein Stehaufmännchen hat er sich bei Wind und Wetter um Mitternacht aufs Fahrrad geschwungen und ist los zur Arbeit. Bei Regen setzte er seine imprägnierte Regenkappe auf. Frei hatte er nur am Sonntag, krank sein gab's für ihn nicht. Ich bin für die Familie da, ich muss arbeiten, damit der Schornstein raucht, das war seine Einstellung, dazu stand er. Mir imponierte diese Haltung, ich liebte ihn dafür.

Am Vormittag kehrte er aus der Backstube zurück und legte sich schlafen. Nach dem Aufstehen las er seine Zeitung, danach sah er fern und unterhielt sich mit demjenigen, der gerade da war. Wenn ich aus der Schule kam, hatte Oma warmes Essen fertig, und wir aßen zu Mittag, redeten über die Schule und meinen Sport. Anschließend machte ich meine Hausaufgaben, griff mir die Sporttasche und ging zum Training. Opa legte sich noch einmal hin und schlief zwei weitere Stunden. Am Abend saß die Familie gemeinsam am Esstisch, dann, wenn Mutter gegen sechs Uhr von der Arbeit in die Türe trat. Sie war über viele Jahre Kontoristin in einer Wäscherei und Reinigung, die es schon lange nicht mehr gibt.

Während ich in der Sporthalle trainierte, kontrollierte Opa nach seinem Nachmittagsschlaf meine Hausaufgaben. War er mit dem Resultat nicht zufrieden, brachte er seine Einwände am Abendbrottisch vor, und ich musste nach dem Essen noch einmal ran. Meine schulischen Leistungen lagen zwischen zwei und drei. Wurde ich schlechter, drohte Mutter: »Wenn du nicht besser lernst, gehst du mir nicht mehr zum Sport!« Ihre Worte verdrängte ich, wach wurde ich erst, wenn Großvater mich zur Brust nahm: »Schularbeiten im Schnellverfahren? Kommt nicht in Frage. Mach es ordentlich, ansonsten weht hier ein anderer Wind.« Klar doch, er hatte bei mir die Vaterrolle übernommen. War Zeugnistag, gab's schon mal 'ne Standpauke zu diesem und jenem Fach. Oma hielt sich raus und sagte höchstens: »Recht haben sie.«

Opa war für mich »alte Schule«. »Ordnung, Fleiß und Sauberkeit sind Tugenden«, sagte er, »die kosten nichts und bringen viel. Das gilt für deinen Sport genauso wie für den Schulunterricht.« Wenn er mit seinen Sprüchen kam, wurde die Stimme ernst und feierlich. Beim Reden ging er mir mit einer Hand über den Kopf, mit der anderen zupfte er an meinen Kragenecken herum.

Manchmal spürte ich seine Herzlichkeit sehr deutlich. Aber Umarmungen – so was kam für ihn nicht in Frage. »Nichts für einen richtigen Jungen«, meinte er und zog kurz an meinem Ohrläppchen, wenn ich mich an ihn anschmiegen wollte. Gewöhnlich schob er noch einen Spruch hinterher: »Ein Junge drängt sich nicht so auf.«

Mir gefiel, wie er das rüberbrachte, ich kapierte, was er mir damit sagen wollte. Es passte zu dem, was ich mir vorgenommen hatte. Verlegen lachte ich ihm frech ins Gesicht, und schon lief ich wieder rund.

Großvater brachte mir bei, dass man sich im Leben durchsetzen müsse. Jammern und klagen nützen gar nichts, sagte er, stark müsse man werden und besser als die anderen. Wir leben nun mal in einem Neuköllner Mietshaus und nicht in einer Villa im Grunewald. Mit Zimperlichkeit würde da gar nichts gehen. »Beiß die Zähne zusammen, sei strebsam und gib nicht so schnell auf, wenn du dir was vorgenommen hast«, war einer von seinen Lieblingssprüchen. Wenn er »Neukölln« sagte, gab er mir zu verstehen, es wird einem hier nicht leicht gemacht, aber man könne es schaffen.

Ich sollte meinen Weg gehen, und das war der, den man so geht in einer Familie aus Neukölln – man beißt sich durch. Bubi Scholz war so ein Beispiel in Berlin, er kam jedoch aus dem Prenzlauer Berg.

Als Junge sah ich im Fernsehen einen Film, der mich beeindruckte, an den Titel und die Schauspieler kann ich mich nicht erinnern. Die Hauptfigur war ein ganz normaler Mensch, ziemlich unauffällig, eigentlich ein kleiner Wicht. Er schlotterte vor Angst, wenn sein Boss sich ihm auf zehn Meter näherte. Eines Tages drückte ihm jemand eine Schachtel mit hellblauen Pillen in die Hand und sagte: »Nimm eine, wenn du das nächste Mal zum Chef gehst.«

Der Angsthase schluckte eine von den bunten Pillen, und im Handumdrehen fühlte er sich wie Supermann und wurde zum Beschützer der anderen Wichte im Büro. Kaum hatte er das Ding intus, riskierte er die große Lippe. Die Hände in den Hosentaschen, baute er sich vor seinem Vorgesetzten auf und sagte ihm rotzfrech ins Gesicht:

»Halt die Klappe, Schnulli, du hast hier gar nichts zu sagen!«

Die Wichte schauten voller Bewunderung zu ihm auf und rieben sich vergnügt und schadenfroh die Hände. Ich war tief beeindruckt, aber mir war auch bewusst, diese Wunderpillen kann ich nicht kaufen, die erhielt ich in keiner Apotheke. Was im Fernsehen ablief, kam nur in der Fantasie vor, das war ein Kinderfilm. Wenn ich wie Supermann werden wollte, musste ich das ohne diese hellblauen Pillen hinkriegen. Also, Hemdsärmel hoch, die Zähne zusammenbeißen und durch. Nur das brachte was, das merkte ich an meinen Siegen bei den Kinder- und Jugendmeisterschaften im Judo und später im Kontaktkarate. Je fleißiger und ausdauernder ich trainierte, umso erfolgreicher und anerkannter wurde ich.

Ich war hart und brutal gegen mich selbst. Die drei Kilometer von zu Hause bis zur Sporthalle bin ich wie Opa bei Wind und Wetter mit dem Fahrrad gefahren. War der Regen doch zu heftig oder der Schnee zu hoch, nahm ich den Bus, der genau vor dem Verein hielt. Meine Sportsachen hatte ich in einer schwarzen Tasche mit leuchtend weißen Buchstaben: »EBJC Erster Berliner Judoclub«. Darunter stand noch in japanischen Schriftzügen der Name des Vereins. Nicht zu übersehen. Ich trainierte fünfmal die Woche voller Hingabe, hielt die Regeln ein und habe mich nie vergessen.

Training schwänzen? Niemals, kam überhaupt nicht in Frage. Gesundheitliche Probleme kannte ich nicht. Ich hatte kaum Erkältungen, die zu länger andauernden Trainingsausfällen führten. Links war ich nicht ganz so belastbar. Diese Seite kriege ich bis heute nicht so sauber hin wie rechts, weil ich mir einmal beim Ballspielen auf der Straße den linken Ellenbogen böse zertrümmert hatte. Der Ball flog eine Böschung runter, ich sprang hinterher und landete voll mit dem Ellenbogen auf einem Pflasterstein. Die Schwäche konnte ich im Laufe meiner Karriere nach und nach mit Technik ausgleichen. Der Kopf lernte, die linke Hand ist nicht so stark, also täuschst du links an, mit rechts zerstörst du. Letztlich war es kein schweres Handicap, da ich als Rechtshänder das meiste sowieso über den rechten Arm machte.

Schmerzen sind ein Zeichen von Schwäche, diesen Satz hatte ich mir schon früh eingeprägt. Den letzten Schmerz, der mir was ausmachte, hatte mir Vater zugefügt, und das lag schon Jahre zurück. Dass Großvater mich einmal schwer versohlte, fand ich okay, obwohl ich am nächsten Tag in der Schule nicht auf meinem Stuhl sitzen konnte. Ich wusste, das war die Quittung für die Bananenschale, die ich ihm in meiner Wut an den Kopf geworfen hatte. Der Grund: Er wollte nicht gleich so wie ich.

Ich war zehn, da ließ mein Judotrainer einen Satz fallen: »Karate ist garantiert noch einige Grade härter als Judo.« Ich war ganz Ohr, fragte nach und hörte den Satz noch einmal. »Karate ist garantiert noch einige Grade härter als Judo.« Also ging ich mit Opa zum Karate.

Beim Judo bändigst du den Gegner am Boden, du fixierst ihn. Das kann sehr hart sein, unter Umständen brutal und schmerzhaft. Bei Karate erledigst du ihn innerhalb von Sekundenbruchteilen mit Schlägen und Tritten.

Das war's, wovon ich träumte. Karate bedeutete für mich, über den Dingen zu stehen. Wenig tun, minimaler Einsatz, höchstens ein, zwei Schläge oder Tritte, dann musste es passiert sein, und der Gegner war weg vom Fenster. Mit anderen Worten: Ich werfe ihn um, er liegt am Boden vor mir und ich gehe weiter, ohne mich groß umzudrehen. Keine Umständlichkeiten, kein langes Fackeln, was du brauchst, ist eine ausgefeilte und präzise Technik. Ich werde angegriffen, mache eine Gegenbewegung, trete einmal zu, und fertig.

Karate elektrisierte mich. Vor Aufregung konnte ich die ersten Wochen nach dem Training kaum schlafen. Das, was der Karatesport fordert, schlummerte tief in mir.

Großvater schmunzelte nur, wenn ich von meiner Zukunft als Kampfsportler schwärmte. »Ich will Erster sein, Opa, nicht Dritter, auch nicht Zweiter, ich will der Beste sein.« In seiner bedächtigen Art stachelte er meinen Ehrgeiz an: »Ja, ja, du hast ja recht, Andy. Karate hat diese Härte, die mir im Leben so unablässig scheint. Wenn du weiter so fleißig übst, schaffst du das ganz bestimmt. Talent hast du ja für drei.«

Auf der Matte war ich glücklich. Seit meinem elften Lebensjahr durfte ich bei Herrn Yamada Kontaktkarate trainieren. Ich war sein jüngster Schüler, die anderen in der Trainingsgruppe waren über achtzehn. Er hatte auf Empfehlung meines Judolehrers mein Training beobachtet und mich aus mehreren Bewerbern ausgewählt. Er baute mich gezielt auf, weil er mein Talent auf den ersten Blick erkannte und ihm meine Einstellung zum Kampfsport stark imponierte. Ich folgte ihm ohne Wenn und Aber und führte aus, was er von mir verlangte. Ruhig und kontrolliert, ohne Wut im Bauch – irgendwie eisig.

Cool würde man heute sagen. Herr Yamada wurde mein Meister.

Die effektivste Methode zur Abhärtung meines Körpers wurde Makiwara. In den Trainingsräumen waren im Boden und an den Wänden Schlagpolster angebracht, mit Jute oder Bast umwickelte Holzleisten, auf die wir eindroschen wie die Verrückten. Handkante, Finger, Knie, Schienbein, Faustknochen, Fußballen, Hacken, Ellenbogen – immer feste drauf. Die Haut riss ein, Arme und Hände waren blutunterlaufen. Egal. Das hielt mich nicht davon ab, weiter wie ein Besessener auf die Makiwaras einzuhämmern. Schlugen meine Trainingspartner zehnmal drauf, langte ich fünfzigmal zu, und das über Jahre. Ich trainierte immer intensiver als die anderen, machte mehr Kraftübungen, mehr Bruchteste. In einer Trainingseinheit zerschlug ich immer wieder so viele Ziegel und Bretter wie meine Sportkollegen zusammen. Ich wollte eine Stahlfeder sein.

Herr Yamada lehrte mich, den Schmerz zu kontrollieren. In Einzelsitzungen brachte er mir bei, mich bis zur Selbstaufgabe zu konzentrieren. Ich hockte vor ihm auf den Knien im Karatesitz. Mein Meister stand unmittelbar dahinter und befahl mir, eine Viertelstunde durchs Fenster auf den klaren Himmel zu starren.

»Lass dich nicht ablenken«, redete er mit seiner ruhigen, väterlichen Stimme auf mich ein. »Schau nach oben und versenke dich in die wunderschönen Farben, es gibt nichts Schöneres als den Himmel.« Dabei spürte ich, wie etwas leicht meinen Rücken berührte. Sanft traktierte er mit einem Bambusstöckchen meine Schultern und Arme.

Im Laufe der Monate tauschte er die Stöckchen gegen Stöcke aus stärkerem Bambus. Ich erinnere mich nicht mehr genau an den Tag, aber es waren mindestens anderthalb Jahre vergangen, als ich während der Übung das erste Mal in Trance geriet und das Gefühl hatte, ich sei Teil des Himmels geworden. Schmerzen spürte ich nicht mehr. Von nun an konnte ich vor Wettkämpfen über die Technik der Meditation in wenigen Sekunden mühelos meine Kräfte bündeln und die Schmerzgrenze absenken.

Ein Wettkampf in Kontaktkarate ist auf drei Runden angelegt. Ich ließ mich mental erst gar nicht auf die dreimal drei Minuten ein; den Sieg nach Punkten wollte ich nie, denn mit jeder Minute, die ein Kampf länger dauert, nimmt auch das Verletzungsrisiko zu. Bei Kontaktkarate ist das vergleichsweise hoch.

Der Mattenrichter eröffnete den Kampf. Ich rannte auf den Gegner zu, und meine innere Stimme überschlug sich: Ich mache dich fertig, ich zerstöre dein Knie, ich breche dir den Oberschenkel! Du gibst sofort auf, noch in der ersten Runde! Mein Ziel war, dass so früh wie möglich der Abbruch des Kampfes ausgerufen wurde. Dahinter standen Härte, Kraft, Konzentration und eine ausgefeilte Schlagtechnik.

Ich schlug platziert auf den Punkt kurz über dem Knie. Mit einer Wucht, als würde ich in einer Karateshow einen Baseballschläger zertrümmern. Wo die Handkante auftraf, hatte sie gut hundertneunzig Stundenkilometer drauf – das ist später gemessen worden. Das Bein kam auf hundertsechzig Sachen. Selbstverständlich immer korrekt nach den Regeln des Kampfsports.

Ein Erlebnis vergesse ich niemals. Mit Robby, einem Jungen aus meiner Judogruppe, ging ich zum höchsten Haus, das es in Rudow, dem südlichsten Ortsteil von Neukölln, gab, in die Fritz-Erler-Allee 120. Neunundzwanzig Etagen hatte das Gebäude, insgesamt vierhundertfünfundsechzig Stufen.

Wir fuhren mit dem Fahrstuhl hoch in die oberste Etage

und begaben uns anschließend zu den Nottreppen. Robby übernahm die Absicherung. Ich ging in den Handstand, und mein Judofreund umfasste mit beiden Händen meine Fußgelenke, damit ich nicht das Gleichgewicht verlor und nach vorne überkippte. Robby gab das Signal. Vorsichtig stieg ich auf beiden Handflächen abwärts. Erst setzte ich die rechte Hand auf, zog die linke nach, dann balancierte ich das Gleichgewicht aus und nahm die nächste Stufe ins Visier. Rechts tap, links tap, Balance herstellen und weiter. Und das von Stufe zu Stufe, von Stockwerk zu Stockwerk, insgesamt einhundertzwanzig Meter bis nach ganz unten.

Nach der dritten Treppe hatte ich meinen Rhythmus gefunden. Ungefähr auf der Hälfte, vielleicht in der fünfzehnten Etage, hörte ich mein Blut in den Ohren rauschen, alles andere war nicht existent. Schaffe ich es bis runter, ging es mir durch den Kopf, bin ich der Übermann für mich selber. Dann habe ich das erreicht, was ich will, dann ist das der Beweis, dass ich keine Puschmütze bin.

Im zehnten Stock brüllte ich innerlich auf vor Schmerz. Zum Glück nur kurz, höchstens zwei Sekunden, dann hatte ich mich wieder im Griff und war schmerzfrei.

Unten im Parterre waren meine Hände total blutig, die Haut hing in Fetzen, die Handknöchel lagen blank, aber Schmerz fühlte ich immer noch keinen. Vorsichtshalber hatte ich genügend Tempotaschentücher eingesteckt. Robby tupfte das Blut ab, griff sich meinen rechten Arm, riss ihn nach oben und erklärte mich feierlich zum absoluten Champion.

»Du bist der Größte! Ohne absetzen – das macht dir so leicht keiner nach, Andy.«

Ich strahlte und war stolz auf meine Leistung. War das nicht der glatte Wahnsinn, was ich da geleistet hatte?

Neunundzwanzig Etagen, vierhundertfünfundsechzig Stufen ohne abzusetzen, bis nach unten. Powern bis zum Umfallen – das war ich. Eigentlich übermenschlich.

Anschließend suchten wir die Praxis von meinem Hausarzt Dr. Schmidt auf, damit er mir die Hände verbindet. Der sah sich den Spaß an, schüttelte den Kopf und sagte: »Ja, ja, Neukölln.«

So was passiert, wenn man richtig trainiert, erklärte ich großspurig.

Nach meinem Hauptschulabschluss fing ich in einem kleinen Maschinenbaubetrieb in Neukölln eine Lehre als Werkzeugmacher an. Ich musste tagtäglich an der Werkbank mit Bohrmilch arbeiten. Die Brühe machte mich kirre, mein Magen sträubte sich total. Durch den Sport war er anfällig geworden. Das Abhärten der Muskulatur durch das ewige Reinschlagen hatte die Magenwände einreißen lassen. Ich brauchte Bohrmilch nur zu riechen, und schon musste ich mich übergeben. Das war der Brüller für die anderen Lehrlinge. Ich stand an der Drehbank, jemand schlich sich von hinten an mich ran, hielt mir eine Schale mit Bohrmilch unter die Nase – und schon kotzte ich wie auf Kommando los.

Mir war das total peinlich, ich schämte mich. Für mich war das eindeutig ein Zeichen von Schwäche. Ich wollte es nicht wahrhaben und quälte mich noch zwei weitere Monate, bis es nicht mehr ging und Dr. Schmidt mir die Arbeit mit dem Zeugs ärztlich untersagte. Ich musste die Lehre schmeißen und mich um eine neue Lehrstelle kümmern.

Vier Wochen später hatte ich eine als Einzelhandelskaufmann in einem Kaufhaus in Neukölln. Die Lehre verlief reibungslos, ich war den Anforderungen gewachsen. Meine Leistungen waren durchschnittlich, aber den

Chefs fiel ich bald auf, denn ich besaß eine spezielle Fähigkeit, die kein anderer Lehrling vorweisen konnte: Diebe schnappen.

Es reizte mich, die im Kaufhaus streunenden Langfinger zu jagen, ihre Techniken zu studieren und zu begreifen. Wie verhalten sich Kleptomanen, bevor sie zuschlagen? Nach welchen Kriterien geht der einfache Taschendieb vor, wenn er sich ein Opfer aussucht? Wie stellt sich die durchschnittliche Hausfrau an, die aus Frust und Langeweile schon am Vormittag ein bisschen klauen geht, obwohl sie es gar nicht nötig hat?

Mein Auge wurde schärfer und schärfer, und ich entwickelte ein Gespür, diesen sechsten Sinn, mit dem man auch dem raffiniertesten Dieb schon im Ansatz auf die Schliche kommt. Bald fing ich beinahe so viele Diebe wie die Mitarbeiter, die extra eingestellt und dafür ausgebildet worden waren. Man rief mich immer öfter, vor allem dann, wenn ein erwischter Langfinger sich weigerte, zur Feststellung seiner Personalien freiwillig mit nach hinten zu kommen. Ich griff mit Eisenfaust zu, und der Widerspenstige ging an meiner Seite anstandslos nach hinten ins Kabuff, wo ich seine Daten notierte.

Nach Abschluss der Lehre wurde ich in die Chefetage bestellt und gefragt, ob ich nicht ständig die D-Kontrolle machen möchte. Das »D« stand für Diebstahl. Eine richtige Anstellung im Haus als Kaufhausdetektiv, nicht nur auf Zuruf. Warum nicht? Ich war einverstanden. Erstens erhielt ein D-Kontrolleur mehr Geld als ein Verkäufer, zweitens hatte ich die Tätigkeit spielend drauf, und drittens war Langfingerjagen inzwischen ein Hobby für mich geworden. Der Job war viel interessanter und abwechslungsreicher als acht Stunden hinterm Ladentisch irgendwelchen Leuten irgendwelche Klamotten aufzuschwatzen.

Die Leitung setzte mich in verschiedenen Kaufhäusern ein. Es dauerte nicht lange und ich hatte meinen Ruf weg. Bei den Sicherheitsleuten war ich begehrt, am liebsten hätte mich jeder ausschließlich für sein Objekt eingesetzt. Selbstverständlich sahen mich die Diebe aus einer anderen Perspektive. Für die war ich das, was der Fuchs für die Hühner ist. Sobald ich auf der Bildfläche erschien, schmissen sie die Beute blitzschnell in die Warenträger zurück, nahmen die Beine in die Hand und flatterten in Richtung Ausgang. Ich bin sicher, bevor sie sich verzogen, wünschten sie mir noch die Pest an den Hals.

Ich denke mal, ich war der jüngste Kaufhausdetektiv von ganz Berlin. Mit meinem Job war ich mehr als zufrieden, mein Geld stimmte, Langeweile kannte ich nicht, und ob ich als Verkäufer auch so eingeschlagen hätte, wage ich zu bezweifeln.

Ich war sechzehn, als zwei Etagen über uns, im vierten Stock, eine kleine Eineinhalbzimmerwohnung frei wurde. Beim Abendbrot tippte ich das Thema eigene Bleibe an.

Mutter verschluckte sich an ihrer Tomatenstulle und wedelte mit dem rechten Zeigefinger hin und her. Das hieß »nein«. Oma und Opa dagegen unterstützten mich. »Wenn der Junge auf eigenen Füßen stehen will, soll er, alt genug ist er«, bemerkte Opa. »Wir legen ihm keine Steine in den Weg.«

Den beiden war nicht entgangen, dass Mutter und ich immer schlechter miteinander konnten. Saß sie beim Essen mit am Tisch, redete ich keinen vollständigen Satz mit ihr. Höchstens gab ich ein »Bitte« oder »Danke« von mir. Ich wollte nur weg, zum Training oder sonst wo hin – nur weg von ihr. Ich wollte für mich sein, endlich eine eigenständige Person werden, mein Ding machen, nicht mehr sagen müssen, wann ich komme, wann ich gehe – eben selbständig werden. Und schon gar nicht mehr von meiner Mutter abhängig sein.

Für die Wohnung legte ich mich dermaßen ins Zeug, dass Opa eine Woche später zu seiner Tochter sagte: »Mit euch beiden geht das nicht mehr so weiter, der Junge muss schleunigst raus! Die anderthalb Zimmer oben sind genau richtig für Andy.«

Mutter sagte erst mal nichts, sie blickte wie abwesend an die Decke – wie immer, wenn sie nicht antworten wollte. Das war so ein Moment, wo ich dachte, Opa weiß mehr.

Er kämpfte so lange mit mir um die Wohnung, bis der Vermieter schließlich auch zustimmte und ich einziehen durfte. Danach unterstützte er mich bei der Einrichtung. Mutter hielt sich beleidigt zurück.

Mein Großvater besorgte von einem Bekannten gebrauchte Möbel. Robuste, einfache Sachen, ziemlich billig. Tisch und Stühle, eine Liege, einen Kleiderschrank und einen kleinen Fernseher. Einen Sharp, siebenunddreißig Zentimeter Bildröhre, rotes Plastikgehäuse, inklusive Zimmerantenne. Mich einzuschränken war kein Problem, meine Ansprüche waren nicht hoch.

Ein großer Teil von meinem Lehrlingslohn ging für die Miete drauf. Aber ich hatte noch das Geld, das ich für meinen Unterricht im Sportverein erhielt. Jahrelang hatte ich meinen Lehrer bei den Trainingsstunden unterstützt, bis er mich eines Tages nach einem Wettkampf fragte, ob ich nicht eine Trainingsgruppe selbständig übernehmen wolle. Ich sagte sofort zu. Das zusätzlich verdiente Geld machte mich ein bisschen unabhängiger.

Über die Monate kaufte ich mir nach und nach etwas zu. Als Erstes ein bequemes Bett. Endlich hatte ich ein richtiges Bett – und zwar für mich allein!

Großmutter kaufte für mich ein, kochte und wusch

die Wäsche, aufgeräumt habe ich selber. So wie mir die beiden unter die Arme griffen, war klar, dass sie über meinen Umzug genauso erleichtert waren wie ich. Das Angebot meiner Mutter, mir etwas abzunehmen, lehnte ich dankend ab.

Die ersten Wochen kam sie öfter zu mir hoch, und ich habe sie auch anstandslos reingelassen. Und trotzdem lief bei jedem Besuch etwas ab, was mich wütend machte. Mutter kam rein und im Handumdrehen breitete sich in der Wohnung eine schwüle Atmosphäre aus. Sie bewegte sich wie eine Katze, die einem um die Beine streift, setzte sich lächelnd auf das gemachte Bett, wippte ein bisschen mit dem Hintern darauf herum, als würde sie überprüfen, ob es uns auch beide aushalten könnte. Dabei sah sie mich vielsagend an.

Sie machte sich lang, streckte Arme und Beine und stellte immer die gleichen dummen Fragen: »Na, wieder Damenbesuch gehabt?« Das Wort »Damenbesuch« sprach sie aus, als würde es mit zwei »a« geschrieben. Bei der nächsten Frage hätte ich ihr eine langen können. »Geht's dir auch wirklich gut, Andreas?«

Bei mir kam an: So allein in der Wohnung, ohne mich, dir kann es gar nicht gutgehen.

Augenblicklich fingen meine Hände zu schwitzen an, ich war völlig verkrampft. Am liebsten hätte ich gebrüllt: »Steh auf, das ist mein Bett! Ich will nicht, dass du dich in meinem Bett herumwälzt.« Anstatt sie achtkantig rauszuschmeißen, sagte ich nur: »Doch, doch, mir geht es gut, Mutter.«

Sie legte es darauf an, mich wieder in ihre Fänge zu bekommen. Sie konnte sich nicht damit abfinden, dass ihr Sohn nicht mehr aufs Wort parierte.

Nach einem Vierteljahr machte ich nur noch jedes dritte oder vierte Mal auf, wenn sie an meiner Tür klingelte.

Kam ich nach Hause und ging die Treppe hoch, drückte sie fünf Minuten später auf den Klingelknopf. Sie musste hinter ihrer Wohnungstür auf mich gelauert haben.

Sie läutete dreimal kurz, einmal lang, Sturm zu klingeln hatte sie sich nicht getraut, die Nachbarn hätten ja denken können, der Junge lässt seine Mutter vor der Tür stehen.

Ich beobachtete sie durch den Spion. Sie trat von einem Fuß auf den anderen, als würde sie nicht genau wissen, dass ich in der Wohnung war. Sie läutete noch ein weiteres Mal, jetzt etwas zaghafter, schaute auf ihre Armbanduhr und ging anschließend kopfschüttelnd die Treppe runter. Als hätte sie sich in der Zeit geirrt.

Ich ließ sie ganz bewusst stehen. Du Biest, dachte ich, dir zeige ich es, sollen die Nachbarn doch denken, was sie wollen. Das tat gut, richtig gut.

Ohne meine Zustimmung ging sie nicht in meine Wohnung. Den Schlüssel, den ich ihr für alle Fälle nach meinem Einzug gegeben hatte, traute sie sich nicht zu benutzen.

Nach einem halben Jahr atmete ich auf. Mein Eindruck war, sie würde endlich loslassen. Sie stellte ihre Besuche schließlich völlig ein, und dass sie mich beim Mittagessen am Sonntag in der unteren Wohnung mit Nichtachtung strafte, störte mich kaum. Hauptsache, sie ließ mich in Ruhe und kam mir nicht mehr zu nahe. Manchmal öffnete sie noch morgens, wenn ich die Treppen hinunterging, die Wohnungstür und grüßte mit einem Gesichtsausdruck, als gäbe es nur Unglück auf dieser undankbaren, schnöden Welt. Ich nickte kurz, und mit einem tiefen Seufzer verschwand sie wieder hinter ihrer Tür. Damit konnte ich leben.

Wie sich rausstellen sollte, hatte ich mich zu früh gefreut. Das war kein Loslassen. Anhänglich, wie sie war, hatte sie sich nur für eine andere Strategie entschieden. Eigentlich hätte ich wissen müssen, dass Mutter so schnell nicht aufgeben würde.

Ich war siebzehn, als ich mit meinem Vater abrechnete. Obwohl er sich jahrelang nicht mehr blicken ließ, war meine Wut auf ihn nicht verschwunden. Wenn ich an ihn dachte, wollte ich nur eins: meinen aufgestauten Hass endlich abschütteln.

Ich wusste, wo er wohnte. Monatelang kreiste ein Plan in meinem Kopf, bis ich bereit war. Hört er mir nicht zu, nahm ich mir vor, würde ich ihn verprügeln.

In meinem Zorn stieg ich die Treppen hoch und drückte auf die Klingel, ohne Pause. Er öffnete, stutzte und wollte mich nicht reinlassen. Ich tobte über die Türschwelle, drückte ihn kurzerhand auf einen Stuhl und brüllte: »Du hörst mir jetzt zu! Wenn nicht, schlage ich dir den Schädel ein!«

Er zitterte wie Espenlaub, gleichzeitig wollte er mich auf die alberne Tour abfrühstücken: »Wat will mir so ein Jüngchen schon erzählen hier.«

Dieses dämliche Gequatsche hatte mir gerade noch gefehlt. Ich verpasste ihm mit der Innenhand einen kräftigen Schlag auf die Brust, stützte meine Hände auf die Stuhllehne und beugte mich zu ihm runter. »Wage nicht aufzustehen! Du rührst dich nicht von der Stelle, bis ich ausgeredet habe!« Unsere Augen waren höchstens eine Handbreit voneinander entfernt.

Rache stand im Raum, ich war entschlossen. Eine falsche Bewegung hätte sein Ende sein können. Es wäre mir egal gewesen, was mit ihm geschehen wäre. Er saß wie angenagelt auf dem Stuhl, seine Hände hielten sich an den Kniescheiben fest, in den Augen flackerte die pure Angst. Er hatte begriffen: Lebensgefahr! Andy macht ernst.

»Was bist du doch für eine miese, kleine Puschmütze«, fuhr ich ihn an. »Du hast dich nicht um mich gekümmert, die anderen hast du auch enttäuscht. Mutter, Großmutter, Großvater – alle.« Er starrte nach rechts auf die Blümchentapete, ich stand aufrecht vor ihm.

»Schau mich an, du Ratte!« Ich konnte mich kaum beherrschen. Ich packte sein Kinn und drehte sein Gesicht zu mir. »Jetzt reden wir, und weich mir nicht aus.«

Ich redete bestimmt, mein Gesichtsausdruck war unmissverständlich. »Du hast mir damals die rechte Hand zermalmt. Das muss dir ja einen Riesenspaß gemacht haben, einem Sechsjährigen die kleinen Knochen zu zerquetschen. Ich lege sie dir noch einmal in deine Pranke. Fass zu, geniere dich nicht, es ist die gleiche Hand, nur größer und etwas kräftiger. Drück doch, den Spaß mit dem Schraubstock gönne ich dir.« Ich lachte triumphierend; in seinen Augen sah ich, dass er mit dem Schlimmsten rechnete.

»Greif schon zu! Worauf wartest du? Staunst du nicht, was aus der Puschmütze geworden ist? Das solltest du aber. Denn aus der Puschmütze ist längst ein Kerl geworden, und zwar ein richtiger. Du bist keiner, warst du ja nie. Das Einzige, was du in deinem Leben fertiggebracht hast, weißt du, was das ist? Ich will es dir sagen: kleine Kinder quälen. Das bringst du. Und noch eins: Die Puschmütze bist du, nicht ich!

So, und jetzt darfst du dir neue Unterhosen anziehen. Und komme mir nie wieder unter die Augen. Ich hoffe, wir haben uns verstanden.«

Danach bin ich gegangen.

Ich begegnete meinem Vater nie wieder. Damals wäre ich weiter gegangen. Eine falsche Bewegung, und ich hätte ihn tatsächlich ohne Erbarmen erschlagen. Ich war zu allem bereit. In diesem Moment hatte ich mehr als rot gesehen.

Ich fühlte mich als Sieger. Das war befreiend. Die Puschmütze hatte ich an ihn zurückgegeben, und damit war ich mit meiner Vergangenheit im Reinen.

Was für ein Irrtum! Zu dem Zeitpunkt konnte ich nicht wissen, dass es im besten Falle ein Punktsieg war. Die leichtere Last war ich los, die schwerere blieb. Die Geschichte mit meiner Mutter konnte ich leider erst viel später abschütteln. Wut hatte sich beiden gegenüber angestaut, aber mit meinem Vater war die Abrechnung unkomplizierter. Ich vermute, weil er für mich ein Fremder war und ein Mann.

Mit ihm war die Lage überschaubar. Außer Hass waren keine anderen Gefühle im Spiel, seine Gewalt konnte ich einordnen. Andere Kinder wurden zu Hause auch misshandelt, vielleicht nicht ganz so heftig, aber geschlagen wurde in den meisten Neuköllner Familien. Kein Erwachsener muss sich in diesem Stadtteil schämen, dass er als Kind gezüchtigt wurde.

Die Angst vor meinem Vater verlor sich, als ich ihm körperlich überlegen wurde. Ich konnte ihm zeigen, was ein Siebzehnjähriger draufhat und dass er mit mir nicht mehr machen konnte, wonach ihm war. Ein Auftritt reichte, und schon ging es mir besser.

Vater war wohl das, was der Berliner einen Hallodri nennt. Mutter hat ihn wahrscheinlich geliebt, denn anders kann ich mir nicht erklären, dass sie sich nie wieder ernsthaft um einen anderen Mann gekümmert hat.

Auf dem Hochzeitsfoto schauen beide ziemlich skeptisch in die Linse des Fotografen. Als würden sie ahnen, dass es zwischen ihnen nicht gutgehen könne. Mutter trug ein weißes Brautkleid mit langem Schleier, im rechten Arm lag der Brautstrauß, mit dem linken hatte sie sich bei Vater eingehakt. Der stand wie ein Fremder daneben, in einem geliehenen Frack. Dass dieser nicht für ihn geschneidert war, sah man auf den ersten Blick. In der linken Hand hielt er weiße Handschuhe und einen vornehmen schwarzen Zylinder. Im Hintergrund war die weiße Hochzeitskutsche zu sehen. Ich war noch nicht sichtbar. Denn die Heirat war Ende Januar, und ich kam im Mai zur Welt.

# Silvia, Petra und Judith

3 Meine erste Freundin lernte ich mit sechzehn kennen. Sie hieß Petra. Das lief ganz auf die normale Tour in einer Diskothek. Wir sahen uns, flirteten miteinander, ich forderte sie zum Tanzen auf. Anschließend nahmen wir einen Drink an der Bar. Danach ein zweites Tänzchen, noch einen Drink, und schon hingen wir aneinander wie die Kletten. Zwischen uns hatte es gefunkt.

Am nächsten Tag trafen wir uns in einem Café, eine Woche später sind wir zu mir in meine Wohnung gegangen und haben das erste Mal miteinander geschlafen. Es war schön. Über Nacht konnte sie nicht bleiben, sie war gerade mal fünfzehn, da hätten die Eltern nicht mitgemacht. Also brachte ich sie wie ein richtiger Kavalier nach Hause.

Ich schlug vor, dass wir uns, sooft es eben ginge, sehen sollten. Die Bedingungen waren günstig. Welcher Jugendliche hatte in dieser Zeit schon eine eigene Wohnung? Ein paar Monate lief alles bestens. Beide dachten wir, es sei für ewig.

Auf einmal gab es jedoch Misstöne. Ich wurde hellhörig, etwas war passiert zwischen uns. Sie gab sich kühler, fragte ständig nach, wann ich zurückkommen, wann und wohin ich gehen würde – von einem Tag auf den anderen war zwischen uns Dauerzoff angesagt.

Ich war ratlos, dachte, was will die eigentlich, was redet die da, ist die doof?

Ich versuchte unsere Beziehung zu kitten, und es ging eine Weile gut. Vierzehn Tage später die gleiche Leier, atmosphärisch noch einen Zahn schärfer: »Du belügst mich. Du hast noch andere Frauen. Du sagst, du gehst zum Sport, dabei treibst du dich mit anderen in den Betten rum.« Totaler Stress.

Ich beteuerte, dass das doch gar nicht stimmen würde. Ich hätte keine andere, ich sei wirklich beim Training gewesen. Wie sie denn eigentlich auf so etwas kommen würde?

»Na, das lass mal meine Sache sein.«

Die Verabredung, die unsere letzte werden sollte, ließ sie platzen. Ich wartete eine geschlagene Stunde, sie kam nicht. Ich rief an und machte den Vorschlag, dass wir uns noch einmal gründlich miteinander aussprechen sollten.

»Mit dir spreche ich kein Wort mehr«, schrie sie und schmiss den Hörer auf.

Ich war tief getroffen und verstand die Welt nicht mehr. Warum war sie so wütend auf mich? Ich gab mir die größte Mühe, die Missverständnisse aus dem Weg zu räumen, und sie ließ mich einfach stehen wie Piefke. Keine Ahnung, was ich falsch gemacht haben könnte, ich war mir keiner Schuld bewusst. Ich ging davon aus, Petra würde sich wieder beruhigen, und versuchte es nach einigen Tagen noch ein weiteres Mal. Diesmal sagte sie gar nichts und legte den Hörer gleich auf.

Ich fühlte mich völlig hilflos. Wenn sie mir nicht sagte, was ich falsch machte, woher sollte ich dann wissen, wie ich meinen Fehler, den ich gar nicht kannte, wieder gutmachen konnte? Dass die blöden Vorwürfe aus der Luft gegriffen waren und jeder Grundlage entbehrten, wusste ich schließlich am besten. Da steckte was anderes dahinter. Nur was?

Ich wartete wiederum einige Tage ab. Sie ist mit Anrufen dran, sagte ich mir immer wieder, jetzt muss sie sich melden, ich mach mich doch nicht zum Max.

Aber es gab von ihr keine Reaktion. Langsam wurde ich bockig. Okay, dann eben nicht, ich werde es überleben, tröstete ich mich. Frauen gibt's doch wie Sand am Meer.

Ich besaß reichlich Chancen bei den Mädchen. Durch den Sport besaß ich eine gute Figur, mein Selbstbewusstsein war ausgeprägt. Ich hatte nicht die geringste Scheu vor Frauen. Insgeheim war ich davon überzeugt, das, was eine Frau verlangt, habe ich allemal drauf.

Im Kaufhaus lernte ich Silvia kennen, meine zweite Freundin. Sie war dort ebenfalls in der Ausbildung. Silvia gefiel mir auf den ersten Blick. Ich verliebte mich in sie und war glücklich, denn sie mochte mich auch. Wir verbrachten unsere Freizeit zusammen, schliefen oft miteinander und hatten unseren Spaß. Wir schmusten rum und lachten, ich streichelte sie und konnte ihre Zärtlichkeiten genießen. Ich fand mich völlig normal und war guter Dinge.

Nach vier Monaten gab's wieder einen Knick. Im Grunde hatte ich mit ihr denselben Zoff wie mit Petra. Die gleichen bescheuerten Vorwürfe, genauso plötzlich und unerwartet: »Du benutzt die Frauen und danach wirfst du sie weg wie einen Kaugummi. Du bist ja so egoistisch! Du hast noch andere, ich bin nicht die Einzige in deinem Leben. Du sagst, du gehst zum Sport, hast wenig Zeit, dabei triffst du dich mit anderen Frauen.«

Stutzig machte mich das schon, die identischen Vorwürfe zu hören, aber was sollte ich tun?

Ich schlug vor: »Komm mit zum Sport, sieh dich um, was dort los ist, was ich wirklich mache. Du kannst mich auch abholen, von mir aus nach jedem Training. Ich würde mich sogar sehr darüber freuen.«

Wollte sie nicht. »Schluss, aus, mach deine schäbigen Dinger mit einer anderen, aber nicht mit mir«, schrie sie mich an. Das war ziemlich deutlich, klarer konnte ein Schlussstrich nicht gezogen werden.

In Gedanken sagte ich mir, die spinnen doch, die Weiber. Die sind alle ein bisschen dusslig. Ich marschiere regelmäßig zum Sport, mache kaum was anderes und die hauen auf mich ein wie die Blöden. Da ist doch was nicht richtig. Was soll ich mit einer Freundin, die mir nicht glaubt und nicht vertraut und aus Eifersucht die abstrusesten Geschichten erfindet. Dann lieber keine.

Daran hielt ich mich auch, bis ich Judith kennenlernte. Wir haben uns nicht nur im Bett gut verstanden, mit ihr war alles ganz anders. Judith hatte Grips, mit ihr konnte ich beinahe über alles reden. Kam ein Problem hoch, haben wir es miteinander ausdiskutiert. Ich war fest davon überzeugt, wir würden für immer zusammenbleiben. Judith war meine Traumfrau.

Das blieb sie auch – allerdings nur bis zu dem Tag, an dem es zum dritten Mal knallte. Es war zum Verzweifeln, wie verhext. Ein paar Monate lief es wie geschmiert, dann wurden mir diese verdammten Vorwürfe um die Ohren gehauen, die immer auf das Gleiche hinausliefen. Dieses Mal von Judith vorgetragen: »Du Egoist, hast noch andere Frauen, du nutzt die Frauen nur aus, und danach wirfst du sie weg wie einen Kaugummi.«

Im ersten Moment war ich starr, immerhin war es nun schon das dritte Mal, dass mir diese bescheuerten Vorwürfe um die Ohren flogen. Doch dann musste ich loslachen, völlig hysterisch. Das fuchste Judith dermaßen, dass sie auf dem Absatz kehrtmachte und mich stehenließ. Und weg war sie, meine dritte Freundin.

Prompt schüttelte mich der nächste Lachkrampf. Noch heftiger, noch lauter. Die Gedanken, die mir durch den

Kopf schossen, als ich mich einigermaßen beruhigt hatte, ließen kein gutes Haar an den Frauen: Die haben doch alle eine Schraube locker, lass die Weiber laufen. Begreife endlich, dass es ist, wie es ist. Was willst du mit einer Frau, die dir nicht vertraut? Dann lieber keine.

Am nächsten Wochenende trafen wir uns in einer Diskothek. Wir waren nicht verabredet, auf meine Anrufe hatte sie nicht reagiert. Judith sah mich und steuerte auf mich zu, als wollte sie mich umrennen. Mir blieb die Spucke weg, als sie zu reden anfing.

An einem Morgen hatte meine Mutter Judith auf der Treppe abgepasst und sie auf einen Kaffee in die Wohnung gebeten. Da sich Judith und meine Mutter einmal im Hausflur begegnet waren, hatte ich die beiden einander vorgestellt. Petra und Silvia hatte ich davor ebenfalls mit Mutter bekanntgemacht.

Judith wollte erst nicht mit rein und schlug vor, die Einladung auf einen anderen Tag zu verschieben. Es passe ihr nicht, sie sei spät dran, müsse dringend zum Unterricht in die Berufsschule. Mutter wirkte so aufgeregt und durcheinander, dass meine Freundin ihr in die Wohnung folgte und am Couchtisch Platz nahm.

Dann zog Mutter vom Leder. Zu ihm kommen noch andere Frauen, fing sie zu erzählen an. Da oben gäbe oft eine der anderen die Klinke in die Hand – alles gut aussehende, schicke Mädchen. Meistens würden sie abends kommen und über Nacht bleiben. An Wochenenden und in den Ferien sei auch am Tag Betrieb, die meisten gingen aber nach zwei Stunden wieder. Leider sei ihr Junge ein Hallodri und habe ein ganz schlechtes Bild von Frauen. Er nutze sie aus, danach würde er sie wegwerfen wie einen Kaugummi. Warum gerade ihr Andreas so missraten musste, sei ihr ein Rätsel, eine plausible Erklärung habe sie dafür leider nicht. Ihr würden die Mädels wirklich Leid tun, keine Einzige habe so eine Behandlung verdient.

Judith wurde grün und blass, verabschiedete sich, ließ Schule Schule sein, schlich geknickt nach Hause und legte sich völlig verstört ins Bett. Ihrer Mutter erzählte sie was von Schüttelfrost und heftigen Kopfschmerzen.

»Was?« Ich konnte es nicht fassen. »Mutter lügt, das stimmt überhaupt nicht!« Ich brüllte so laut, dass einige zu tanzen aufhörten.

Judith war aber noch nicht am Ende, sie legte nach: »Deine Mutter hat mir die Frauen ganz genau beschrieben. Haarfarbe, Augenfarbe, Größe, Typ. Und sie hat die Wochentage aufgezählt, an denen du hundertprozentig Damenbesuch bei dir in der Wohnung empfangen hast, mit Datum und Uhrzeit. An manchen Tagen war die eine gerade weg und die nächste kam keine fünf Minuten später die Treppe hochgestöckelt. Ich hab's überprüft, Tag und Stunde stimmten. Die waren nämlich immer bei dir, wenn ich nicht kommen durfte, weil der Kampfsportler unbedingt zum Karate musste oder wieder mal auswärts einen Wettkampf hatte. Schönes Training.«

Inzwischen sei sie aber längst drüber weg, fuhr Judith fort, und ich ihr völlig schnuppe geworden. Über so viel Verlogenheit könne sie sich nur noch wundern. Und wenn die dämlichen Gänse das mitmachen würden, sei das deren Problem. Ihre Stimme nahm einen immer zynischeren Tonfall an, der mir durch und durch ging.

»Und hättest du an jedem Finger dreie – mir ist das total egal. Für mich bist du mausetot.«

Ich beteuerte meine Unschuld: »Ich habe ein reines Gewissen, ich habe dich nicht ein einziges Mal betrogen. Ich will keine andere Freundin, ich will nur dich. Mutter lügt, das sieht ihr ähnlich, sie ist eine gemeine Lügnerin. Sie ist eifersüchtig auf dich. Ihr ist jedes Mittel recht, uns auseinanderzubringen.« Mehr traute ich mich nicht, über Mutter rauszulassen.

Jetzt war Judith erst recht auf der Palme. Wie konnte sie sich nur auf einen Typen einlassen, sagte sie, der seine eigene Mutter bloßstellen und als kaltblütige Lügnerin abqualifizieren würde, nur weil er selber zu feige sei, die Wahrheit zuzugeben. Auf so einen hätte sie nun überhaupt keinen Bock mehr.

Ich redete auf sie ein, als ginge es um mein Leben. Ich ließ nicht locker, bis ich sie so weit hatte, dass sie mir eine zweite Chance gab.

Wir probierten es noch einmal miteinander, aber der Riss war nicht zu kitten. Die alte Verbundenheit stellte sich nicht mehr ein – von beiden Seiten nicht. Ihr Misstrauen war stärker, und ich war ja auch enttäuscht, dass meine Freundin Mutter mehr Glauben schenkte als mir. Was wirklich in ihr abging, als sie Judith zu sich in die Wohnung holte, konnte ich nicht erzählen. Letztlich konnte ich meiner Freundin nicht plausibel machen, welchen Grund Mutter haben sollte, den eigenen Sohn derart in die Pfanne zu hauen.

Eifersucht hin, Eifersucht her: Viele Mütter sind anfangs argwöhnisch, wenn die Söhne die ersten Freundinnen ins Haus bringen. Es ist bekannt, dass Mütter nur schwer loslassen können. Aber das, was Judith sich anhören musste, ging doch weit über das übliche Maß hinaus.

Meine Vermutung, dass Petra und Silvia ebenfalls von Mutter auf der Treppe abgefangen wurden und sich den gleichen Müll über mich anhören mussten, war nicht aus der Luft gegriffen. Die Vorwürfe ähnelten sich so sehr, dass der Zufall ausgeschlossen werden konnte. Alle drei waren ihr auf den Leim gegangen und höchstwahrscheinlich noch dankbar, dass sie durch sie rechtzeitig vor diesem Hallodri gewarnt wurden. Schließlich weiß doch eine Mutter am besten, was sie sich für ein Früchtchen großgezogen hat. Eine andere Erklärung leuchtete mir nicht ein.

Die Vorwürfe trafen mich wie der Blitz aus heiterem Himmel. Egal was ich auch darauf erwiderte – für die Mädels war sowieso alles Lug und Trug. Vor lauter Empörung hörten sie gar nicht mehr hin. Meine Argumente verpufften, und meine Verzweiflung war in ihren Augen nur gespielt, das reine Affentheater.

Es kann nur so gewesen sein, denn kein Mensch traut einer Mutter so viel Gemeinheit zu.

Den folgenden Sonntag ging ich zum Mittagessen runter zu Oma und Opa. Mutter war auch da. Ich riss mich zusammen, gab mir einen Stoß und sprach sie nach der Vorsuppe an:

»Hör mal zu! Was erzählst du der Judith? Was soll das?«

Sie mimte die Ahnungslose, als hätte sie nicht den blassesten Schimmer, worauf ich mit meiner Frage hinauswollte.

»Was ist los, Andreas, was meinst du denn damit?«

»Du quatschst Judith voll, dass ich noch andere Freundinnen habe und fremdgehe.«

Sie leugnete auf Teufel komm raus. »Das stimmt überhaupt nicht, nie würde ich etwas Derartiges sagen«, antwortete sie kess und schaute mit aufgerissenen Augen in die Runde. »Das würde ich mir nie erlauben, das fiele mir nicht mal im Traum ein.« Ihre Augen wurden noch größer. »Das musst du mir wirklich glauben, Andreas, ich würde niemals eine Bekannte von dir ansprechen.«

Doch dann verplapperte sie sich.

»Wer weiß, was die wollen, die sind doch alle doof, die wollen nur einen Keil zwischen uns treiben. Die wollen weg von dir, und deshalb erfinden sie diese haarsträubenden Geschichten.« Das kam wie aus der Pistole geschossen, sie kriegte den Versprecher gar nicht mit. Sie sagte »die« – und meinte Petra, Silvia und Judith. Dabei hatte ich nur nach Judith gefragt.

Klar doch, dahinter stand knallharte Eifersucht. Meine Freundinnen waren Nebenbuhlerinnen für sie. Wenn »Damenbesuch« bei mir war, lief sie wahrscheinlich unten im Wohnzimmer im Kreis und wurde von der Vorstellung geplagt, was gerade zwei Etagen höher zwischen ihrem Sohn und dem jungen Ding da im Bett ablief.

Mutter war nicht glücklich. Ich sollte es auch nicht sein.

Es war mir zu doof, weiter mit ihr über das Thema zu diskutieren. »Doof« ist sicherlich nicht das passende Wort. Ich gab auf, weil ich mich für so eine Mutter schämte. Kann auch sein, dass ich nur zu feige war.

Ich schob meinen Teller beiseite und sagte mit brüchiger Stimme: »Lass das künftig, ich verlange von dir, dass du dich da nicht mehr einmischst. Das ist mein voller Ernst.«

Total pikiert antwortete sie: »Schuld haben immer die Mütter, wenn mit dem Kind was schiefläuft.«

Anschließend ging ich zu mir hoch. Fünf Minuten später standen Oma und Opa vor meiner Wohnungstür und klingelten Sturm. Ich schaute apathisch durch den Spion und ließ sie stehen. Ich konnte nicht mehr, ich schmiss mich aufs Bett und heulte in die Kissen.

Vielleicht war das ein folgenschwerer Fehler, als ich die beiden vor meiner Tür ließ. Wer weiß, was zur Sprache gekommen wäre, wenn ich sie zu mir reingelassen hätte.

Aber es ging nicht, ich konnte nicht darüber reden. Weder mit Judith noch mit Oma oder Opa. Das war eine Entweder-Oder-Situation, in die ich später noch mehrmals kam. Entweder Tacheles reden, frei von der Leber weg alles rauslassen, was einen bedrückt, oder weiter bunkern, wie die Katze um den heißen Brei schleichen und tun, als wäre alles in bester Ordnung. Null Probleme, weit und breit kein Wölkchen am Horizont.

Ich habe geschluckt und meine Klappe gehalten. Nach Judith habe ich ein Kapitel zugeschlagen: Was ich zwischen sechzehn und achtzehn mit den Frauen probierte und sich normal nennt, war schiefgelaufen.

Das Durcheinander, das auf mich einstürzte, war einfach zu viel für mich. Ich war enttäuscht von mir, weil nichts klappte, wie ich es mir vorgestellt hatte. Ich war höflich, ich war lieb zu den Mädels gewesen und hatte ehrliche Gefühle gezeigt, und dafür kassierte ich einen Schlag nach den anderen. Wo ich mein Bestes einbrachte, wurde ich zurückgewiesen. Ich fühlte mich weggeschoben, ja regelrecht weggetreten.

Ich war verletzt und wütend, weil meine Freundinnen nicht im Geringsten hören wollten, was ich auf ihre bescheuerten Vorwürfe zu erwidern hatte. Ich war ratlos, weil ich so lange im Dunkeln getappt hatte; und ich kotzte mich selber an, weil ich mich Mutter gegenüber wie ein Waschlappen benahm – die reinste Lusche. Waren wir allein im Zimmer, passte ich auf wie ein Luchs und zuckte zusammen, wenn sie sich bis auf einen halben Meter näherte.

Eigentlich eine Lachnummer. Auf der einen Seite der schlagkräftige, strahlende Sieger, vor dem die Gegner auf der Matte zitterten und reihenweise in die Knie gingen, und auf der anderen Seite der popelige Schisser, der sich im Beisein der Mutter wie ein kleiner Junge fühlte und den die Mädels mir nichts, dir nichts stehenlassen konnten. Sieger und Schisser in einer Person – das schlauchte total.

Mutter schlurfte mit hängenden Schultern durch die Wohnung. Sie ließ sich gehen, rauchte wie ein Schlot und griff schon unter der Woche zur Schnapsflasche. Sie sah aus wie das Leiden Christi. Es ging ihr beschissen, das war nicht zu übersehen. Trotzdem dachte sie nicht daran, sich bei mir zu entschuldigen und ihre Lügen über mich und meine Freundinnen zurückzunehmen.

Ich empfand mal Abscheu, mal Mitleid. Eben wollte ich sie noch auf den Mond schießen, fünf Minuten später hätte ich sie am liebsten in die Arme genommen. Mir wollte nicht in den Schädel, dass es zwischen uns nach so vielen Jahren nicht normal zugehen konnte. Ich war ein erwachsener Mann, und sie ließ mich immer noch nicht in Ruhe. Ich wollte unsere Geschichte endgültig vergessen und begraben, sie sehnte sich nach den alten Zuständen.

Von wegen, ich würde später einmal der Liebling der Frauen sein, wie sie es mir als Kind prophezeit hatte. Sie werden sich um dich reißen und Schlange stehen – für mich war das der Lacher schlechthin. Das Gegenteil war der Fall. Nun war ich erwachsen, und eine nach der anderen rannte mir davon. Abgesehen vom Sport, versagte ich auf der ganzen Linie. Konsequent mit Mutter abzurechnen und sie in die Schranken zu weisen, traute ich mich nicht, dazu war ich trotz Kampfsport zu weich und zu feige. Mir grauste auch vor dem Dreck, den das aufgewirbelt hätte.

Lieber jammerte ich vor mich hin und tat mir selber Leid: Niemand will mich, alle kränken mich und dreschen nur auf mich ein, Mutter verbaut mir ein eigenes Leben, ich schaffe es nie, es hat doch alles überhaupt keinen Sinn. Warum sich noch Mühe geben, wozu Gefühle investieren? Es klappt ja sowieso nichts.

Zum Glück gab es Tage, da regten sich meine Lebensgeister, und der gesunde Menschenverstand meldete sich wieder zu Wort. Halt, sagte ich mir dann, das ist nicht dein Problem, du bist nicht für deine Mutter verantwortlich! Soll sie sich verdammt noch mal zusammenreißen und einen Kerl suchen, wenn sie unbedingt einen braucht.

In mir rumorte es. Durch Judith kannte ich ja die ganze Wahrheit. Ich wusste, meine einstigen Freundinnen hatten im Prinzip gar nicht anders reagieren können. Der Knackpunkt war allein Mutter. Und trotzdem richtete sich meine ganze Wut auf Petra, Silvia und Judith. Als wäre Mutter unantastbar und von vornherein aus dem Schneider, nur weil sie es war, die mich auf die Welt gebracht hatte.

Schuld sind die Frauen, hämmerte ich mir ein, so ist es und nicht anders. Ich hatte einen unglaublichen Rochus auf jüngere Frauen. Auf die Silvias, Petras, Judiths dieser Welt – eigentlich auf alle weiblichen Wesen, die nicht mehr Kind waren oder noch nicht zu den alten Damen gehörten. Es langte mir mit den Weibern, wer war ich denn eigentlich, dass die auf diese Weise mit mir umspringen konnten?

So nicht, nicht mit mir! Ab jetzt wird gemacht, was ich will! Ich werd's euch zeigen! Ich benutze euch genauso, und zwar so brutal, dass ihr das Kotzen kriegt. Ihr sollt mich kennenlernen. Andy, der Liebe – das war einmal. Jetzt kommt Andy, der Brutalo! Und wundert euch nicht. Ihr wolltet ihn so, und jetzt kriegt ihr ihn so.

Es war bequem, meinen Frust an den Mädels abzulassen und sie für etwas zu bestrafen, wofür sie nichts konnten. Im Grunde war das absurd. Ich hasste und verachtete junge Frauen, und meinte damit eigentlich Mutter.

Da war auch niemand, der mich zurechtstutzen konnte: »Hör mal, spinnst du eigentlich, tickst du noch richtig?

Was können die Frauen dafür, dass du eine unmögliche Mutter hast?«

Ich ließ niemanden an mich ran, keiner hielt mich auf. Trotz hatte mich auf mein Ross gehoben, und da oben war ich wer. Kein bisschen mickrig, nicht so leicht aus den Angeln zu heben, von da aus ließ ich die Puppen tanzen.

Etwas kam ins Rollen, was ich nicht absehen konnte. Es wurde immer mächtiger und war nicht mehr aufzuhalten. Vater, Mutter, der Kampfsport, der Frust mit den Mädels – das sind die Speichen des Rades, das sich immer schneller zu drehen anfing.

Ich arbeitete und trainierte, die Wochenenden verbrachte ich mit Wettkämpfen und in den Diskotheken. Die Frauen, die ich in den nächsten Monaten kennenlernte, waren in meinem Alter oder ein, zwei Jahre älter. Viele fanden mich gut. Junger Mann, gute Optik, ziemlich selbstbewusst, klasse Auftreten, reden kann er wie ein Buch. Ich hatte keine Schwierigkeiten, Frauen davon zu überzeugen, dass ich der Richtige für sie war. Sprüche wurden meine Spezialität, und ich entwickelte diesen Blick für Schwache, die mit sich umspringen ließen.

In der Disco stellte ich mich neben eine Frau und quatschte sie ohne Punkt und Komma voll: »Wenn du einen richtigen Kerl haben willst, greif zu, hier steht einer. Hast du schon einen Freund?«

Sagte sie: »Nein, habe ich nicht«, antwortete ich trocken: »Jetzt hast du einen.«

Ich merkte, coole Sprüche passten zu mir und kamen an. Im Handumdrehen erfasste ich eine Situation und hatte den passenden Satz parat. Ich zog die Aufmerksamkeit auf mich und kontrollierte das Gespräch. Im Zutexten war ich bald einsame Spitze, die Klappe war riesengroß. Berliner Schnauze, ganz eindeutig. Was sich dahinter abspielte, ging keinen was an. Klar, mit meinen flotten Sprüchen wollte ich Unsicherheiten verbergen.

Landeten wir bei mir zu Hause, war ich rotzfrech. Ich wollte Sex, und ich redete nicht lange um den heißen Brei: »Na meine Süße, was möchtest du denn? Bei mir hast du die Qual der Wahl. Ich habe Orangensaft, Fanta und mein Ding. Bedien dich.«

Wir schliefen so lala miteinander, und am nächsten Morgen verabschiedete ich sie im Treppenhaus mit den gleichen Worten wie alle anderen: »So eine heiße Braut wie dich hatte ich lange nicht mehr. Tschüs, man sieht sich.« Mit Petra, Silvia und Judith gab's diese Schwierigkeiten nicht. Bei ihnen war ich einfühlsam, habe mich streicheln lassen, habe selber gestreichelt und nette Worte gesagt. Weil ich verliebt war, konnte ich Gefühle empfangen und zurückgeben.

Nun war das eingetroffen, womit Mutter mich bei meinen Freundinnen schlechtgemacht hatte. Jetzt gab wirklich eine Braut der anderen die Klinke in die Hand.

Liebe? Oberlästig, viel zu anstrengend, die reine Zeitverschwendung. Was dabei am Ende herauskam, war ja noch ganz frisch in meiner Erinnerung. Ob Mutter die Frau aus der Disco an der Treppe abfing und mich schlechtmachte, scherte mich einen Dreck. Wiedersehen wollte ich die Braut eh nicht.

## Häng nicht wie ein Mehlsack!

4 Zwischen der alten Wohnung in Neukölln und meiner neuen in Tempelhof lagen ungefähr zehn Kilometer. Mein Gefühl sagte mir, es sind mindestens hundert. Die Entfernung wirkte wie eine Befreiung. Den von Vater und Mutter drangsalierten Jungen ließ ich in der Mainzer Straße zurück, mit nach Tempelhof durfte nur der harte und erfolgreiche Andy. Der begehrte Kaufhausdetektiv, der kleine Casanova, der Trainer an der Kampfsportschule und der Dan-Träger in Kontaktkarate. Alle Dan-Prüfungen, die Nachweise für die Beherrschung der Kampftechniken, legte ich in Japan ab. Ich war achtzehn, als ich zur ersten Dan-Prüfung ins Land der aufgehenden Sonne flog. Die Reise hatte Großvater finanziert.

Mutter war raus aus meinen Gedanken – ich sage mal, so gut wie, jedenfalls in der ersten Zeit. Oma und Opa besuchte ich, wenn sie nicht zu Hause war.

Ich zog in eine gutgeschnittene Zwei-Zimmer-Wohnung. Großes Wohnzimmer mit kleinem Balkon dran, das Schlafzimmer etwas kleiner, eine praktische Einbauküche und ein schönes Bad mit hellblauen Fliesen. Aus der alten Wohnung nahm ich nur meine Pokale und Urkunden mit, alles andere ließ ich da. Der Plunder sollte mich nicht mehr belasten und mir die Stimmung vermiesen.

Fürs Wohnzimmer kaufte ich mir einen taubenblauen Teppich, ziemlich hochwertig. Mir schwebten schwere, mächtige Möbel vor. Zierliche Tischchen fand ich peinlich, richtig unangenehm. Die Einrichtung sollte eine Kräftigkeit ausstrahlen, die zu mir passte. Von einem Möbeltischler ließ ich drei Tische anfertigen. Einen kleinen Ecktisch, einen Frühstückstisch und den großen Couchtisch. Ein Riesenteil, an die zwei Meter lang. Die Tischplatten waren aus poliertem Carrara-Marmor, sechs Zentimeter dick, ausgesprochen schwere Teile. Die Platte vom Couchtisch konnte ein Mann nicht alleine tragen. Dazu kaufte ich mir eine wuchtige cremefarbene Ledergarnitur, sehr seriös, und an den Wänden hängte ich schwere Teppiche auf.

Über den Sport lernte ich den Besitzer einer Detektei am Ku'damm kennen. Der checkte mich ab und stellte mich anschließend umgehend ein. Die Detektei beschäftigte sich mit Personen- und Objektschutz und hatte ihren Hauptsitz in München. Ich brachte alles mit, was dafür gefragt war. Kraft, Schnelligkeit und eine perfekte Übersicht. Durch meine Tätigkeit als Kaufhausdetektiv hatte ich für mein Alter ungewöhnlich viel Erfahrung im Sicherheitsbereich, und meine physische Härte kannte der Detekteibesitzer von den Wettkämpfen. Ich besaß sein Vertrauen, er wusste, auf mich ist Verlass, bei Andy gibt's kein Pardon.

Wie erwartet, schlug ich ein wie eine Bombe, und bald unterrichtete ich die Berliner Angestellten der Firma im Kampfsport. Ich war ständig unterwegs, hatte kaum Zeit, verdiente aber für die damaligen Verhältnisse eine Menge Geld.

Karate und Boxen ziehen überall Leute aus dem Milieu an. Es konnte passieren, dass nach dem Wettkampf so ein Typ vorbeikam, mir gönnerhaft auf die Schulter klopfte und mit einem Bündel Geldscheine vor meiner Nase rumwedelte.

»Kiek mal, is jewonnen, weil ick uff dir jesetzt habe. Willste paar Scheinchen ab?«

Ich wollte und griff wie selbstverständlich nach der Knete, denn ich wusste längst, wen ich vor mir hatte, ich war doch nicht blind. Beim nächsten Wettkampf brachte der Typ seinen besten Kumpel mit in die Umkleidekabine. Der fand mich ebenfalls super, setzte auf Sieg für Andy und stellte mich drei Wochen später wiederum seinem besten Freund vor. Auf diese Weise bin ich den echten Kiezgrößen immer nähergerückt. Das ist gängige Praxis im Milieu: Einer stellt den anderen vor und prahlt, wen er noch so kennt.

»Kiek mal den Kernigen da an der Bar, das ist ein gestandener Mann, der hat Schotter ohne Ende, die Weiber reißen sich darum, um für den zu laufen.«

Ich war tief beeindruckt. Der Typ stand in seinem Maßanzug im Big Eden an der Bar wie ein Fels in der Brandung. Eine gesunde Bräune im Gesicht, durchtrainiert und überlegen registrierte er das Treiben um sich herum wie aus weiter Ferne. Im Gesicht zuckte kein Muskel. Noch gab es für ihn keinen Grund, den kleinen Andy zu beachten.

Ich hatte die gleichen Interessen wie diese Leute: Geld, Autos und Frauen. Was bei mir dazukam, war der Sport. Bücher waren nicht meine Welt. Ich kannte den Namen Thomas Mann, aber gelesen hatte ich keine Zeile von ihm. Mein Bauch riet mir ab – unnütze Zeitverschwendung. Was der schreibt, hat nichts mit mir zu tun, das war wertloses Zeug in meinen Augen. Überhaupt hielt ich Menschen, die Bücher lasen, für Waschlappen und Weicheier. Was wollten die mit Büchern, was nützte ihnen denn das Lesen? Ich haue euch eine vor die Backe, dachte ich mir, da schützt euch Geschriebenes auch nicht vor. Kein Mensch kann sich mit einem Buch verteidigen.

Ich verachtete die Leute, die lasen, aber die verachteten mich ja auch.

Ich wusste, wer Bundeskanzler war, kannte den Bürgermeister von Berlin und die Namen der Parteien. Das war's aber schon mit Kunst und Politik. Zeitungen habe ich damals nicht gelesen, ab und zu sah ich mir Nachrichten im Fernsehen an, und ins Kino ging ich, wenn ein amerikanischer Western lief.

Der Kampfsport verschaffte mir Respekt, immer mehr Luden wetteten auf mich, und keine zwei Monate später setzte der Kernige von der Bar im Big Eden auch auf Andy.

Die Zuhälter wollten mich, die Kontakte wurden enger. Ich wurde hofiert und nach oben gepuscht. Niemand sagte mehr: »Ach, das ist ja nur der Kleene«, wenn ich auftauchte. Mein Gefühl täuschte nicht – bald gehörte ich dazu. Ich war mittendrin und noch nicht einmal zwanzig. Ich begriff sehr schnell, wie und wohin der Hase lief. Im Grunde funktionierte das Ganze nach der Devise: »Eine Hand wäscht die andere«, und das Sagen hat, wer die meiste Kohle macht.

Klar, ich war stolz, mich mit den harten Jungs zeigen zu dürfen, und ich setzte auch auf diese neuen Beziehungen. Der Blasse besaß einen florierenden Puff mit mehr als zehn Frauen, für Karl den Großen liefen mehrere Frauen auf der Kurfürstenstraße und im Tiergarten; den Kernigen mit dem Maßanzug, der seine Finger überall drin hatte, redete ich längst mit seinem Vornamen an.

Ich schaute genau hin, wie sie ihre Weiber poussierten und abkassierten. Im Stillen dachte ich, kein Problem, kannst du auch. Probier es doch einfach, kommt auf einen Versuch an.

Bin ich mit den Luden durch die Puffs gezogen, wollte ab und zu eine der Frauen mit mir aufs Zimmer. Die bekamen alle die gleiche Antwort: »Geschäft lege ich nicht aufs Laken. Ich habe nichts dagegen, wenn wir uns nachher treffen, privat.«

Bumsen gegen Geld war nicht mein Ding. Erstens hatte ich es nicht nötig, zweitens war ich viel zu geizig, und drittens dachte ich, wenn schon, dann bezahlen die mich.

Mit Karl dem Großen bin ich ab und zu in die Kurfürstenstraße gefahren, um seine Frauen zu kontrollieren. Karl preschte in seinem feudalen Schlitten an eine der Prostituierten ran, kurbelte die Fensterscheibe runter und blaffte sie voll von der Seite an, ohne ein Wort der Begrüßung.

»He, du Huhn, komm mal her! Wie viel hast du bis jetzt gemacht?«

Die Frau beugte sich ans Fenster runter, reichte ohne mit der Wimper zu zucken die Scheine rüber und schaute schuldbewusst aus der Wäsche, als Karl ihr klarmachte, dass es sich für die paar lausigen Kröten überhaupt nicht lohne, vorbeizukommen, die reine Zeitverschwendung. Zerknirscht steckte er die Kohle ein, kurbelte die Autoscheibe hoch und fuhr wortlos weiter.

Kiek an, staunte ich, die Olle drückt ihren Hurenlohn so selbstverständlich ab, als würde ihr Karl die Scheine sofort bei der nächsten Bank auf das gemeinsame Familienkonto einzahlen. Nach hundert Metern fuhr Karl rechts ran, stoppte, stellte den Motor aus und kassierte die Nächste ab. Mit den gleichen Worten, nur noch verärgerter. Er war wirklich sauer, das war nicht gespielt, ich spürte seine Verbitterung. Ich hatte den Eindruck, er musste sich verdammt zusammenreißen, um nicht auszusteigen und die Frau auf der Stelle zu verprügeln. Ich war verblüfft. Obwohl die zweite Hure ein ganz anderer Typ war, blickte sie genauso verzweifelt wie die, die Karl vor fünf Minuten abkassiert hatte. Anscheinend fanden beide die Behandlung normal; vom Gegenteil war jedenfalls nichts zu merken. Mir imponierte, wie Karl der Große die Frauen ausnahm und sie zur Schnecke machte. Ich ließ keine Gelegenheit aus, mich bei ihm ranzuhängen und von ihm zu lernen.

Mehrere Berliner Luden fuhren mit nach München, Hamburg oder Frankfurt zu den großen Karate-Meisterschaften und wetteten dort untereinander mit hohen Einsätzen auf mich. A setzte darauf, dass ich im Endkampf den Gegner binnen sechzig Sekunden erledige, B konterte: »Das schafft Andy niemals. Unter zwei Minuten passiert heute gar nichts.« Und C krakeelte dazwischen: »Den putzt Andy schneller, als ihr denken könnt!« Die Luden, die für gewöhnlich ihren Mund nicht aufkriegten, waren putzmunter.

Hatte ich den Gegner innerhalb einer Minute besiegt, fiel ein Tausender und mitunter auch mehr für mich ab. Brauchte ich länger, gab's weniger Kohle. Das war ein Anreiz, den Kampf so kurz wie möglich zu halten.

Nach den Wettkämpfen wurde ich eingeladen: »Komm mal dahin, wir sitzen immer in derselben Bar, wenn wir in Hamburg sind. Da treffen wir die ansässigen Luden.«

Alle trugen teure Klamotten, hatten reichlich Gold umgehängt, viel, viel Geld in der Hosentasche und klopften mir unentwegt mit ihren Pranken auf die Schulter. Einer wollte unbedingt, dass ich ihm die Tritte und Schläge beibringe, mit denen ich vor einer Stunde den Gegner umgenietet hatte. Selbstverständlich exklusiv, in Privatstunden, Geld spielte keine Rolle.

In einer Hinsicht war ich immer noch ziemlich schwach auf der Brust – das betraf das Geld! Gemessen am braven Bürger verdiente ich sehr gut, mit den Summen im Milieu konnte ich jedoch nicht mithalten. Was ich pro Monat zur Verfügung hatte, war hier nicht mal unterer Level.

Die Luden griffen lässig in die Hosentasche und packten ihre »dicke Welle« auf den Tisch. So nannte man die flüchtig zu einem Bündel gerollten Hunderter, Fünfhunderter und Tausender. Sie schmissen nur so um sich mit der Knete. Ich holte zum Bezahlen brav mein Portemonnaie raus und sortierte das Wechselgeld fein säuberlich getrennt nach Scheinen, Scheinchen und Hartgeld in die dafür vorgesehenen Fächer. Damit auch ja nichts verlorenging. Für Scheinchen und Hartgeld hatten die Luden nur verächtliche Blicke übrig. Keiner machte sich mit Hühnerkacke seine Finger dreckig. Den Schmutz schoben sie großspurig den Kellnern zu. Ein Portemonnaie war ein Armutszeugnis im Milieu.

Vier Luden nahmen jetzt regelmäßig bei mir Unterricht in Selbstverteidigung. Einem war nicht entgangen, dass ich meinen Lohn kirchenmausmäßig einsackte. Er bot mir an, Außenstände für ihn einzutreiben. »Eine Kleinigkeit bei deinen Fähigkeiten«, meinte er. Seit Monaten schulde ihm so ein Wichser mehrere Mille, und die ganze Mahnerei sei bisher voll für'n Arsch gewesen, freiwillig rücke der Mistkerl die Kohle ganz bestimmt nicht mehr raus. Sollte ich den Schotter für ihn eintreiben, gibt's selbstverständlich Prozente.

Ich nahm das Angebot an, ließ mir die nötigen Koordinaten geben und setzte mich in die Spur. Vorher hatte ich mir ausgerechnet, was bei dem Prozentsatz, den er beiläufig nannte, für mich abfallen würde. Das war nicht wenig.

Ich beobachtete den Schuldner und griff ihn mir, als er kurz vor Mitternacht seine Stammkneipe verließ. Ich kam sofort auf den Punkt: »Du hast seit Monaten bei meinem Auftraggeber noch einige Mille offen. Zum Beschaffen der Kohle lasse ich dir drei Tage Zeit, dann lieferst du bei mir ab – selbstverständlich in bar. Hast du verstanden? Und täusche mich nicht, ich erwische dich überall!«

Ich wusste nicht, ob er meine Ansprache ernst nahm. Aus diesem Grund tauchte ich am folgenden Nachmittag wie aus heiterem Himmel neben ihm auf dem Bürgersteig in der Kantstraße auf. Ich zeigte mich nur, sagte kein einziges Wort. In der Nacht vor der Geldübergabe wartete ich hinter seiner Garage, als er mit seinem Wagen nach Hause kam. Wieder nur bedeutungsvolles Schweigen. Spätestens jetzt wusste er, mit mir war nicht zu spaßen. Würde er nicht zahlen, hätte das schwere Konsequenzen für ihn.

Am nächsten Tag erschien er pünktlich an der vereinbarten Stelle und blätterte fein säuberlich die Summe auf den Tisch. Mein erster Auftrag war erfüllt, und in meinem Portemonnaie gab es einige Scheine mehr.

Dass ich kein Bluffer war, spürten alle, denen ich auf den Pelz rückte. Die Show, die ich abzog, versprach die Hölle. Das kam vom Kampfsport her; den Gegner mit Blicken, Gesten, Bewegungen einzuschüchtern, das beherrschte ich perfekt. Meine Entschlossenheit stand mir im Gesicht.

Versetzte mich trotzdem einer, war ich wie der Teufel hinter ihm her. Ich erwischte jeden. Entweder noch am gleichen Tag oder spätestens nach einer Woche fehlte ihm ein Stück Ohr, oder eins von seinen Nasenlöchern war zwei Zentimeter größer. Ich hatte immer eine kleine Geflügelschere oder ein scharfes Teppichmesser griffbereit – oben rechts in der Jackentasche.

Einigen zertrümmerte ich ohne zu zögern die Nase. Zack … das Nasenbein knackte. Ein Ellenbogenstoß … schon war das Jochbein hin, schlicht und einfach gebrochen. Das konnte demjenigen auch zu Hause geschehen.

Ich klingelte an der Tür, er machte auf und … Bruch. Hauptsache keine Zeugen. Die Grenze war ein halber Finger, den ich einem Typen abgetrennt habe.

Danach war es eine Frage von Stunden, bis das Geld auf Heller und Pfennig eintrudelte. Bei mir gab's grundsätzlich nur drei Tage Frist – und keine Stunde länger. Im Milieu war ich »der Wiesel«, listig und schnell. Der Wiesel ist wieder im Anrollen, hieß es, und das war gar nicht gut für die Schuldner. Einige nannten mich auch Karate-Andy. Gewissensbisse kannte ich nicht. Ich spürte auch keine Wut, wenn ich Härte einsetzen musste. Für mich waren das Typen, die selber Schuld hatten. Hätten sie das geliehene Geld wie vereinbart zurückgegeben, wäre mein Eingreifen nicht notwendig gewesen. Also hatten sie ihre Bestrafung höchstpersönlich provoziert. Ihr Verhalten war Betrug, dafür mussten sie geradestehen, und es war nur gerecht, wenn ich das Geld für den Besitzer zurückholte. Dass er wiederum Wucherzinsen verlangte, war nun mal üblich im Milieu. Und dass ich für meinen Aufwand sehr gut entlohnt wurde, verstand sich von selbst, denn ungefährlich war dieser Job ganz bestimmt nicht.

Bis Ende der siebziger Jahre trieb ich Geld für Mike P. und Fred F. ein. Beide waren damals Größen im Berliner Milieu. Dann empfahl ich andere, die das erledigten, mir war mittlerweile das Risiko zu groß geworden. Außerdem hatte ich es vom Geld her nicht mehr nötig, Geld floss bei mir reichlich. Für mich stand fest, absehbar würde das auch so bleiben, die Kohle würde nicht weniger, eher mehr werden. Warum sollte ich mich unnötig in Gefahr begeben? Ich buk lieber etwas kleinere Brötchen – dafür fühlte ich mich sicherer. Größere Brötchen sind immer mit größerem Risiko verbunden.

Fred F. war die Unterweltgröße in Berlin schlechthin.

Er war einer von den bekanntesten und erfolgreichsten Zuhältern und Bordellbetreibern, die es in den siebziger und achtziger Jahren in der Stadt gab. Ich blickte zu ihm auf, jedenfalls in den ersten Jahren. Mir gegenüber gab er sich nie von oben herab, eher kühl und gelassen. Er beobachtete mich stets wohlwollend von seinem imaginären Thron aus. Als wir uns später im Knast begegneten, behandelte er mich wie einen Kumpel, beinahe wie einen Freund. Die große Schießerei in den Siebzigern in der Potsdamer Straße ging damals durch die Presse. Die üblichen Bandenkriege im Ludenmilieu, sein Bruder wurde dabei erschossen.

Mike P. war in jeder Hinsicht eine Nummer kleiner als Fred F. Sein Geld bezog er vor allem aus Bordellen und Beteiligungen an Spielkasinos, berüchtigt war er für seine Wucherzinsen. Als er Ende der Neunziger in seiner kleinen Bar in Charlottenburg kerzengerade im Raum hing, war das für mich eine Bestätigung für mein Motto mit den kleinen Brötchen. Ich ging davon aus, dass Mike P. sich den Haken in der Decke nicht selber eingeschlagen hatte.

Zu Zeiten der Geldeintreiberei Anfang der Achtziger bin ich in das Geschäft mit der Kreditmasche bei Frauen eingestiegen. Das funktionierte immer nach dem gleichen Stiefel: Ich lernte in der Disco eine Frau kennen und bearbeitete sie so lange, bis sie für mich einen Kredit aufnahm. Freiwillig, wohlgemerkt. Manchmal dauerte es Wochen, bis ich sie so weit hatte, der Bluff konnte aber auch binnen zwei Tagen über die Bühne gehen.

Der Einstieg war jedes Mal die Pleite-Story: »Ich bin ja so verschuldet, Hasi! Dieser verdammte Stress, das ist aber auch eine elende Scheiße. Gestern habe ich eine Menge Geld verloren. Keine Ahnung, ob du dir vorstellen kannst, wie man sich fühlt, wenn einem so ein Batzen durch die Lappen gegangen ist. Mir hat's jedenfalls die Petersilie verhagelt.« Dazu setzte ich das passende Gesicht auf.

Mal hatte ich sehr viel Geld verspielt, mal gingen die Geschäfte nicht wie erwartet, dann war plötzlich wieder ein langjähriger und enger Geschäftspartner verstorben, und ich kam schlecht an meine Außenstände ran, weil der Kram mit der Testamentseröffnung sich hinauszögerte. Ein Hinweis auf die deutsche Bürokratie machte sich immer gut. Die Geschichten liefen stets auf das Gleiche hinaus: »Im Moment bin ich total pleite. Kannst du mir kurzfristig aus der Patsche helfen, Hasi? Ist doch nur für ein paar Monate, dann kommen wieder größere Beträge bei mir rein. Spätestens in einem halben Jahr bin ich hundertprozentig flüssig. Da ist Verlass drauf. Nicht wie du denkst, Hasi, ein Tausender reicht da nicht. Ein bisschen mehr ist es schon. Ich brauche so um die zehn, eher noch fünf Mille mehr. Wenn du bankmäßig einen Kredit für mich aufnehmen könntest, wäre ich dir sehr dankbar. Glaube mir, du würdest mir wirklich aus der Patsche helfen. Wie gesagt, ist ja nur für eine kurze Zeit.«

Bevor sie nein sagen konnte, lief eine kurze Poussage. »Du bist die Frau überhaupt, Hasi, eine wie dich suche ich seit Jahren. Du kennst doch den Schrott, der durch die Gegend läuft. Ich sage dir, die sind alle vom Stamme Nimm. Hasi, bei dir zählt noch Charakter, du bist nicht geldgeil, du bist ganz anders als die anderen. In meinem Leben bist du die absolute Nummer eins. Wir beide, Hasi, und sonst niemand.«

Und schon wurde gemeinsam überlegt, wie sich die Kreditnahme am besten einfädeln ließ. Die Summe hatte ich zwischendurch noch einmal leicht aufgestockt.

Bis sie den Kredit aufnahm, hatte ich sie immer wieder beruhigt: »Selbstverständlich bekommst du das Geld bald zurück, ist doch Ehrensache. Und rechne ruhig mit ein bisschen mehr, umsonst ist der Tod. In den ersten Monaten wirst du das alleine stemmen müssen, aber dann helfe ich dir bei den Raten. Und den Rest löse ich zwei, drei Monate später auf einen Schlag ein. Du und ich, Hasi, wir zwei, wir schaffen das locker. Du weißt ja, da ist was total Sicheres in Aussicht.«

Was genau und wie viel da in Aussicht stand, habe ich stets im Dunkeln gelassen. Sie hatte nicht den blassesten Schimmer und ahnte null, dass die Falle bald zuschnappen würde.

Alles war Mache, natürlich hatte ich keine Schulden. In meinem ganzen Leben habe ich keinen Pfennig Schulden gemacht. Klar, die Ansprache musste gut sein und konkret auf die Frau zugeschnitten. Nicht zu dicke aufgetragen, auch nicht stockend aufgetischt – eben überzeugend.

Meistens lief es nach Plan. Hasi dackelte zur Bank und beantragte einen Barkredit auf ihren Namen. Zog das Geldinstitut nicht gleich mit und verweigerte die Summe, weil ihr die Sicherheiten nicht ausreichten, wusste ich selbstverständlich sofort einen Ausweg. »Mensch, Hasi, hau deine Mutter an. Ihr habt doch ein gutes Verhältnis zueinander, hast du jedenfalls gesagt. Oder rede mit deinen Geschwistern, mit denen kommst du doch auch einigermaßen hin. Frage, ob sie für dich bürgen. Du musst ja nicht die ganze Wahrheit auftischen.« Insgeheim hatte ich längst die Lage gecheckt und mir Gedanken gemacht, wie viel eine Bank für die Braut vorstrecken würde. Das drehte sich gewöhnlich um Summen zwischen zehn- und fünfzehntausend Mark. Und abends ging dann die Post ab. Wir zogen von einer Diskothek in die nächste. Die Türen öffneten sich, anstellen war ein Fremdwort, ich war ja bekannt wie ein bunter Hund. Überall wurden wir mit »Hallo« begrüßt. Viele Frauen träumen davon, einen starken Mann neben sich zu haben, vor dem die anderen kriechen und kuschen. Sie kam jedenfalls aus dem Staunen nicht mehr raus – das war die große, weite Welt, die sich da auftat. Und sie war mittendrin. Nach einem öden Tag bei EDEKA an der Kasse oder zwischen den Kleiderständern bei Karstadt, trieb das den Puls hoch. Was hatte sie doch für einen kernigen Macher an ihrer Seite – den Traummann schlechthin. Endlich ein Typ, der klare Ziele im Leben hatte. Wie satt sie es hatte, sich immer nur für grüne Jungen ins Zeug zu legen, die außer Fernsehen und Fußball nichts interessierte, wurde ihr erst jetzt bewusst.

Endlich durfte sie einem starken Mann unter die Arme greifen. Die beste Freundin würde grün werden vor Neid, wenn sie der erzählte, wie sie gemeinsam mit ihrem Kampfsportler die anstehenden Probleme löste.

An dem entscheidenden Tag brachte ich sie zur Bank, gab ihr ein Küsschen und wünschte: »Gutes Gelingen, Hasi.« Das war das letzte »Hasi«, das sie von mir zu hören bekam.

Ich wartete in einem Café in der Nähe, sie erledigte die Schlussformalitäten in der Bank und kassierte das Geld. Danach kam sie auf dem schnellsten Wege zu mir gerannt. Hochrot im Gesicht, noch ein bisschen aufgeregt von dem Deal, öffnete sie ihre Handtasche und drückte mir glückstrahlend ein Geldpäckchen nach dem anderen in die Hand. Sie ganz allein hatte es zuwege gebracht, dass ihr Kerl in aller Ruhe – ohne diesen leidigen Druck – nun seinen Geschäften nachgehen konnte. Jetzt würde die Liebe sicherlich ewig halten.

Gelassen steckte ich die Bündel in meine Hosentaschen, erhob mich, rückte den Stuhl ordentlich an seinen Platz, drehte mich um, und weg war ich. Ich sagte kein

Wort, weder »Dankeschön« noch »Auf Wiedersehen«. Ich ging, ohne mich noch einmal umzusehen.

Es war mir egal, wie die dämliche Gans da wieder rauskam. War nicht mein Problem, wie sie die Monatsraten zusammenkratzte. Ich hatte auf einen Schlag fünfzehn Mille mehr – manchmal nur zehn. Oder nur fünf, je nachdem. Fünf waren auch nicht zu verachten.

Eine Stunde später hatte ich sie heulend am Telefon.

»Hier ist Hasi. Andy, hörst du mich?«

»Na klar, höre ich dich«, blaffte ich sie an, »bin doch nicht taub. Was willst du?«

»Du hast doch gesagt, wir beide, wir machen das zusammen.«

»Was zusammen?« Ich stellte mich dumm.

»Andy, hast du vergessen, was du mir versprochen hast? Wir regeln das gemeinsam mit dem Kredit. Hast du gesagt.«

»Ach ja, hab ich das?« Ich war extrem patzig. Die Frau wollte einfach nicht wahrhaben, dass ich sie eiskalt im Regen stehengelassen hatte.

»Ich bin die einzige Frau in deinem Leben ... das hast du auch gesagt.«

»An den Schwachsinn glaubst du doch selber nicht. Guck mal in den Spiegel. Was willst du eigentlich? Lass mich in Ruhe.« Sie konnte es immer noch nicht begreifen, das Gejammer ging weiter.

»So viel Geld! Meine Mutter, was sag ich bloß meiner Mutter?«

»Was kann ich dafür, dass du deine Mutter in deine krummen Dinger reinziehst. Hast du was Schriftliches in der Hand? Haste nicht, na also. Pfeif ab, und lass mich gefälligst in Ruhe! Ich habe anderes zu tun, als mir dein Geplärre anzuhören.« Dann knallte ich den Hörer endgültig auf.

Ich hatte sie einfach verbal weggetreten.

Ich war ein Trickbetrüger. Ausgebufft, gnadenlos verschlagen, ohne jeden Skrupel. Inzwischen sehe ich mich ja auch so. Früher fühlte ich mich in meiner Großartigkeit bestätigt, heute weiß ich, das war eine miese, schäbige Tour, die ich abgezogen habe.

Hatte eine vor, mich bei der Kripo anzuzeigen, drohte ich massiv.

»Hast du Beweise? Dass ich nicht lache, du hast keinen einzigen. Die Bullen schmeißen dich achtkantig raus, wenn du mit leeren Händen aufkreuzt. Du musst beweisen, was du mir da Schäbiges anhängen willst. Ich warne dich, pass auf! Ärgerst du mich weiter, zeige ich dir, wer ich wirklich bin. Gehst du hin, fahre ich deine Mutter über den Haufen. Ich poliere deiner Schwester die Visage, die traut sich nie wieder auf die Straße, und ich hau deine ganze Sippe um, mit allem Drum und Dran. Dich häute ich.«

Das reichte meistens, und das Häufchen Unglück verzog sich auf Nimmerwiedersehen von der Bildfläche. Wenn nicht, gab's Schläge. Mir war damals wirklich alles egal.

Später änderte ich bei der Kreditmasche ab einem bestimmten Punkt die Strategie – und es lief noch besser. Wie gehabt, war die Pleitearie der Einstieg.

»Ich habe ja so viel Geld verloren, kannst du mir nicht unter die Arme greifen?« Danach die Poussage: »Du bist die Einzige, für dich zählt noch Charakter. Wir beide, Hasi, und sonst niemand.« Und dann war die Beschaffung des Kredits fällig. Doch ab der Geldübergabe im Café lief alles anders. Ich freute mich nun, bedankte mich überschwänglich: »Das nenn ich echte Liebe, Hasi. Du bist die Größte für mich, gemeinsam räumen wir jede Schwierigkeit aus dem Weg.«

Vier Wochen später war ich der Besorgte. »Mensch, Kleene, wie lange wollen wir denn da abzahlen?« Die Betonung lag auf dem »wir«. »Bei mir schieben sich die großen Summen weiter nach hinten raus, und in deinem Job bekommst du doch nur einen Hungerlohn – hab ich Recht? Bei deiner Figur, mit dieser Optik – guck doch in den Spiegel. Weißt du, das sollten wir nutzen. Wir könnten verdammt viel Kohle machen, wenn du in einer Bar arbeiten würdest oder auf der Straße. Unser Kredit wäre in kürzester Zeit vergessen. Stell dir vor, was wir uns alles leisten könnten. Für dich echten Schmuck. Du müsstest nicht mehr billige Glasperlen tragen. Wir würden uns einen schnellen Wagen anschaffen und auch mal für länger nach Teneriffa düsen und allen den dicken Daumen zeigen. Ist ja nur ein Vorschlag, Hasi. Denk mal am Wochenende drüber nach, und lass dir Zeit mit der Entscheidung. Verstehst du, uns drängt doch niemand.«

Gab's noch ein Restchen Widerstand, fiel die Liste mit den Vorschlägen etwas länger aus, oder es setzte Kloppe. Manchmal auch beides. Früher oder später landete die Frau im Puff oder auf der Straße.

Ich wurde immer überzeugender. Schließlich fragte ich mich, warum ich eigentlich diese zeitraubenden Umwege ging. Mach es wie alle Luden, redete ich mir zu, lass die Frauen für dich ackern und kassiere sie einfach nur regelmäßig ab. Viel musste ich nicht verändern, denn bis auf den letzten Schritt blieb alles gleich. Kennenlernen, poussieren, austesten. Doch statt zur Bank musste ich die Frau nun geschickt an Freier ranführen.

Ich probierte es aus, und es klappte nicht schlechter als bei den Profiluden. Kaum Misserfolge. Ich entwickelte ein spezielles Beuteschema, nach dem ich eine Frau in der Disco auswählte. Schüchtern, wenig selbstbewusst, eher labil und unsicher, möglichst alleine unterwegs, nicht in einer Gruppe mit Freundinnen, omamäßig gestylt, aber eine gute Figur, aus der sich was machen ließ, insgesamt eine weibliche Ausstrahlung. Passte eine in das Schema, kreiste ich sie ein und quatschte sie voll.

»Wie läufst du denn rum? Siehst ja aus wie ein altes Mädel. Zieh dir was Geiles an, du bist doch jung, siehst gar nicht mal so schlecht aus. Wenn du weiter so durch die Botanik stakst, musst du dir einen anderen Typen suchen.«

An Blicken und Gesten spürte ich: Die Frau ist schwach, die lässt sich auf mich ein, die kriege ich rum. Entweder für die knallharte Bumserei oder für die Anschafferei. Im Idealfall für beides, und eines nach dem anderen.

Hatte ich mich nicht verrechnet, stand sie am nächsten Sonnabend an der gleichen Stelle. Einen flotten Rock an, dazu eine modische Bluse mit einem aufreizenden Ausschnitt, die passenden Schuhe und eine klasse Frisur.

Ich staunte und lobte: »Ich fass es nicht, du siehst ja aus wie im Film.«

Hatte ich eine fest am Haken, wollte ich mehr über sie rauskriegen. Ich machte ihr teure Geschenke, textete sie zu und erspürte haarscharf den Punkt, an dem sie nur noch darauf bedacht war, alles richtig zu machen, damit ich sie ja nicht sitzenließ. Erst jetzt nahm ich sie mit in den Puff vom Blassen oder schaute mit ihr ab und zu bei den Frauen auf der Kurfürstenstraße vorbei.

Ich trieb sie gezielt in die Konkurrenz mit den Huren: »Was die schaffen, bringst du mit links. Aber du musst ja nicht.« Ich lud einen Bekannten zu mir in die Wohnung und ließ sie vor meinen Augen durchbumsen. Dabei beobachtete ich sie und registrierte, wie sie sich aufführte. Wo ihre Stärken lagen, wo sie offensichtliche Schwächen hatte, die unbedingt abgestellt werden mussten, bevor ich sie auf den Strich schickte. Ich setzte sie auf den langen, dicken Schwanz meines Bekannten – ich hatte nicht irgendeinen zu mir eingeladen – und schrie sie an:

»Sitz gerade, häng nicht auf ihm wie ein Mehlsack! Geh ins Hohlkreuz, reite, als wäre der Leibhaftige hinter dir her. Und nie den Blickkontakt dabei vergessen.«

Nach so einem Gang nahm ich sie kurz in den Arm, lobte ihren Einsatz – und eine Woche später stellte ich sie auf die Kurfürstenstraße.

Wenn eine Frau in der Disco nicht reagierte, wie ich mir das vorstellte, schob ich sie beiseite. Du dämliche Kuh, dachte ich, was willst du mir schon erzählen. Merkte ich, sie fällt aus dem Schema raus, bei der setze ich mich nicht durch, das ist eine Kecke, drehte ich mich weg und nahm die Nächste ins Visier. Wollte die auch nicht, bitte schön, dann eben nicht, ich konnte warten. Als Korb hatte ich das nie angesehen, und Zurückweisungen verdrängte ich einfach.

Es kam schon mal vor, dass mich eine von oben herab behandelte oder sich lustig machte über meine Sprüche: »Wer bist du denn? Dein Goldkettchen interessiert mich nicht die Bohne, und ob du gut im Sport bist, geht mir am Arsch vorbei.« Normalerweise hätte mich eine Abfuhr kränken müssen, hat sie aber nicht. Ich drehte die Tatsachen einfach um. Nicht sie verpasste mir einen Tritt, ich verpasste ihr einen.

# Ich mach dich zur Hure, du merkst das nicht!

5 Hält der Kunde auf dem Straßenstrich an und dreht die Scheibe runter, will er etwas. Er ist erst einmal interessiert, ansonsten würde er nicht stoppen. Dann beugt die Frau sich zu ihm, und nun muss sie ihn wortmäßig anmachen.

»Schönen guten Abend, mein Süßer. Na, was hätten wir denn gern, mein Schnuckelchen? Hast du jetzt Feierabend? Soll ich dir ein schönes geiles Gefühl geben, bevor du zu deiner Frau nach Hause gehst? Komm, mein Kleiner, du hast doch sicherlich nur zehn Minuten. Bevor du ins Bettchen fällst, blase ich ihn dir noch mal hoch, dass du verrückt wirst. Ganz bestimmt hast du eine harte Nachtschicht hinter dir – nicht wahr, mein Süßer?«

Das ist der Kumpelton, auf den die meisten Freier abfahren. »Mein Herr, würden Sie mir bitte die Ehre geben und ein Nümmerchen mit mir schieben« – das ist doch lächerlich und geht überhaupt nicht. Die Frau erreicht nur das Gegenteil. Die Geilheit, die den Freier auf den Strich getrieben hat, fällt zusammen wie ein Kartenhaus. Meiner Meinung nach besteht die effektivste Variante darin, direkt auf die Sache zuzugehen – selbstverständlich im richtigen Tonfall.

Fragt er nach der Machart, hat sie ihn an der Angel: »Wir werden uns über den Preis schon einig, weil du so ein Süßer bist. Normalerweise kostet es ein bisschen mehr, aber weil du heute mein erster Freier bist, mache ich es dir zum Sonderpreis. Kannste glauben, ich lutsche dir dein Ding, bis du durchdrehst. Ich lasse deine geile Milch sprudeln, mein Süßer.«

Sagt er: »Okay, steig ein«, fahren sie anschließend los, entweder gleich zum Parkplatz um die Ecke oder in die nächste Pension. Hat er gelöhnt, beginnt der leichtere Teil des Geschäfts.

In der Anfangsphase beobachtete ich jede Bewegung der Frau. Ich saß im Auto auf der anderen Straßenseite und ließ sie machen. Fiel mir etwas positiv auf, winkte ich sie ran und lobte: »Das war aber eben top, Kleine. Wie du den Freier auf dich aufmerksam gemacht hast, meine Hochachtung. Den Arsch würde ich allerdings etwas stärker ausstellen, wenn ich mich zu dem Typ ins Auto bücke, und vielleicht noch eine Spur gewinnender lächeln.«

Und dann stieg ich aus und machte es ihr vor. Das bringt nicht jeder Lude, nur die Guten. Die Schwachen denken, sie vergeben sich was dabei.

Ich stand auch nachts bei Mondschein im Tiergarten in den Büschen und überwachte und kontrollierte sie bei der Arbeit. Mir entging nichts, ich registrierte jeden Fehler. Dass ihre Ansprache zu hochnäsig klang, dass sie miserabel blies – viel zu aufwändig –, sich unnötig verausgabte und stöhnte, als müsste sie zwei Eimer Kohlen in den fünften Stock schleppen.

War der nächste Freier noch nicht in Sicht, erläuterte ich auf die Schnelle die gröbsten Bedienfehler und machte Vorschläge. Wie sie beim Blasen anzufassen hat und die Lippen um den Schwanz zu legen sind, was sie zwischendurch sagen muss, vor allem im richtigen Moment. Und ich simulierte, wie geiles Stöhnen wirklich klingt.

Viel Technik ist nötig, um sich zu verstellen und von einer Sekunde auf die nächste in eine andere Rolle zu springen. Und nicht irgendwie, sondern überzeugend, mit voller Glaubwürdigkeit. Erst wenn die Frau technisch rund läuft, liefert sie die komplette Illusion für den Freier.

Das war knüppelharter Unterricht – mal freundlich ausgedrückt. Weniger freundlich könnte man auch »abrichten« oder »zurichten« dazu sagen. So wie man einen Hund dressiert, der aufs Wort hört und instinktiv weiß, was er zu leisten hat, habe ich Huren geformt und zu akzeptablen Schauspielerinnen gemacht. Ich wusste, das große Geld fahre ich nur mit der perfekten Hure ein.

Die ersten zwei, drei Monate wertete ich grundsätzlich jede Schicht aus. Und immer konkret. Nie hörte man von mir allgemeines Blabla, womit die Frau nichts anfangen konnte. Es gibt Luden, die verunsichern ihre Huren mit nichtssagenden Sprüchen, die Frauen haben keine Chance, ihren Arbeitsstil zu verbessern. Meine wussten immer, wovon die Rede war: Bei Freier Nummer zwei hast du den Fehler gemacht, bei Freier Nummer fünf jenen, und beim letzten sind dir gleich mehrere Patzer hintereinander passiert.

Nölte die Frau rum: »So ein Scheiß, ich habe keine Lust mehr, ist doch schon so spät, ich bin verdammt fertig, ich will endlich nach Hause«, blieb ich hart.

»Nichts da, hiergeblieben! Wir gehen noch einmal Fehler für Fehler gründlich durch, und zwar nicht irgendwann, sondern jetzt. Vorher wird nicht gepennt. Also, was hast du bei Freier zwei falsch gemacht? Streng dich an, Hasi, denk nach! Je schneller du kapierst, umso früher liegst du in deiner Koje.«

»Keine Ahnung, weiß nicht, kann mich nicht erinnern, liegt doch alles schon Stunden zurück, ich bin ja so müde.«

Ich blieb geduldig. »Pass auf, Kleine, wir stehen beide nicht zum Vergnügen hier. Reiß dich zusammen!«

Kam immer noch keine plausible Antwort, machte ich

ernst: »Es reicht, wir nehmen uns Freier zwei noch einmal gründlich vor, und zwar von A bis Z. Von Anmache bis Zahlen. Sperr die Ohren auf! Ich sitze links von dir am Steuer, du wendest dich mir zu, machst mit der rechten Hand meine Hose auf, beugst dich so drüber, dass ich keine Sicht mehr auf mein Ding habe, und legst los. Noch mal, was ist bei dem Zweiten falsch gelaufen?

Richtig, das mit der Sicht! Na also, so dusslig bist du doch gar nicht. Genau da lag der Hase im Pfeffer, Hasi. Du hast ihm die volle Sicht gelassen, und das ist nicht gut für dich und fürs Geschäft schon gar nicht. Der Freier ist doch nicht blöd. Bei voller Sicht laufen keine Tricks, und so richtig Falle stellen schon gar nicht. Er fühlt sich durch deine hohle Hand nur verarscht.«

Und dann erklärte ich ihr zum zwanzigsten Mal die Technik, die ihr die Arbeit erleichtern und die Kasse klingeln lassen sollte: »Vernünftig blasen, das ist schnell und entschlossen den Schwanz an der richtigen Stelle fassen, Gummi rüber und schön die Hand dranlassen, nicht nur mit zwei gespreizten Fingerchen arbeiten. Also, alle fünf Griffel einsetzen und nicht zu zaghaft mit dem Mund rübergehen. Immer schön das Gummi nass halten, das Stöhnen nicht vergessen und zwischendurch mit vollem Mund eine supergeile Ansprache gurren … Ein flüchtiger Blick nach oben signalisiert: Was habe ich doch für ein Juwel zwischen den Lippen. Und sofort richtet sich die volle Aufmerksamkeit wieder dem Prachtstück zu.«

Gnadenlos ging ich alles durch, und nachdem der letzte Fehler besprochen war, wurde ich richtig fies.

»Nun wollen wir doch mal sehen, Hasi, ob was hängengeblieben ist. Und wenn du auf dem Zahnfleisch kriechst, jetzt bläst du mir noch einen.«

Es kam schon vor, dass eine nach anderthalb Stunden Nachhilfe zu Hause im Sessel stöhnte: »Mann, Andy, bin ich alle. Zehn Freier sind nicht halb so anstrengend wie du.«

Ich trichterte meinen Frauen ein, dass sie bei Schichtbeginn eine lange, lange Nacht vor sich haben, die kräftemäßig durchdacht sein wollte. Doch alle Anfängerinnen machten im ersten Drittel des Abends den gleichen Fehler. Sie verballerten zu Beginn unnötig Energie, die ihnen später fehlte.

»Hör genau zu, Hasi. Ein guter Marathonläufer rennt auch nicht blind drauflos. Er legt sich zusammen mit seinem Trainer eine Taktik zurecht und teilt die Kräfte über die gesamten zweiundvierzig Kilometer ein. Richtig, ich bin dein Trainer. Also wenn ich heute dein letzter Kunde gewesen wäre, du würdest mich nie wiedersehen. Weil du ihn ohne jeden Pfiff bedient hast, wie eine alte Oma. Am Ende fehlte dir ganz einfach die Kraft, es reichte gerade noch zu einem Grinsen. Hättest du deine Power vernünftig über die Stunden dosiert, wäre dir der Einbruch nicht passiert. Lass dir das eine Lehre sein.«

Während der Einarbeitungsphase habe ich vielleicht zehnmal den Freier gegeben, öfter nicht. Das war eine Gratwanderung, denn man konnte sich vor der Frau schnell zum Hampelmann machen. Ich war der Boss, nie der Partner. Verhielt ich mich aus Geschäftsgründen doch einmal fünf Minuten wie einer, rückte ich das sofort wieder gerade. Ansonsten macht man sich zum Löffel vor der Hure.

Die Straßenhuren haben so ihre eigene Kleiderordnung. Ob in Hamburg, München oder Berlin – überall ist eine Grundausstattung erkennbar, die in den letzten zwanzig Jahren so gut wie nie verändert wurde. Bei der Einkleidung einer Junghure bedient sich der clevere Zuhälter aus diesem Fundus; er kombiniert in den ersten Wochen verschiedene Teile miteinander und testet die jeweilige Anziehung auf Freier. Was bei der einen Frau einschlägt, kann bei der nächsten verpuffen. Wäre es nach meinem Geschmack gegangen, die Frauen liefen nackt herum. Nur – komplett ausgezogen verdienen sie kaum Geld, da hält höchstens jeder Zehnte. Eine Illusion muss sein, und die verlangt geschicktes Verdecken.

Das Verhältnis von bloßer und verdeckter Haut muss stimmen und ist für jede Frau individuell festzulegen. Ein flüchtiger Blick – so husch husch – reicht da nicht; ein guter Lude ist auch Stylist. Er berät beim Kaschieren der Schwachstellen und sollte die Vorzüge der Frau ungeniert ausstellen. Generell gilt: In der Anmachphase muss immer ein Rest vor dem Kunden verborgen bleiben.

Fährt der Freier in seinem Auto langsam an den Frauen vorbei, hat er in Augenhöhe feste, pralle Ärsche vor sich. Gut verpackt in Ballettstrumpfhosen, da wackelt kein Gramm. In Wirklichkeit – ist die Strumpfhose erst mal runter – ist der Arsch genau so weich wie der von der eigenen Frau. Strumpfhosen mit 70den machen alles stramm. Du haust rauf, nichts schwabbelt, nichts bewegt sich. Die Fleischfarbe macht die Illusion perfekt, als wär's die blanke Haut.

Der Freier, der mehr sehen will, muss anhalten. Der Minirock zeigt und verdeckt, der knieumspielende Flatterrock regt die Fantasie an. Die kleinen grauen Zellen beginnen zu rotieren. Was ist drunter? Ist sie rasiert, ist sie nicht rasiert? Der BH sorgt für das nächste Fragezeichen. Ist alles echt, was da oben rausquillt, oder etwa nur Silikon? Bis in die Fingerspitzen muss es jucken.

Den Frauen habe ich das mit folgenden Worten erklärt: »Kleide dich wie ein Zaun. Schütze dein Eigentum, aber verwehre nie die Sicht.« Auf den Busen bezogen bedeutete das: ausstellen und präsentieren, selbstverständlich mit einem entsprechenden BH. Enge Jeans und ein T-Shirt hätten nichts gebracht, denn die Wirklichkeit auf dem Strich hat nichts zu tun mit dem gewöhnlichen Alltag.

Das ist entscheidend. Der Freier sucht bei den Huren, was er zu Hause nicht findet. Welche Frau läuft aufgestrapst durchs gemeinsame Wohnzimmer oder schnürt sich zum Frühstück mit einer Korsage ein? In den eigenen vier Wänden will eine Frau vernünftig durchatmen können.

Auf dem Strich wird dagegen geschnürt, gestützt und gehoben. Luft hin, Luft her, jegliche Bequemlichkeit ist geschäftsschädigend. Je praller der Arsch und die Titten sind, umso größer ist die Aufmerksamkeit. Das ist wie in der Fernsehwerbung. Nein, umgekehrt: Die Fernsehwerbung funktioniert wie ein Hochglanzstrich.

In der Arbeitskluft kam sich jede Frau in den ersten Wochen reichlich albern vor. Als hätte sie eine Anstellung beim Zirkus erwischt. Fühlte sie sich fremd in den Klamotten, habe ich mit Zuspruch nicht gespart.

»Na also, Hasi, was willst du denn? Sieht doch gut aus, einfach spitzenmäßig, wie du daherkommst. Macht 'nen super Eindruck, da ist echt Kultur hinter. Als Freier würde ich viermal die Woche bei dir aufkreuzen. Wenn du kein Geld verdienst, wird es auch keine andere tun.«

Oh, freute sie sich dann, dabei war's nur die Schmeichelschiene. Wie gesagt, mein Geschmack war's nicht. Aber ich wusste, in dem Aufzug spricht sie Freier an. Dass Männer tatsächlich auf solche Klamotten abfahren, müssen Frauen erst einmal begreifen. Auch die Intelligenteste kommt nicht von alleine drauf, wie abgefahren Männer wirklich sind.

Zur Grundausstattung gehören im Sommer auch Highheels, mindestens acht Zentimeter Höhe, nach oben gibt es da keine Grenze, oder superlange Stiefel aus Lack oder Leder bis zum halben Oberschenkel, richtige Hurenstiefel. Dazu halterlose Strümpfe oder Ballettstrumpfhosen – offen im Schritt, das ist keine Frage. Ein Strumpfband muss sein, auch wenn es noch so warm ist. Dann Stringtanga oder Strapse, ein geiler Body, den man im Schritt zur Seite schieben kann. Die Brüste selbstverständlich im engen BH, damit alles schön prall wirkt. Dafür gibt's keine Alternative. Schließlich ein superkurzes, superenges Minikleid, mithin verschieden kombinierte Barbie-Variationen. Bei kühleren Temperaturen auch mal ein teurer Pelz oder ein elegant geschnittener hochwertiger Ledermantel. An frischen Sommerabenden zogen die Frauen ein knappes Jäckchen über, das leicht in die Korsage zu stecken war.

Farben spielen eine entscheidende Rolle. Extrem lange und dunkelrot lackierte Fingernägel sind echte Dauerbrenner. Überhaupt muss es Rot sein. Rote Stiefel, rote, extrem geschminkte Lippen. Selbstverständlich muss das Rot aufeinander abgestimmt werden. Violette Stiefel, gelber Mund – das geht einfach nicht. Die knallroten Lippen sind schwarz umrandet, so kommt das Säuische besser zum Vorschein. Im Kopf des Freiers läuft alles auf ein Bild hinaus: Wenn dieser rote Mund mein Ding verschlingt, drehe ich ab und explodiere.

Gut kommen eine leicht gebräunte Haut, geflochtene oder künstlich verlängerte Haare, auch Perücken – das ist immer gefragt.

Von der Reeperbahn in Hamburg kamen ab und zu modische Neuigkeiten, die sich aber selten länger hielten. Zwei, drei Winter trugen die Frauen bei Eis und Schnee bunte Skianzüge, in denen sie bei Minusgraden nicht froren, aber auch keine Geschäfte machten. Denn eine von den wichtigsten Grundregeln wurde bei diesen Skianzügen missachtet: Die Sicht für den Freier darf nicht eingeschränkt sein. Ob Sommer oder Winter, die ausschlaggebenden Zonen dürfen nicht abgedeckt werden. Und wenn es noch so kalt ist auf dem Strich, dem Freier muss Brust präsentiert werden, weil er Brust erwartet. Pelze, Ledermäntel, Schals und Umhänge – nichts dagegen, alles möglich, aber bitte nur als Drumherum. Außerdem verlangt der Freier für sein Geld einen festen Arsch und keine 70er Bildröhre, wie sie die meisten Frauen in diesen Skianzügen hinter sich herschleppten.

Bei Glätte sind sie mit Highheels und Hurenstiefeln schlecht unterwegs, da sind Schnürboots und Stulpen vertretbare Zugeständnisse. Ab zehn Grad unter Null specken die Frauen sich ein. Nach dem Zwiebelprinzip trecken sie mehrere Strumpfhosen übereinander – die Fußteile werden so vorsichtig abgetrennt, dass sie nicht aufribbeln. Bei klirrender Kälte können das bis zu dreizehn Paar sein. Dreizehnmal 10den übereinander sind ein hervorragender Kälteschutz. Wenn Anfang März die Temperaturen langsam steigen, specken die Frauen »den« für »den« wieder ab.

Viele Huren kaufen ihre ausgefallenen Sachen teuer in Hamburg ein. Ich habe den größten Teil der Ausstattung für meine Frauen im Laden Big Boy in Neukölln besorgt. Acht Paar Hurenstiefel auf einen Schlag – und schon gab's einen ordentlichen Rabatt.

Wenn eine von meinen Frauen lästerte: »Du bist ganz schön knickrig«, feuerte ich sofort zurück: »Knickrig und sparsam schließen sich aus, du hässliche Brotspinne.«

Ja, ich habe auch gebrüllt und geschlagen, obwohl ich wusste, effektiver wäre es, weich und einfühlsam zu sprechen. Das Prinzip Zuckerbrot und Peitsche verlangte sehr viel Gespür für das Machbare. Nach jeder Schelte musste eine klare, verbindliche Ansprache folgen, denn am wirksamsten drückte ich ihr meinen Stempel auf, wenn ich sie in der Arbeit schrittweise aufbaute. Den zehnten Schritt durfte man die Frau nicht vor dem fünften machen lassen. »Ich schlage dir den Schädel ein, wenn du nicht das und das machst« – solch ein Geschrei war nur dumm. Zuhälter haben Huren zu führen und aufzuklären: »Probiere es lieber einmal so, Hasi. Glaube mir, der Freier fühlt sich auf diese Weise besser versorgt, und du verdienst dein Geld viel schneller. Unangenehm ist es für dich nur die ersten zehn Mal.«

Hätte ich ständig wie ein Feldwebel rumkommandiert: »Ich will das so und so, wenn nicht, gibt's paar in die Schnauze«, wäre die Frau bockig geworden und hätte nur dichtgemacht.

Es gibt Luden, die gar nichts sagen, weil sie nichts weiter mitzuteilen haben als: »Reich mal die Kuppe rüber!« Gemeint ist der Hurenlohn. So redet dieser dumpfe, stumpfsinnige Typ, der die Frau wie einen Gegenstand am Bordstein abstellt. Vögeln kann sie, blasen kann sie – soll sie mal machen. Hauptsache, die Kohle stimmt. Meiner Meinung nach war das total kurzsichtig.

Was sie bei mir tun sollte, hatte nur bei oberflächlicher Betrachtung mit dem zu tun, was sie beim Freier zu leisten hatte. Das waren zwei verschiedene Paar Schuhe. Bei mir sollte es mit Hingabe sein, beim Freier ohne; geküsst wurde nur der eigene Kerl, niemals der Freier. Das hieß für die Frau: Die Gefühle gehören immer noch mir, die sind und bleiben meine. Die kauft mir kein Freier ab, und wenn er noch so viel dafür hinblättert.

Die eigentliche Leistung einer Hure war und ist es noch heute, Empfindungen außen vor zu lassen. Ficken wie eine Maschine – so tun als ob, ohne Lust und Gefühl zu verspüren, will gelernt sein. Diese Fähigkeit muss sich eine Prostituierte schwer erarbeiten, und ohne Zuhälter schaffen das nur wenige. Der Lude, der nicht dahintersteigt, verschleißt seine Frauen sinnlos. Zur Hure wird eine Frau nicht durch die Freier, zur Hure macht sie ihr Zuhälter. Eigentlich war ich ein Erzieher.

Nach der Grundausbildung kam der Feinschliff. Waren die ersten zwei Monate für alle annähernd gleich, führte ich jede, abhängig von den Voraussetzungen, in der folgenden Etappe zu ihrem speziellen Auftritt. Die Schwächen, die sich in acht Wochen nicht abstellen ließen, deckte ich rigoros ab, den Stärken verschaffte ich Glanz und schärfere Konturen. Das Ziel war immer, einen Typ aus der Frau zu machen: die Schüchterne, die Vulgäre, die verständnisvolle Freundin oder die Barbie-Puppe. Die richtigen Signale empfängt der Freier von einem speziellen Hurentyp, auf keine andere Weise. Allen Hurentypen gemeinsam ist die Haltung: »Ich kann es dir besorgen wie keine andere.«

Mitunter waren beim Feinschliff Änderungen hinsichtlich Garderobe und Frisur notwendig, da die Aufmachung den Typ voll zur Geltung bringen muss. Ich kümmerte mich um die passende Gestik, feilte an dem gewinnenden Lächeln – an der Freundlichkeit generell – und besserte noch wochenlang an der Sprache gegenüber dem Kunden nach. Die verständnisvolle Freundin redet nun mal anders als die Schüchterne. Erstere ist auf eine gewisse Einvernehmlichkeit bedacht, während Letztere errötet und leise vor sich hin piepst, wenn der Freier seine Wünsche vorbringt.

War eine kurz vor dem Verzweifeln – »Andy, ich schaffe das niemals!« –, beruhigte ich sie: »Alles halb so schwer, meine Kleine. Die Fertigkeiten und Abläufe sind erlernbar wie bei jeder anderen Arbeit. Du musst nur wollen und dir vor jeder Schicht einhämmern: Je perfekter der Auftritt, umso größer die Kuppe.«

Zu meiner Taktik gehörte, dass ich nach der Einarbeitungszeit total unberechenbar wurde. Am Montag fuhr ich die Frau zur Arbeit, setzte sie ab und ließ mich erst zum Feierabend sehen. Am Dienstag war ich schon auf dem Platz und wartete im Auto, um nachzuschauen, ob sie pünktlich und in korrekter Arbeitskleidung erschien. Tags darauf tauchte ich in Abständen von zwei Stunden auf, und donnerstags hatte sie mich ununterbrochen an der Backe. Von Freitag bis Sonntag wechselten Fürsorge und Kontrolle ständig ab. Die Woche drauf lief wieder alles anders. Klar, da stand Absicht dahinter. Jederzeit sollte sie mit mir rechnen.

Ich musste herausfinden, wann ich eine Hure selbständig laufen lassen konnte. Gute Frauen finden schnell ihren eigenen Stil. Bei denen dazwischenzufunken, ist nur geschäftsschädigend. Doch eine Regel galt für alle: Ob Anfängerin oder Fortgeschrittene, ob gut oder schlecht, eine Hure durfte ich niemals allein lassen.

Kontrolle brauchten alle, und wollten auch alle – auch die Ausgekochten unter ihnen. Ich kannte keine Hure, die Kontrolle lästig fand. Im Gegenteil, je öfter ich auftauchte, umso größer war die Freude. Das war die nächste Falle, in die sie gingen. Sie verwechselten Kontrolle mit Kümmern.

Sagte eine leicht gestresst zu einer Kollegin: »Du, meiner war heute schon das dritte Mal hier«, dann steckte eigentlich die pure Prahlerei dahinter. Die wirkliche Botschaft lautete: »Merkst du, wie meiner sich um mich sorgt. Deiner war heute erst ein einziges Mal hier.«

Mehrere Frauen schafften über Jahre für mich an, zur selben Zeit, wohlgemerkt, und keine wusste von der anderen. Ich hatte sie auf verschiedene Plätze gestellt. Kurfürstenstraße, Straße des 17. Juni im Tiergarten, in die Nähe vom Reichstag, und eine ackerte im Puff. Nach

Hause fuhr ich sie zeitlich versetzt, und wurde es mal knapp, mussten sie sich ein Taxi nehmen.

Die ahnten nichts voneinander, jede hielt sich für die Einzige. Dahinter standen perfektes Timing und ein gewaltiger Druck, den meine Einstellung automatisch mit sich brachte. Frauen hatten sich gefälligst untertänig zu verhalten, Frauen mussten dienen – und dabei lächeln. Dafür hatten sie über ihren Schatten zu springen. Wenn nicht, gab's Tritte oder Schläge. Zuerst dienten sie Andreas Marquardt, dann dienten sie den Freiern, weil ich das verlangte. Freier waren damals in meinen Augen auch minderwertig, aber immerhin Männer.

Ich drangsalierte meine Frauen dermaßen, dass sie sich nicht trauten, nachzufragen, wo ich herkomme, was ich in den nächsten Stunden vorhabe. Nicht eine brachte den Mut auf, einmal unangemeldet bei mir in der Wohnung aufzukreuzen. Undenkbar war das, das wagte keine von ihnen. Ich durfte selbstverständlich jederzeit bei ihnen hereinschneien. Bei mir war das was anderes.

Die Frage: »Andy, warum verbringen wir denn nicht mehr Stunden miteinander?«, stellten sie gewöhnlich nur in den ersten Wochen. Meine Antwort darauf war immer die gleiche: »Geht beim besten Willen nicht. Du hast einen Mann an deiner Seite, der viel zu tun hat. Ich bin total eingebunden, ich muss stundenlang mit meinen Geschäftspartnern verhandeln. Und wie das bei diesen Leuten so ist, anschließend wollen sie noch ausgeführt werden. Und vergiss nicht den Sport, da bleibt unterm Strich wenig Zeit für uns beide.«

Ich versuchte sie mit einer gemeinsamen Zukunft hinzuhalten: »Wir sparen eisern, und mit der Kohle, die wir erwirtschaften, bauen wir uns später etwas auf. Zunächst schieße ich den Schotter in größere Projekte und lasse das Geld für uns arbeiten. Bei mir ist es in den besten

Händen, mach dir keinen Kopf, Hasi, alles läuft super. Dein Kerl ist doch nicht von vorgestern.«

Bei einer Fahrt durch die Stadt entdeckte ich in einer stinkfeinen Gegend in Zehlendorf eine kleine Stadtvilla mit großem Garten, erbaut in den dreißiger Jahren. Ein Haus, das mir auf Anhieb gefiel. Ich hatte sofort einen Plan und kutschierte meine Huren der Reihe nach hierher. Bei jeder Tour lief der gleiche Dummenfang ab.

»Na, Hasi, wie gefällt dir das Anwesen? Ist doch genau die richtige Größe für uns, oder? Kein Palast, aber auch keine Klitsche. In so einem Haus kann man sich auch mal aus dem Wege gehen. Noch gehört es einem Geschäftspartner, aber in zwei, drei Jahren will er verkaufen. Das kostet dann aber. Bevor ich die Anzahlung mache, zeige ich es dir von innen. Du wirst staunen. Na, sag schon!«

Eine wie die andere machte Augen wie Setzeier und fiel mir um den Hals.

»Ist ja gut, Hasi. Bis dahin« – ich nahm den Faden wieder auf – »müssen wir beide aber noch ganz schön knuffen. Ein Drittel ist schon im Kasten, und wenn wir in die Hände spucken, sind die restlichen Vierhunderttausend spätestens in zwei Jahren unter Dach und Fach.«

In den Wochen danach konnte ich an der Kuppe ablesen, dass sich jede von ihnen beim Anblick des Hauses fest vorgenommen hatte, pro Schicht mindestens zwei, drei Freier zusätzlich abzufertigen.

Natürlich war die Villa ein Luftschloss. Ich kannte weder den Eigentümer, noch hatte ich das Haus jemals von innen gesehen. Fester Besitz schwebte mir zu dem Zeitpunkt überhaupt nicht vor. Ich wollte Deutschland in Richtung Asien verlassen, und zwar allein, ohne eine Frau an der Backe. Gedacht hatte ich an Japan, Südkorea oder Thailand. Die Länder kannte ich durch meine Wettkämpfe, und das Leben dort gefiel mir besser als das in Europa.

Die Einnahmen stapelten sich im Schuhkarton im Schlafzimmerschrank. Später mietete ich mehrere Postschließfächer für das Geld, Konten auf der Bank wären unter Umständen überprüfbar gewesen. Ich hatte nur ein stinknormales Girokonto, auf dem so viel drauf war, dass die laufenden Kosten, Miete, Essen und Trinken, für die Frauen abgedeckt werden konnten. Für diese Posten teilte ich jeder Hure pro Monat eine feste Summe zu, mit der sie auskommen musste. Was darüber hinausging – Klamotten zum Beispiel –, war bei mir zu beantragen.

Einige Luden waren in meinen Augen schlichtweg zu weich. Jammerte eine Hure, diese verfluchten Kopfschmerzen, kein Bock heute Abend, packte der Typ sie ins Auto, und weg waren sie. Gut für mich. Platzte einer der Gummi, fuhren sie sofort mit Blaulicht ins Krankenhaus, übertrieben gesprochen.

Nicht bei mir, deswegen wurde doch nicht freigemacht. Wenn sie zu ungeschickt war, mit dem Präser zu arbeiten, musste ich doch nicht dafür bluten. Ich hatte im Auto eine Plastikflasche mit Selters, die musste sie sich vor meinen Augen reinkippen und dadurch das Sperma ausspülen. Und schon war sie fit für den nächsten Freier. Warum sollte ich auf dreihundert, vierhundert Mark verzichten, nur weil die Frau ihren Job nicht richtig machte? Das sah ich nicht ein.

Erwischte ich eine beim Quatschen mit einer Kollegin, verpasste ich ihr einen saftigen Schüttelmann. Wie ein Berserker stieg ich aus dem Auto, hatte die eine Hand sofort in ihren Haaren, die andere an ihrem Arm, und dann rüttelte ich sie einmal kräftig durch. Anschließend wusste sie nicht, ob sie auf der Kurfürstenstraße oder im Tiergarten stand.

Manchmal ließ ich nur kurz die Autoscheibe runter und brüllte: »Pass auf, du, du bist zum Arbeiten hier, mach keine Faxen, sonst kriegst du eine geballert, dass du rückwärts läufst! Wenn du weiter so trödelst, stehst du noch um fünf hier. Also ran an die Hurenböcke!«

Das war die Peitsche, die andere Seite der Medaille.

Unrechtsbewusstsein kannte ich nicht, zuschlagen war eine Selbstverständlichkeit. In den Kreisen, in denen ich ein und aus ging, war das normal. Da gab's nichts zu überlegen, ich musste mich nicht überwinden. Eine Frau rebellierte, also hatte sie Strafe verdient! Und was Rebellion war, bestimmte ich. Hätte sie sich vernünftig benommen, müsste ich nicht zu harten Mitteln greifen, sagte ich mir. So einfach war das. Basta!

Ich konnte mich in solchen Fällen richtig reinsteigern. Lasse ich das einmal durchgehen, dachte ich, tanzt sie mir beim zweiten Mal auf dem Kopf herum. Nein, das durfte erst gar nicht passieren. Kurze Leine, dann pariert sie und nimmt sich solche Dinger nie wieder raus. Am besten derartige Anwandlungen sofort im Keim ersticken, damit sie nicht auf dumme Gedanken kommt.

Wenn ich die Huren strafte, zitterten meine Hände nicht einen Moment, in mir war nur eine tiefe Stille. Kein Gefühl, keine Nachfrage, warum ich das jetzt tat. Ich war eiskalt, mein Puls blieb stabil, ich hatte die totale Kontrolle.

Meine maximale Zuneigung zu einer Frau? Ranlassen, aber gleichzeitig immer schön Distanz halten, selbst wenn es schwerfiel. Das musste man im Gefühl haben. Nie rumrobben vor der Braut, stets das Gesicht wahren, immer der Harte sein, nie der Kasper. Mal bei ihr nächtigen, das schon, aber bloß nicht zu oft. Lieber einmal weniger als einmal zu viel. Die Braut vor dem Einschlafen auch mal kurz in Arm nehmen, das ging gerade noch, und ab und an durfte sie sich auch bei mir auf den Schoß setzen. Ich ließ dann 'ne nette Geste laufen, mal ein liebes Wort oder eine private Ansprache: »Na, meine Kleine, du bist aber auch eine süße Maus. Alles okay?«

Anschließend kehrte ich sofort wieder den Harten raus. »Schluss mit lustig, jetzt müssen wir aber wieder ran.«

Hat eine Hure erst einmal den Respekt vor ihrem Zuhälter verloren, nörgelt sie nur noch an ihm herum. Das sei ihr nicht recht, jenes nicht, und das Resultat sind leere Kassen. Wie ein Lude sich diese Achtung verschafft und aufrechterhält, kann sehr verschieden sein. Bist du zu nachgiebig, kommt aus irgendeiner Ecke ein draufgängerischer Typ. Sei es wortmäßig, sei es sexuell. Sie besinnt sich und entscheidet sich schließlich für ihn: »Den will ich, das ist ein echter Kerl!«

Quatschte mich eine voll: »Du Andy, deine Jacke ...«, habe ich sie nicht ausreden lassen und sofort gekontert: »Das ist mein Ding. Schau mal, wie du aussiehst, wie ein hässlicher Vogel!« Die kleinste Kritik habe ich sofort zerquetscht, weg damit. Die Frau war natürlich völlig angestoßen. Aber ich habe gefeuert, und dann war gut.

Ein Weichei lehnen gute Huren ab. Vielleicht später, wenn sie vom Geschäft die Schnauze gestrichen voll haben und aufhören wollen oder müssen, weil sie zu alt sind, suchen sie sich einen Normalo und verschwinden mit ihm über Nacht von der Bildfläche.

Logisch, das härtere Regime ist auf der Straße. Dort ist das Gewerbe rauer und gefährlicher als in einem Puff oder in der eigenen Wohnung. Wer auf der Straße arbeitet, braucht den Kerl neben sich, die schützende, führende Hand, die mehr als ein bisschen dominant ist. Die Straßenhure will weder nach unten noch geradeaus schauen, ihr Blick geht ausschließlich in eine Richtung – nach oben, zu ihrem Kerl.

Keine Hure redet von »ihrem Zuhälter«. Lude, Zuhälter, das sind Bezeichnungen von außen. »Mein Mann«, »mein Kerl«, das ist das gängige Vokabular im Milieu: »Ich schufte für uns, weil ich seine Frau bin. Ich stehe doch nicht hier, weil ich nichts Besseres zu tun habe; ich rackere mich ab, weil wir uns gemeinsam was aufbauen wollen.«

Natürlich möchte keine Frau Schläge, selbstverständlich nicht, aber die starke Hand, die sie führt, die wollen sie. Und dass die des Öfteren ausrutscht, gehört zum Gewerbe wie das Amen in der Kirche. Das war immer so – und wird sich auch in nächster Zeit nicht ändern.

Eine Hure kann nur so gut sein wie ihr Kerl. Auch in puncto Geld, das entscheidende Kriterium. Die Frauen kriegen schnell mit, mit wem sie welches machen und mit wem nicht. Warum sollen sie sich die Nächte für einen Typen um die Ohren schlagen, bei dem kaum Knete drin ist, wo die Kollegin zehn Schritte weiter mit ihrem Kerl locker das Dreifache einfährt.

Sie reden untereinander und beobachten sehr genau, was für Typen die anderen Frauen haben. Ist eine Stulle drunter, machen sie sich lustig, reißen ihre Witze und lassen durchblicken, dass sie sich für so einen Arsch keine fünf Minuten hinstellen würden. »Bei deinem Aussehen«, sticheln sie, könntest du einen richtigen Kerl haben. So einen wie Andy zum Beispiel.« – »Ja, warum denn nicht? Hau ihn doch einfach mal an.«

Ich wurde mehrmals von Frauen angesprochen, die das Gestümper ihrer Luden dicke hatten und die Armleuchter lieber heute als morgen loswerden wollten. Versprach ich mir von der Zusammenarbeit etwas, ging ich direkt zu ihrem Kerl hin.

»Pass auf, deine Alte will zu mir! Wie sieht's aus, was wollen wir jetzt machen? Verlangst du was, deine Sache.

Von mir gibt's nichts, außer ein paar aufs Maul. Am besten bleiben wir gute Kumpels und kieken uns weiterhin an. Wenn ich mal so'n Huhn habe, wo ich nicht so druff kann, schiebe ich sie dir zu, einverstanden?«

Natürlich habe ich das nie gemacht, aber das war der Spruch. Ich habe auf diese Weise mehrere Frauen ohne Ablöse übernommen. Gegen den Versuch einer Frau, hinter meinem Rücken zu arbeiten, bin ich rigoros vorgegangen. Kam ich dahinter, gab's Schläge und ein saftiges Bußgeld für die Betrügerin.

Mich wollten viele – zumindest am Anfang. Später änderte sich das. Von den fünfzig Frauen, die für mich im Laufe der Jahre anschafften – es können auch drei mehr oder eine weniger sein –, sind sieben oder acht ausgestiegen. So genau erinnere ich mich nicht, jedenfalls hatten sie von mir und dem Gewerbe die Schnauze voll.

Aber so einfach war das nicht. Aussteigen kostete, und nicht zu knapp. Immerhin hatte ich viele Monate und einige Anstrengung investiert, und dafür wollte ich ordentlich Kohle sehen. Unter fünfzehn- bis zwanzigtausend Mark kam keine davon.

Erfüllte eine meine Erwartungen nicht und brachte immer weniger Geld, räumte ich ihr eine Karenzzeit ein. Wenn sich die Lage schließlich nicht durchgreifend änderte, ließ ich sie rigoros links liegen. Wegen totaler Unfähigkeit musste ich keine rausschmeißen. Das hätte ich mir als Misserfolg angelastet, als Beweis, dass ich nicht stark genug war, eine Frau dahin zu bringen, wohin ich sie haben wollte.

In welchem Ausmaß ich mit meinem Verhalten die Frauen schädigte, kann ich schwer einschätzen. Auf jeden Fall haben sie sich in der Zeit, in der sie auf den Strich gingen, verändert. Und brauchbar für das, was sie vorher gemacht hatten, waren hinterher nur die wenigsten. Ganz bestimmt haben sie Männer mit anderen Augen gesehen; einige wurden auch zu Männerhassern. Von den fünfzig Frauen, die für mich im Laufe der Jahre auf den Strich gegangen sind, würde ich viele nicht mehr wiedererkennen, wenn sie mir heute zufällig über den Weg laufen würden.

Ein Kind mit dem Zuhälter ist ein Dauerthema unter Huren. Meine haben mich nicht damit belästigt, die Frage kam erst gar nicht auf. Und wenn, hätte ich den Wunsch mit dem Argument Geschäftsausfall vom Tisch gefegt: Kinder gab's bei mir nicht, denn als Mutter hätte jede Hure ihre eigenen Ansprüche angemeldet: »Du, ich kann heute nicht, unserem Kleinen geht's nicht gut.« Und ob eine Mutter jemals wieder auf den Strich zurückkehrt, bleibt auch immer offen.

Ich mag Kinder, sehr sogar, aber binden wollte und durfte ich mich um keinen Preis. Ein Kind macht jeden Luden zum Weichei, weil er erpressbar wird. Hatte die Pille versagt oder was weiß ich, warum eine schwanger wurde, gab's in der Branche nur eine Alternative: weg damit, und zwar sofort. Ob das Kind vom Luden, von einem Freier oder sonst wem war, abgetrieben wurde in jedem Fall.

Eine große Herausforderung waren für mich selbstsichere Frauen, die keinerlei Kontakt mit dem Milieu hatten, denen kein Mensch die Hure zutrauen würde. Frauen, die kopfmäßig stark waren und sich einbildeten, mir kann keiner etwas. Zu dieser Kategorie gehörte Eva. Mit Geld war sie nicht zu ködern, da war von Haus aus genügend da. Ich hatte locker getönt, als wär's eine Schnapsidee: »Ich mach dich zur Hure, du merkst das nicht mal, wetten?«

Sie fasste sich an die Stirn und lachte schallend: Ha, was will denn der? Na, denn mach mal, du Großmaul!

Ich poussierte sie wochenlang, führte sie von einer Disco in die andere, bis sie sich – natürlich nur spaßeshalber – wie eine Hure schminkte und anzog, um mit mir am Wochenende eine Proberunde im Tiergarten zu laufen.

»Überredet«, sagte sie, »den Gefallen tu ich dir, Andy. Das ganze Drumherum ist ja so irre witzig und aufregend, ein Heidenspaß.«

Gesagt, getan, auf in den Tiergarten. Sie kicherte nervös vor sich hin und deutete mit dem Zeigefinger auf die streunenden Freier.

»Ist das nicht komisch, Andy? Die halten uns für Hure und Zuhälter. Ja, wirklich, das ist doch saukomisch.« Ich behielt meine Gedanken für mich und schlug vor, dass wir die Tour am nächsten Wochenende gerne noch einmal machen können. Für so einen Riesenspaß hätte ich immer Zeit.

Beim zweiten Probelauf konnte ich mich auch noch beherrschen, beim dritten platzte mir der Kragen, und ich verpasste ihr links und rechts ein paar saftige Schellen. Am nächsten Morgen stand sie vor ihrem großen Wandspiegel und stierte verwundert auf ihr geschwollenes Auge. War wohl doch kein so harmloses Spielchen, worauf sie sich da eingelassen hatte, aus dem sie nach Belieben wieder aussteigen konnte.

Als ich am Abend bei ihr klingelte, merkte sie sofort, dass ich nicht zum Kühlen kam. Ich knallte ihr eine auf das andere Auge, zog ihr die Spaßklamotten über und ließ sie eine Sonnenbrille tragen, um die blauen Veilchen zu verdecken. Zwanzig Minuten später stellte ich sie auf der Kurfürstenstraße ab. Da war nicht mehr viel übrig vom großen Spaß, in ihrem Blick flackerte die blanke Angst.

Als sie mir weit nach Mitternacht drei mickrige Scheinchen in die Hand drückte, schob ich sie ihr kurzerhand in den Mund und schnarrte sie an: »Kannst du mir vielleicht sagen, wie wir von den paar Kröten satt werden sollen?«

Dass der Sack nun endgültig zu war, hatte sie immer noch nicht begriffen. Sie steckte über beide Ohren drin und redete sich immer noch ein, das sei doch nur eine aufregende Tändelei. Ich habe einen Kerl, der sich über alles hinwegsetzt, also kann ich es für eine gewisse Zeit auch.

Sie wachte erst auf, als sie sich Monate später als eine unter vielen in einem Bordell wiederfand und einen ganz normalen Dienst schieben musste.

Vereinzelt begegnete ich Huren, die weder im Puff arbeiteten noch auf der Straße standen. Die ackerten selbständig, ganz ohne Kerl. Vom Sehen kannte ich drei. Die sahen gut aus, waren clever und konnten sich viel erlauben. Die machten mit ihrer Arbeit viel Geld. Die wussten, wer ich war und was ich im Schilde führte. Im Stillen dachte ich nämlich, euch würde ich gerne für mich laufen lassen. Was für Gedanken sie hatten, wenn sie mich sahen, konnte ich mir vorstellen. »Wir können zwar mal zusammen 'n Knopp machen, unsere Kohle behalten wir für uns alleine.« Das waren ausgeschlafene Frauen, richtig schlau.

Dämlich waren meine Frauen auch nicht, aber sie waren nicht gewieft genug. Sie waren bedürftig, und deshalb ließen sie sich leicht einfangen, wollten einen Beschützer mit breiten Schultern, den starken Mann, an den sie sich anlehnen konnten. Manche suchten auch eine Vaterfigur. Noch eine Falle, in die sie tappten.

Ich habe keine Ahnung, auf welche Weise die Wünsche in den Frauen entstanden sind. Ich hatte diese Bedürftigkeit gerochen und brutal ausgenutzt.

## Ganz ohne Frauen geht es nicht

6 Mutter sah ich immer seltener. Es kam vor, dass wir uns drei Monate nicht begegneten, und wenn, dann an einem Sonntag beim Mittagessen mit Oma und Opa.

Trotzdem wurde ich sie nicht los. Sie ließ sich einfach nicht abhängen, immer wieder funkte sie aus der Ferne dazwischen. Ich nahm aus der Disco eine Braut mit nach Hause, und mitten beim Bumsen fiel Mutter mir ein. Wir waren eine Weile bei der Sache, ich wollte was Neues probieren, irgendeine andere Stellung, da schoss mir durch den Kopf: Ach du meine Fresse, wie stellt die sich denn an?

Ich machte weiter, aber anders. Hastiger, als wollte ich die Nummer so schnell wie möglich hinter mich bringen. Oral lief es auch nicht besser. Die ersten Minuten waren okay, aber dann verabschiedete sich der Steife sang- und klanglos, lustmäßig war ich runter auf null. Ich wechselte zum Bumsen zurück und rammelte wie ein Wilder.

Das hätte ich mir sparen können; die geile Nacht, die ich mir erhofft hatte, konnte ich abhaken. Nach der hektischen Rammelei rollte ich mich enttäuscht auf die Seite und blaffte die Frau mürrisch an: »Komm, streich die Segel, nimm dir ein Taxi, ich muss mal richtig ausschlafen. Nächstes Wochenende sieht die Welt ganz anders aus. Kannst ja vorbeikommen, wenn du nichts anderes vorhast. Tschüs, man sieht sich.« Ich wollte sie so schnell wie möglich loswerden.

Was ich inzwischen im Bett ablieferte, war eine Katastrophe. Die Pleiten häuften sich, ich versagte immer öfter. Die Bräute konnten sich die Hälse verrenken und total verausgaben, ich kriegte keinen richtigen Steifen mehr hin. Je mehr ich strampelte, desto weniger lief.

Selbstverständlich legte ich die Karten nie offen auf den Tisch. Ich simulierte die große Geilheit, trickste und täuschte, wie viele das in vergleichbaren Situationen tun. Ich legte mich verkehrt rum an die Frau – eine klassische Neunundsechzig –, spuckte heimlich auf meinen rechten Zeigefinger, verrieb vorsichtig den Schleim zwischen ihren Schenkeln und stöhnte einen Orgasmus vom Feinsten.

Praktisch kopierte ich das Getrickse und Getäusche, das die Frauen im Puff oder auf dem Strich bei den Freiern abziehen. Mit Vergnügen hatte das wenig zu tun, streckenweise war das nur noch anstrengend. Ich wurde total nölig, hatte immer mehr auszusetzen. Wurde eine sehr nass, fand ich das auf einmal widerlich. Es war schon lästig; ich konnte noch so lange bumsen, ich kam einfach nicht. Obwohl ich die Nase gestrichen voll hatte, machte ich trotzdem weiter. Mal langsamer, mal schneller, wie ein Hamster im Laufrad – mit dem Resultat, dass ich noch muffliger und aggressiver wurde.

Was sich in meinem Kopf abspielte, war wirklich ein Trauerspiel. An manchen Tagen brauchte ich nur an Sex zu denken, und alles sträubte sich in mir. Ich spritze da nicht rein, ging es mir durch den Kopf, das ist eklig. Das Luder kriegt gar nichts mehr von mir! Und schon war wieder Ebbe mit der Lust.

Ich hatte wirklich ein Problem. Ganz ohne Frauen ging es aber auch nicht, ich war nun mal auf sie angewiesen. Eine echte Impotenz lag nicht vor, schwul war ich auch nicht. Klarer Fall, ohne Frauen gab's für mich keine Lust.

Die Figur musste tipptopp sein. Guter Body, gute Beine, und mein Kopf drehte sich wie von alleine hin. Die will ich, sagte es in mir. Ich begehrte ihre Formen und die Verpackung, das Gesicht war mir egal, den Rest habe ich gehasst. Hatte ich sie, lief im Bett immer der gleiche Film ab. Das Licht ging aus, fünf Minuten später kam mir Mutter in die Quere, und dieselben Scheißgedanken tauchten wieder auf. Ich wusste, diese Frau unter oder neben mir hatte nicht das Geringste mit Mutter zu tun – beide waren sich nie begegnet im Leben –, aber die Gedanken rotierten automatisch und bildeten eine Sperre. Ich wollte nicht wahrhaben, dass Mutter mir immer noch wie ein Klotz am Bein hing und sich gnadenlos zwischen mich und meine Frauen schob. Dass sie gegenwärtig war wie ein Schatten, nicht rauszuhalten war. Als würde sie zuschauen und mich bei Sachen ertappen, die ich nicht gut genug machte.

Dafür, dass ich sie aus meinem Leben raushielt, bestrafte sie mich. Sie hatte es wieder einmal geschafft und sich durchgesetzt. Ich versuchte sie zu ignorieren, aber die Fakten ließen sich nicht wegdrücken. War schon irre, eine vertrackte Situation. Ich lief fluchend herum und kam kein Stück weiter. Heute weiß ich, es war ein Teufelskreis, in dem ich gefangen war.

Sicher, die volle Durchsicht hatte ich damals nicht. Deshalb suchte ich ja nach plausiblen Gründen für meine Misere. Gründe, mit denen ich was anfangen konnte. Ich schob es auf den täglichen Stress mit den Frauen, die ich praktisch rund um die Uhr nicht aus den Augen verlieren durfte. Es war nicht einfach, eine Frau so hinzubiegen, dass sie anschaffen ging und nicht nur dämlich rumstand auf der Kurfürstenstraße oder im Tiergarten, sondern ordentlich Kohle machte. Einige stümperten monatelang, und die Einarbeitungszeit zog sich endlos hin. Außerdem, sagte ich mir, würde ich viel zu viel trainieren, ganz zu schweigen davon, dass ich chronisch zu wenig Schlaf hatte – selten mal acht Stunden hintereinander. Ich musste mich nicht wundern, dass der Saft fehlte, wenn ich mir die Nächte im Tiergarten um die Ohren schlug. Und anstatt am Morgen ins Bett zu gehen, lag ich im Sommer schon vormittags auf der Liegewiese im Neuköllner Columbiabad und sonnte mich.

Der Zustand dauerte an, bis ich mir ernsthaft die Frage stellte: Sag mal, was soll das, tickst du noch richtig, hast du noch alle beisammen? Warum rackerst du dich eigentlich ab? Du bumst wie ein Automat, hast nicht mal einen vernünftigen Abgang dabei und machst dir obendrein eine Waffel, wie du die Frauen am besten täuschen kannst. Das bringt dir nichts ein außer Frust und Enttäuschung. Verdammt noch mal, wozu reißt du dir eigentlich ein Bein aus, was willst du dir beweisen? Ist doch lächerlich. Dass du ein Kerl bist, wissen schließlich alle. Schluss mit dem Affenzeck! Wenn hier jemand Ballett macht, dann die Weiber. Die können mich, nein, die dürfen mich befriedigen. Ich wusste, wenn ich mich von einer Frau bedienen und selbst nichts machen musste, lief es so einigermaßen.

Innerhalb eines halben Jahres war das Ding mit der Benutzarie perfekt. Ich tat gar nichts, ließ nur noch den Lämmi raushängen. Die Frauen durften mich anhimmeln und nach meiner Pfeife tanzen.

»Fass richtig zu, tu dies, da geht's lang, streng dich an.« Ich erteilte nur noch Anweisungen, und die Frauen folgten wie die Marionetten. Sie gehorchten aufs Wort.

Auch was ich hören wollte, kitzelte ich aus der Frau raus. Dass ich der allerschärfste Typ überhaupt bin, dass sie einen wie mich ganz bestimmt noch nicht hatte, und was sie mit mir erlebte, würde sie so schnell mit keinem anderen Mann haben. Ansonsten hatte sie gefälligst die

Klappe zu halten. Mir war scheißegal, was sich in der Frau abspielte, mich interessierte nicht im Geringsten, was sie fühlte und dachte. Hauptsache, ich wurde befriedigt, und zwar in einer Art und Weise, wonach mir gerade war. Nur schnell, schnell, und weg war ich. Zärtlich war ich zu Katzen.

Was ich wollte, hatte ich erreicht. Sex war wieder einigermaßen befriedigend für mich, und mir ging es deutlich besser. Lange hielt der Spaß allerdings nicht, denn nach knapp einem Jahr stand ich wieder auf dem Schlauch. Die gleiche Lage wie vor zwölf Monaten. Im Bett konnte mir keine Frau was recht machen, an allen hatte ich was auszusetzen – Frust auf der ganzen Linie.

Ich testete aus, was Frauen – vom Üblichen mal abgesehen – sonst noch mit sich anstellen ließen. Wie weit sie mitgingen, wo ihre Grenzen lagen und wann der Punkt erreicht war, an dem sie »Halt, stopp!« sagten und ausstiegen.

Eine brüllte ich übelst nieder – was die auch noch gut fand. Ich war überrascht und knallte ihr eine links, eine rechts, das gefiel ihr noch besser. Da war ja überhaupt keine Abwehr. Ich wunderte mich, langte aber danach wieder etwas härter zu. Immer noch keine Spur von Widerstand, im Gegenteil, sie winselte nach mehr. Ich erhöhte die Dosis ein weiteres Mal, und jetzt kam ich aus dem Staunen nicht raus. Vor Geilheit jagte die Braut buchstäblich durch die Decke. Kaum zu fassen, was sich da vor meinen Augen abspielte.

Als ich allein war, ging ich in Gedanken die einzelnen Phasen noch einmal durch. Vielleicht war die Braut an der einen und anderen Stelle noch immer nicht voll ausgereizt. Konnte doch sein, dass immer noch Spielraum vorhanden war. Prompt legte ich in meiner Fantasie die Latte ein Stückchen höher.

Die Woche drauf setzte ich mein Vorhaben um, und tatsächlich, da war wirklich noch Luft, die Frau ging noch weiter mit. Meine Vorstellung hatte mich nicht getäuscht.

Nicht alle, die ich testete, gingen ab wie Raketen, aber einige blühten regelrecht auf. Als hätten meine Backpfeifen sie befreit.

Mein Blick schärfte sich. Ich kam immer schneller dahinter, wer eine derbe Ansprache benötigte, wer auf harte Schläge lauerte und bei welcher Frau ich das komplette Behandlungsprogramm abspulen musste. Ansprache, Schläge und zwei, drei Extras. Ich wurde immer unverschämter, bis es eines Tages völlig kippte.

Als hätte ich jahrelang Wut getankt, stürzte ich mich wie ein Nahkämpfer überfallartig auf die Frau: »Ja, du Sau«, brüllte ich sie an, »du brauchst mich!« Ohne mit der Wimper zu zucken, riss ich ihr die Klamotten vom Leib, schob ihr hinten einen mit Gleitcreme eingeschmierten Gummischwanz rein, wechselte blitzschnell in die Vagina und wieder zurück. Hin – zak, her – zak, richtig hart, knallhart. Die Frau wusste buchstäblich nicht, wo hinten und vorne war und wie ihr geschah.

Ich schrie: »Ohne uns kommst du doch gar nicht mehr richtig« und verschärfte das Tempo. Mit »uns« meinte ich den Gummischwanz und die Kerze, um die ich mein Programm inzwischen aufgestockt hatte. Das war Neuland, die Spielzeuge kannten die meisten Frauen nicht. Ich war den Schnickschnack gewohnt und geschickt genug, mit ihm fachgerecht umzugehen. Die Erfahrung, wie Grenzen sich systematisch immer weiter hinausschieben lassen, hatte ich jahrelang als Kind gemacht.

Die nächste Serie dosierte ich feiner und raffinierter. Ich nahm das Tempo raus, legte Pausen ein, mal kürzere, mal längere, und ließ die Frau bewusst so lange zappeln, bis sie wimmerte: »Bitte, bitte. Tu es, tu es doch! Ich brauche das, ich brauche das.«

Erst dann ließ ich mich gnädig herab und schob je nach Bedarf noch zwei, drei Serien nach. Die Frau johlte und jubelte, wir kamen beide zu einem Wahnsinnsorgasmus.

Ich probierte Sachen aus, die auch für mich neu waren, und war selber überrascht. Mir fiel eine schräge Nummer nach der anderen ein, und gleichzeitig veränderte sich etwas. Ich hatte das Gefühl, Mutter schaute mir nicht mehr beim Sex über die Schulter, sie drängelte sich nicht mehr dazwischen, weil ich mir die neuen Spielchen ganz alleine ausgedacht hatte. Das waren nicht mehr ihre Vorschläge, diese Varianten hatten wir nie zusammen ausprobiert. Bald war ich mir sicher, dass ich Mutter endgültig los sein würde.

Meine Hemmungslosigkeit übertrug sich, und beim dritten, vierten Mal lauerten die Frauen schon auf mein Behandlungsprogramm. Das war nun wieder ein Signal für mich. Sie kamen aus sich heraus, und schlagartig waren sie in meinen Augen noch größere Dreckschweine – eben elendes Hurenpack.

Ich war tief enttäuscht darüber, wie Frauen so drauf waren, dass sie auf Männer abfuhren, die sie gnadenlos benutzten. Mit der Enttäuschung kam erneut die Wut. Ihr Weiber seid doch das Allerletzte! Es ist immer dasselbe mit euch, ihr wollt gar keinen liebevollen Typen, auf normale Beziehungen legt ihr kaum Wert. Und dafür habt ihr Schläge und Verachtung verdient.

Das war ja das Verrückte. Je schräger ich auf eine Frau losging, umso größer wurde meine Aggression. Mir schwoll der Kamm, und ab einem gewissen Punkt tat ich mir plötzlich schrecklich Leid. Enttäuschung, Wut, Selbstmitleid, Geilheit – dieses Gemisch machte mich ziemlich scharf, und mein Orgasmus war extrem kurz, verpuffte innerhalb von Sekunden. Ich kam, und dann war's auch schon vorbei. Da war kein liebevolles Gefühl hinterher, höchstens Verachtung.

Ich verabscheute und hasste Frauen. Bald hatte ich keine einzige gute Empfindung mehr für sie übrig, es ging nur noch um meine Lust. Trotzdem war ich rundum erleichtert, denn ich hatte wieder scharfen Sex. So konnte das Leben weitergehen. Ich musste nicht mehr strampeln und den flotten Ficker mimen, und die Langeweile, die beim Bedientwerden auftauchte, war nun auch verschwunden. Die harte Tour funktionierte super.

Und das Allerbeste: Mir tat nichts mehr weh in meiner Seele. Ich hatte noch nicht vergessen, wie ich von den Mädels links liegen gelassen wurde. So lange lag das nicht zurück. Dazu kam ein weiterer Vorteil: Über die harte Tour konnte ich die Frauen, die für mich anschafften, enger an mich binden.

Das musste man sich erst mal reinziehen. Je härter und versauter ich mich aufführte, umso besser stand ich da. Die Frauen rannten hinter mir her und konnten nicht genug von mir kriegen. Im Endeffekt hieß das: Hart sein muss man zu euch, dann kommt ihr angekrochen. Im Klartext: Frauen wollen benutzt werden.

Je deutlicher sie ihre Abhängigkeit von meiner Gewalt zeigten, umso größer wurde meine Verachtung. Meine niederen Instinkte verabscheute ich dagegen nicht, das war etwas anderes. Die setzte ich ja im Namen der Männerwelt zur Entlarvung der Frauen ein, sozusagen im höheren Auftrag. Für eine gerechte Sache, redete ich mir ein, war jedes Mittel erlaubt.

Am deutlichsten brachte in dieser Zeit ein Spruch meine Frauenverachtung auf den Punkt: »Wie nennt man das Stück Fleisch um die Fotze herum?« Die Antwort lieferte ich gleich mit: »Frau!«

Ich war überzeugt, dass alle Frauen mit ihren Männern herumsprangen wie die Mädels damals mit mir. So wie die mich abgewiesen hatten, wiesen sie jeden anderen Mann da draußen auch zurück. So wenig wie die geachtet hatten, was ich ihnen entgegenbrachte, so wenig achteten sie, was Männer für sie empfanden und taten. Aber diese Dämlacks bekamen die ganze Falschheit der Weiber nicht mit, weil sie nicht erlebt hatten, was zwischen mir und Mutter passiert war. Diese Weichköpfe ließen sich ohne Widerstand einwickeln, und ob sie wollten oder nicht, sie mussten mitspielen, weil sie keine richtigen Männer waren.

Das war der Punkt, an dem ich gebraucht wurde. Meine Aufgabe war eindeutig: den Schlampen klar verstehen zu geben, wer sie wirklich waren, und den Weicheiern zu zeigen, was ein richtiger Mann bedeutet. Würden alle Männer ihre Frauen so behandeln wie ich, würden die eines Tages auch ordentlich spuren.

Weil ich als Kind so viel Mist erlebte, fühlte ich mich berechtigt, im Namen aller Männer für das Rache zu nehmen, was Frauen diesem Geschlecht antaten. Ich spielte mich als Märtyrer auf – und zweifelte keinen Moment daran, dass ich etwas machte, was man auch als Unrecht ansehen konnte. Ich glaubte ernsthaft, ich, Andreas Marquardt, könnte den Spieß im Alleingang umdrehen und die Männer damit wieder nach oben bringen. Ich, der allmächtige Andy. Das mag naiv gewesen sein, aber so verstand ich nun mal damals meine Rolle.

1988 schrieb ich an die Tür meines Umkleideschranks im Sportstudio unter mein Namensschild: »Die Macht«. Hätte nur einer gewagt, darüber seine Witzchen zu reißen, den hätte ich in meiner Verstiegenheit auf der Stelle umgehauen.

Ich wollte das Wesen einer Frau knacken. Dazu musste ich in ihren Kopf rein, und ich stellte mir vor, dann würde sie das machen, was ich verlangte. Ich wollte ihr meinen Willen aufdrücken, bis sie selber zu der Ansicht gelangte, ich bin ein Nichts, aus dem einfachen Grund, weil ich eine Frau bin. Meine Parole war: Ich modele sie um, bis sie meinen Stempel trägt. War dies gelungen, fühlte ich mich als Bestimmer. Ich ging davon aus, dass sie in diesem Fall zu hundert Prozent das macht, was ich ihr vorgebe. Ist sie erst einmal hörig, davon war ich überzeugt, kann ich sagen, wo es langgeht. Ich – und kein anderer Mann.

Hatte ich eine fest im Griff, interessierte sie mich allerdings nicht mehr. Der Reiz war weg, die Spannung raus, ich fand sie nicht mehr geil und benutzte sie nur noch zum Ranschaffen von Geld. Eiskalt.

Am besten fühlte ich mich, wenn die Frau aufs Wort parierte. War sie in dem Schubfach, in das sie meiner Meinung nach gehörte, ging es mir gut. Von dort konnte ich sie mir jederzeit holen, kurz benutzen, wieder zurückbringen und wegpacken. Ganz nach Belieben. Hatte ich eine Frau in der Mache, war ich wieder einen Schritt vorangekommen in meiner Mission. Ich kam mir vor wie ein Halbgott, der ein kleines Stück mehr Gerechtigkeit in der Welt durchsetzen soll.

Inzwischen weiß ich längst, mein höherer Auftrag war im Grunde ein Wahn, nicht mehr als ein Hirngespinst, um meine Brutalität gegenüber Frauen zu bemänteln.

Es hört sich alles so verrückt an – wie das meiste aus dieser Zeit –, aber Frauen, die länger mit mir zusammen waren, ließen sich unbesorgt bei mir fallen. Sie vertrauten mir, weil sie wussten, der Andy, der geht zwar extrem weit, bei dem läuft so manches, was vielleicht auf den ersten Blick nicht zusammenpasst, aber da steht garantiert was dahinter. Egal was sich da wieder Säuisches in seiner Birne zusammenbraut, es hat Hand und Fuß, darauf ist Verlass. Also lieber erst mal abwarten und nicht gleich bei der zweiten Backpfeife aussteigen und davonrennen. Andy ist keine Luftnummer, der ist für eine echte Überraschung immer gut.

Manchmal wollte ich von meinen Huren nach einer Schicht genauer wissen, was für Penisse die Freier in der Hose hatten: »Na, wie war's heute? Waren Typen dabei gewesen, die richtig große Schwänze hatten? Sag schon! Hast dein Fett hoffentlich abgekriegt. Wenn du schon hinhältst, sollen die dich auch richtig durchhämmern.« Dass ich es ernst damit meinte, wussten die Frauen, denn jede hatte von mir nach der Einarbeitungszeit ein Bandmaß mit einer Länge von vierzig Zentimetern in die Hand bekommen und den Auftrag dazu, große Schwänze sofort nachzumessen. Ich denke, es war ihnen peinlich, denn im Prinzip antworteten alle immer das Gleiche: »Heute hatte ich nur Minischwänze, messen hätte da überhaupt nicht gelohnt.«

In meiner Fantasie hatten große Schwänze Macht, sie bestraften Frauen, denn so ein Riese erniedrigte und demütigte. Und wenn es den Huren möglich wäre, würden sie Ficker mit großen Schwänzen abwerfen. Können sie aber nicht, weil diese das mit ihrer Kraft gar nicht zulassen.

Die Frauen, die für mich auf den Strich gingen, waren alle sehr zierlich im Beckenbereich. Die Schwierigkeit, angesichts dieser Tatsache einen Riesenriemen wegzustecken, lag auf der Hand. Ich hatte mich mit großen Schwänzen identifiziert und stellte mir vor, wenn so ein Monsterding in eine Frau eindringt, muss sie sich wie in einem Schraubstock vorkommen. Was wiederum barbarisch wehtun würde, und je gigantischer der Schwanz, desto höllischer wären die Schmerzen. Ziehen, reißen, wehtun – diese Vorstellung machte mich regelmäßig munter.

Wenn ich einen Gegenstand, mehrere Finger oder meine Hand in eine Frau hineinschob, war das manchmal auch mit Schmerzen verbunden. Manche konnten zwei, drei Tage danach nicht arbeiten – was mir in dem Fall egal war, obwohl ich hinter dem Geld her war wie der Teufel hinter der Seele. Ein Freier mit einem kleinen Pimmel regte mich nicht an. Sein Geld, das er daließ, schon.

Zweifel? Selbstzweifel? Eher selten. Muckte eine Frau auf: »Lass mich in Ruhe du, ich mache da nicht mit«, und blieb sie konsequent, auch wenn ich ihr Schläge androhte, hatte ich das Gefühl, als wäre meine Autorität untergraben worden. Ich ging in mich und wurde traurig.

Da kritisierte mich eine. Was nahm die sich raus? Angst hatte sie auch nicht mehr vor mir. Plötzlich saß ich mit Ohnmachtgefühlen im Keller. Wie mit dreizehn, als ich mich vergeblich gegen die Übergriffe von Mutter zu wehren begann.

Das Beste ist ein Rückzieher, sagte ich mir, setzte mich deprimiert in meinen Wagen und fuhr nach Hause. Dort kramte ich einen Umschlag mit Fotos vor und zog mir in meinen Ledersessel eine Aufnahme nach der anderen rein.

Im Laufe der Jahre hatte ich Frauen in den wüstesten Posen fotografiert. Wie sie sich mit verbundenen Augen von zwei Kumpels bumsen ließen, einer von vorn, der andere von hinten. Nackt oder in Reizwäsche, in Highheels oder in Hurenstiefeln, mit und ohne Sexspielzeug. Die Abbildungen machten mich heiß, und nach dem halben Fotostapel war ich wieder raus aus dem Keller. Meine Traurigkeit verflog, es ging mir wieder besser. Wer in der Lage ist, hielt ich mir vor Augen, Frauen zu solchen Sachen zu bringen und sich obendrein noch fotografieren zu lassen, kann nur ein Starker sein – also bin ich ein Starker.

Frauen waren für mich eine Art Gegner, wie im Sport. Im Wettkampf betrachtete ich mein Gegenüber grundsätzlich als Objekt, das ich, so schnell ich nur konnte, zerstören musste, um nicht selber zermalmt zu werden. Der Sieg war die Bedingung, um oben zu bleiben, die Voraussetzung, um weiterhin geachtet zu werden.

So ähnlich lief das jetzt mit den Frauen, vielleicht nicht ganz so krass. Frauen wollte ich kleinkriegen, so klein wie möglich. War sie eine Diva, die andere Männer bestimmen wollte, dann kam ich, und im Handumdrehen landete die Stolze und Unbeugsame schlotternd auf der untersten Teppichkante. Kriechen sollte sie vor mir, und ich trat auf sie wie auf einen schönen und gepflegten Rasen. Zerstören wäre dumm gewesen, schließlich musste sie brauchbar bleiben fürs Geschäft. Eine Scheißangst sollte sie bei meinem Anblick kriegen – und nie wieder rebellieren wollen. Gemacht wurde, was ich für richtig hielt. Keine Widerrede, das war meine Devise.

Mit dem Umzug nach Tempelhof hatte ich die Hoffnung verbunden, Mutter aus meinem Gedächtnis zu streichen. Das funktionierte in den ersten Monaten einigermaßen, später nicht mehr. Sie rief an und sagte: »Komm mal vorbei, das und das ist zu tun, du musst mir helfen«. Und prompt stand ich unter Strom und war gestresst.

Spring nicht gleich, wenn die Alte dich ruft, sagte ich mir. Überschlage dich nicht, lass dir Zeit, auf keinen Fall fährst du jetzt vorbei.

Andy, sie ist deine Mutter, meldete sich das Gewissen. Denk daran, du hast Großvater vor dem Umzug in die Hand versprochen, dich um die Familie zu kümmern, wenn du gebraucht wirst. Erledige das also am besten sofort, dann hast du es hinter dir, trainieren kannst du auch am Nachmittag.

Du fährst mir nicht vor zwei Stunden hin, meldete sich daraufhin die andere Stimme. Das hat die Alte nicht verdient, dass du augenblicklich lossaust. Zeig endlich, dass du nicht mehr nach ihrer Pfeife tanzt.

Selbstverständlich ging ich zu ihr hin, wie fremdgesteuert, regelrecht zwanghaft, und mit größtem Widerwillen. Nicht im nächsten Moment, aber spätestens nach einer Stunde war ich bei ihr. Als ob eine höhere Macht mich getrieben hätte: Na, geh schon, komm, erhebe dich, das gehört sich nun mal, es ist schließlich deine Mutter.

War ich da, gab ich den ganzen Kerl, den fröhlichen Sohn. Hallo, hier ist Andy, alles ist easy, alles ist wunderbar. Meine Scheißangst versteckte ich hinter flotten Sprüchen. Dabei habe ich gezittert und gebangt, sie könnte das Gleiche verlangen wie früher. Ich verabscheute sie, aber den Hass konnte ich nicht ausdrücken. In ihrer Nähe war ich ohne Saft und Kraft, ich wurde unsicher und war sofort ihr Junge, der kleine Andy, der sich nicht wehrt und alles duldet. Zwischen uns gab es eine Verschweißung, äußerst lästig, aber äußerst stabil. Selbstverständlich wusste sie das, darauf hatte sie gebaut.

Mutter war die einzige Frau, die Macht über mich hatte. Keine andere schaffte das, nicht einmal im Ansatz. Das sollte es auch nie wieder geben.

# Sehnsucht

7 Marion und ich sind beide in einem Neuköllner Kiez groß geworden. Das erste Mal sah ich sie im Sommer 1982 im Columbia-Freibad. Stimmt nicht, da habe ich sie zum ersten Mal beachtet, denn ich muss sie schon vorher wahrgenommen haben. Sie erzählte später, dass sie mich und meine Clique schon länger im Visier hatte, und wenn sie zum Schwimmbecken wollte, musste sie immer an uns vorbei.

Sie hatte eine interessante Figur, und mit ihrem großen Busen wirkte sie kokett und fraulich. Die anderen aus unserer Meute machten ihre Sprüche, wenn sie zum Wasser ging.

»Da läuft der Sechser im Lotto!«

Gar nicht schlecht, dachte ich auf meinem Badetuch, an dem Spruch ist wirklich was dran, die sollte man eigentlich anmachen.

Das Columbiabad war zu unserem Stammplatz geworden. Von Anfang Mai bis Ende September lagen wir bei gutem Wetter ab morgens acht, halb neun auf der Liegewiese – immer auf demselben Platz. Eine Oase, um die jeder herum musste, wenn er ins Becken wollte. Wer von blasser Haut genug hatte, schaute zu uns rüber. Wir Luden waren tiefbraun, durchtrainiert und bestens in Schuss, am Handgelenk trug jeder seine Rolex und um den Hals die Cartier-Kette. Keiner sah aus, als würde er acht Stunden am Tag beim Finanzamt verstaubte Akten hin und her tragen.

Drei, vier Frauen waren stets dabei – optisch erste Wahl, echte Vorzeigeexemplare. Sie trugen die allerneuesten Frisuren, mal schwarz, mal blond, mal rot gefärbt; natürlich konnten sie damit nie ins Wasser. Die Vormittagssonne schien auf das aufgefrischte Make-up der letzten Nacht, und die Nägel an Händen und Füßen waren schreiend bunt – perfekt zurechtgemacht für den falschen Ort. In den ausgesucht teuren Klamotten passten sie einfach nicht in ein öffentliches Schwimmbad, schon gar nicht vormittags. Behandelt haben wir sie wie auf dem Strich in der Kurfürstenstraße – als Menschen zweiter Klasse. Im Grunde waren sie Zubehör für unsere austrainierten, nackten Männerkörper. Sie durften uns zuhören, dekorativ herumsitzen und nur dann reden, wenn sie gefragt wurden. Wir gingen nicht gerade zimperlich mit ihnen um.

So ein bunter Haufen fällt in jedem Schwimmbad auf. Unsere Clique war das absolute Kontrastprogramm zu den wuseligen Familien, die ein paar Meter entfernt auf ihren Kamelhaardecken kampierten. Der Papa mit Bierbauch, die Haut entweder käseweiß oder feuerrot vom Sonnenbrand, die Mama auch nicht mehr die Straffste, und der Kleine brüllte in seinen Pampers, was das Zeug hielt, wenn er nicht sofort kriegte, was er verlangte.

Marion erzählte mir im Nachhinein, dass sie mich schon ein Jahr zuvor beobachtet hatte. Es war meine kühle Ausstrahlung, die sie als anziehend empfunden hatte. Sie war gerade siebzehn und wohnte noch bci ihren Eltern.

Ich fiel tatsächlich auf, denn bei mir stimmte so gut wie alles. Meine Badehose passte wie angegossen, und die raspelkurzen Haare sahen aus wie frisch vom Friseur geschnitten. Wenn die anderen Luden mit ihren langen Mähnen aus dem Wasser kamen, schüttelten sie sich wie die Pudel und waren anschließend stundenlang am Kämmen. Ich stieg aus dem Wasser, hüpfte kurz auf der Stelle, ging lässig mit der rechten Hand durchs Haar und stolzierte – ohne nach links oder rechts zu blicken – wie ein Pfau zu meinem Badetuch. Fehlten nur noch die Federn für ein Rad.

Ich verhielt mich, als ginge mir ringsum der Trubel glatt am Arsch vorbei. Mein aufgesetztes Desinteresse sollte anzeigen, von mir ist mehr als das Übliche zu erwarten. Ich beteiligte mich auch nie an der billigen Anmache, mit der sich die anderen aus der Gruppe die Zeit vertrieben. Tauchte ein junges Mädchen auf, lief immer die gleiche Lästerei ab.

»Eh, Schnalle, beweg' mal den Arsch! Mann, hat die Wuchtbrummen! Pass auf, Püppi, dir rutscht gleich eine Kugel aus der Tüte!« In diesem Ton ging das ständig – eben Anmache von der billigsten Sorte. Ganz besonders beliebt war, die jungen Frauen mit einer Ladung Wasser aus der Badekappe zu erschrecken. Ach, wie originell! Das Gekreische der Bräute war lauter als das von den Kindern, die unentwegt an uns vorbeisausten.

Ich lag wie festgetackert auf meinem Badetuch und sonnte mich streng nach Plan. Abwechselnd hielt ich meine Vorder- und Rückseite in die Sonne, und war es an der Zeit, drehte ich mich lässig um. Ich wirkte nie unruhig, ich lauerte nicht ständig auf was Neues, und wer mich genauer im Blick hatte, kam zwangsläufig zu dem Schluss, dieser Kerl muss sich seiner sehr sicher sein, der ruht in sich, so einer braucht das kindische Gehampel nicht. Bei dem kommt, was kommt, und wenn nicht, war es letztlich nicht so wichtig.

Am Ende der Badesaison 1982 richtete ich mein Handtuch neu aus. Wenn ich jetzt auf dem Bauch lag und meine Augen wie ein Krokodil einen Spalt weit öffnete, hatte ich in zwanzig Metern Entfernung den Sechser im Lotto vor mir. Ich schloss die Augen und malte mir in meiner Fantasie aus, wie ich sie in mein Netz holte, abhängig machte und auf den Strich schickte.

Als ich an einem Nachmittag nach einer Schwimmeinlage aus dem Becken stieg, schüttelte ich mich wie gewohnt, fuhr mir mit der Hand durchs Haar und ging entschlossen an meinem Badetuch vorbei, direkt auf den Sechser zu. Ich machte eine zackige Verbeugung, stellte mich vor, lud sie zur Wochenenddisco ins Stadt-Casino ein und zog mich danach sofort wieder auf mein Badetuch zurück. Seelenruhig sonnte ich mich weiter. Den fettigen Typen, der wie ein Wachhund neben ihr auf der Decke lag, ignorierte ich völlig.

Nie hätte ich es zugegeben, aber ich war schon ein bisschen nervös, als unser Treffen näher rückte. Eine halbe Stunde nach der verabredeten Zeit kam ich zur Tür rein – und sah Marion auf dem Barhocker sitzen. Sie drehte sich zu mir, verlor das Gleichgewicht, und auf einmal lag sie auf dem Boden – unmittelbar vor meinen Füßen.

Ich zog sie gekonnt mit einer Hand hoch, setzte sie auf ihren Hocker und tönte ziemlich großspurig: »Brauchst doch wegen mir nicht gleich vor Aufregung vom Hocker fallen, Puppe. Ick seh nu mal aus, wie ick aussehe.«

Sie strich sich verlegen den Rock glatt und entschuldigte sich dreimal für das Missgeschick – immer noch völlig durcheinander. Ich merkte auf Anhieb, welche Macht ich über sie hatte.

Alles lief wie gewohnt. Ich bestellte zwei Drinks, redete klug daher, drehte volle Kanne auf und war unwiderstehlich. Ein Tänzchen, ein Küsschen in Ehren, noch ein Tänzchen und noch ein Küsschen, zwischendurch zwei, drei von meinen flotten Sprüchen. Ich spürte, wie sie mich beeindrucken wollte. Immer wieder tanzte sie mich raffiniert von der Seite an und kam mir dabei so nahe, dass ich ihre Strapse spürte.

Mein Grinsen war verschlüsselt, nicht so leicht zu entziffern. Ich dachte nur, wenn die sich auf dem Strich genauso ins Geschirr schmeißt wie hier beim Tanzen, ist mit der ordentlich Geld zu machen.

Der Tanz war zu Ende, ich packte sie am Arm – und ab ging's in die nächste Diskothek. Später fuhr ich sie nach Hause und ließ mir vor ihrer Wohnung im Auto einen blasen.

Es gab noch einen zweiten Abend, und dann war drei Monate Funkstille. Der Sommer ging zu Ende, das Columbiabad hatte geschlossen, und in den Discos ließ ich mich nicht mehr blicken. Die Frauen, die schon Geld brachten, waren mir entschieden wichtiger. Den kleinen Purzel, also Marion – das nahm ich mir fest vor –, würde ich irgendwann für den Strich startklar machen.

Marion war vom ersten Tag an richtig in mich verknallt, sagte sie mir später. Und nun gab der Traumtyp kein Lebenszeichen von sich, war einfach wie vom Erdboden verschwunden. Sie war kurz vorm Durchdrehen. Das Autokennzeichen und meinen Namen, das war alles, was sie von mir wusste. Meine Adresse hatte ich ihr nicht gesagt, schon aus Prinzip nicht. In ihrer Verzweiflung schlug sie das Telefonbuch auf und rief sämtliche Andreas Marquardts, die dort aufgeführt waren, nacheinander an. Zuerst die, die im Nachnamen in der Mitte ein »k« hatten, dann die mit »ck«, danach die mir »qu«, hinzu kamen noch die Varianten, die hinten mit »dt« oder nur mit »t« geschrieben waren. Marion ließ keine Kombination aus.

Übrig blieb eine Nummer, bei der Tag und Nacht niemand ranging. In der Mitte mit »qu« und am Ende mit

»dt«. Das musste die richtige sein. Nun fragte sie in allen Berliner Krankenhäusern nach – vergeblich. Ihre Fantasie lief auf Hochtouren. In grässlichen Farben malte sie sich aus, mir sei etwas Furchtbares passiert. Als sie in ihrer Besorgnis auch noch im Knast anrief, schmissen die den Hörer einfach auf.

An den Wochenenden suchte sie mit ihrer besten Freundin eine Diskothek nach der anderen nach mir ab. Zunächst im Zentrum von Berlin, dann nahmen sie sich die angrenzenden Stadteile vor. Immer das Gleiche: Ich war nicht aufzufinden. Als Marion sich auch noch die Randbezirke vornehmen wollte, winkte die Freundin verärgert ab, sie hatte die Nase gestrichen voll.

»Sei zufrieden, dass du den Typ los bist«, sagte sie. »Das ist ein ganz gemeiner Zuhälter, der ist eiskalt, der will dich nur ausnutzen.«

Als sie ihre gutgemeinte Warnung wiederholte, platzte Marion der Kragen: »Na und? Das darf er ruhig sein!«

Ab jetzt zog sie alleine los. Und wie es der Zufall wollte, sah sie mich in meinem Wagen an einer Kreuzung auf dem Ku'damm, wo sie in einer Nebenstraße in einer kleinen Firma einen Bürojob erledigte. Sie hatte gerade Mittagspause und war mit einer Kollegin unterwegs. Die Ampel schaltete auf Grün – und ich fuhr einfach weiter. Sie rief meinen Namen, rannte mir auf dem Bürgersteig hinterher, zog bei den winterlichen Minusgraden kurzentschlossen ihre Schuhe aus, um schneller zu sein, und erreichte schwer atmend die nächste Ampelkreuzung, als ich schon bei der übernächsten angekommen war.

Zwei Monate später rief ich sie an und erzählte irgendeinen Stuss über anstrengende Geschäfte und unglaublichen Stress; selbstverständlich hätte ich mich längst gemeldet, aber es wäre eben nicht früher gegangen.

Vollkommen erleichtert, redete sie über die Sorgen, die

sie sich um mich gemacht hatte. Sie freute sich, dass mir nichts wirklich Schlimmes passiert war. Ich hörte nur mit einem Ohr hin, weil ich die ganze Zeit am Überlegen war, wie ich sie am schnellsten auf den Strich kriegen könnte.

Die ersten Jahre hing der Brotkorb für Marion genauso hoch wie für meine anderen Huren. Ich zog das gleiche Standardprogramm durch, ich forderte von ihr die gleiche Unterwerfung. Erst einmal kein Urlaub, kein Schmuck, die Kuppe ging voll an mich; ich besorgte die Arbeitsklamotten, bezahlte den Unterhalt zum Leben, und die Privatsachen gab's auf Zuteilung. Ich gebrauchte die bekannten hohlen Sprüche: »Keine Zeit, du weißt schon, die Geschäfte; du bist die Einzige; vor Wettkämpfen trainiere ich doppelt und dreifach; überhaupt habe ich mal wieder viel zu wenig Schlaf.« Kam sie stolz mit einer Kuppe an, die vergleichsweise hoch ausfiel, gab's weder Belohnung noch Anerkennung. Was regelmäßig abfiel, war der nächste Anschiss.

»Heute Nacht wäre sicherlich noch ein bisschen mehr drin gewesen!«

Ich hielt sie hin wie die anderen Huren und verschob das gemeinsame Leben konsequent auf die Zukunft. Große Reisen, ein schönes Haus – ja, aber erst in zwei, drei Jahren. Ich stellte Dinge in Aussicht, die im Endeffekt nie eintreffen sollten. Je mehr du ackerst, trichterte ich ihr ein, umso mehr werden wir uns später was leisten können.

Ich bin nicht der Typ, argumentierte ich, der zu Hause vor der Glotze hockt, Beine hoch, Büchse Bier in der Hand, der sich im Morgengrauen aufrafft und Mausi nach der Schicht wieder einsackt und heimfährt. Ich bin viel unterwegs, aber nie sinnlos; ich mache mein Business, während du deine Kunden bedienst. Ich bewege ein bisschen mehr Kapital als das, was zwischen dir und deinen Kunden fließt, meine Geschäfte sind mittelschwere Transaktionen. Die laufen in einer Liga, wovon du null Ahnung hast.

Weihnachten stellte sie sich in vertrauter Zweisamkeit unterm Baum vor, und Silvester wollte sie wie alle jungen Leute tanzen gehen und gemeinsam mit mir das neue Jahr mit einem Glas Sekt begrüßen.

Ich herrschte sie an: »Diese Stimmungsgeschichten sind doch banaler Scheiß, geschäftsschädigende Sentimentalitäten! Denk mal ausnahmsweise ökonomisch, Hasi! Gerade Weihnachten und Silvester klingelt die Kasse nun mal am lautesten. Das sind stinknormale Arbeitstage für uns, da wird voll durchgezogen. Was die anderen aus solchen Tagen machen, schert mich einen Dreck. Wir beide können auch dann feiern, wenn es in Strippen regnet und kein Freier seine trockene Wohnung verlässt. Wenn mal genügend Geld im Hause ist, wirst du auch an Feiertagen die Beine lang machen können, anstatt immer nur breit.«

Marion war leicht zu führen, weil sie total in mich verliebt war. In ihrer Treuherzigkeit erzählte sie, sie könne mit einem pflegeleichten Typen nichts anfangen, das wäre die totale Langeweile für sie.

Ich merkte, dass sie reichlich Stress hatte. Dieser Fette, mit dem sie sich ab und zu im Columbiabad herumgedrückt hatte, hörte nicht auf, ihr nachzustellen. Er wollte sich nicht damit abfinden, dass er die Kontrolle über Marion verloren hatte. Er besorgte sich einen Nachschlüssel für ihre Wohnung und schnüffelte nachts, wenn sie im Tiergarten arbeitete, an ihrer Wäsche, nahm BHs, Strapse und Slips an sich und erzählte überall herum, dass sie anschaffen ging. Zunächst hatte Marion mich wegen der verschwundenen Wäsche in Verdacht; schließlich war ich der Einzige, dem sie einen Schlüssel für ihre Wohnung anvertraut hatte. Dass der fette Typ dahintersteckte, kam durch einen Zufall ans Tageslicht.

Marion setzte sich zur Wehr. Sie erstattete gegen ihn Anzeige wegen sexuellem Missbrauch. Der Mann hatte sie seit dem zwölften Lebensjahr sexuell missbraucht und von sich abhängig gemacht. Zu diesem Zeitpunkt konnte Marion noch nicht ahnen, dass die Anzeige sich für sie zu einem Gang durch die Hölle entwickeln sollte.

Ich war bei der Gerichtsverhandlung im Saal und erlebte, wie der schmierige Kerl ihr frech ins Gesicht sagte: »Du lügst!« Mit fester Stimme wandte er sich dann dem Richter zu: »Alles erstunken und erlogen, das habe ich nie getan! Diese Frau« – jetzt zeigte er mit dem Finger auf Marion – »schafft regelmäßig auf der Kurfürstenstraße an und hat ständig Schwulitäten mit ihrem Luden. Weil sie mit ihrem eigenen Leben nicht klarkommt, hängt sie mir nun solchen Schwachsinn an. Herr Richter, ich bin glücklich verheiratet, ich schwöre, den Schlüssel hat sie mir selber in die Hand gedrückt, und ihre Unterwäsche habe ich nie angerührt.«

Selbst Marions Mutter stellte sich auf seine Seite: »Also, so schlimm kann es ja gar nicht gewesen sein, Herr Richter. Ich glaube, meine Tochter übertreibt da ein bisschen. Er hat ihr mal ein Küsschen gegeben, das schon, das habe ich ja gesehen, aber doch nicht mehr. Als Mutter wären mir solche Schandtaten doch nicht entgangen.«

Der glücklich Verheiratete kam mit einer Bewährungsstrafe davon. Mir tat das sehr weh, denn in Gedanken saß ich neben Marion und hörte, wie meine Mutter den Richter und die anderen im Saal davon überzeugte, dass ihr Sohn genauso ein Lügner sei. So stark wie Marion wäre ich nicht gewesen.

Ich wünschte mir, sie vor allen Leuten im Gerichtssaal in den Arm zu nehmen, sie zu trösten und ihr zu sagen:

»Ich weiß, wovon du redest, Purzel. Als Knirps habe ich das Gleiche durchgemacht. Du stehst nicht alleine da, ich halte zu dir, ich glaube dir zu hundert Prozent.«

Natürlich habe ich nichts davon rübergebracht. Ich wollte und konnte nicht, ich war blockiert. Nach dem Prozess wankte ich aus dem Gebäude, als hätte ich während der Verhandlung giftige Bleidämpfe einatmen müssen. Dass ich Marion auf andere Weise benutzte, wollte ich mir damals nicht eingestehen.

Durch den Prozess war sie schwer angeschlagen, und ihre Ärztin bestand darauf, sie solle sich unbedingt in einer Klinik durchchecken lassen. Marion war einverstanden. Sie wünschte sich von mir, dass ich sie am Einweisungstag in das Krankenhaus fahre. Ich sagte zu, war aber zu der verabredeten Zeit nicht da. Es war wie verhext, ich wollte und konnte wieder nicht. Ich befand mich in dem gleichen Zustand wir vor drei Tagen im Gerichtssaal. Entweder war das schon die nächste Blockade oder ich war aus der ersten noch nicht wieder raus.

Stundenlang fuhr ich durch die Stadt, ich traute mich nicht, sie in die Klinik zu begleiten. Der Grund war idiotisch – jedenfalls aus heutiger Sicht. Ich hatte eine Scheißangst, dass sie mich auch gleich dabehalten, und in ein Zimmer ohne Tür- und Fenstergriffe einsperren würden. Völlig kaputt, ich weiß, aber die Angst war echt.

Marion war tief enttäuscht, sie hatte sich auf mich verlassen. Traurig bestellte sie sich nach einer Stunde des Wartens ein Taxi und fuhr alleine dorthin. Alle Schläge und die vielen Gemeinheiten, die sie von mir einstecken musste, sagte sie später, taten nicht halb so weh wie dieses schofelige Verhalten. Dass ihr die Ärzte in der Klinik glaubten, erleichterte ihre Situation und trug wesentlich dazu bei, dass sie sich bald wieder fing. Aber dass ich sie in der schwersten Stunde ihres Lebens im Stich gelassen hatte, damit kämpfte sie noch lange. Wir haben uns zwar immer wieder aus den Augen verloren, zwischen uns war ein Kommen und Gehen, mal mit größeren, mal mit kleineren Abständen, aber nie war der Draht endgültig gerissen.

Nach dem Klinikaufenthalt hängte sie die Hurerei an den Nagel, sie wollte nicht mehr. Sie stieg aus und suchte sich wieder einen Job in einem Büro. Na und, sagte ich mir, dann trennen sich unsere Wege, soll sie doch gehen, ich weine ihr keine Träne nach. Ich verzichtete großspurig auf die Entschädigung, die so ein Ausstieg normalerweise nach sich zog, und ließ sie anstandslos gehen.

Und jetzt passierte etwas, was ich noch mit keiner Hure erlebt hatte, die für mich lief. Marion ging mir plötzlich nicht mehr aus dem Kopf, sie fehlte mir.

Ich begann zu realisieren, dass vom ersten Tag an mehr zwischen uns gewesen war. Keine Liebe von meiner Seite, nein, nein, Liebe ganz bestimmt nicht, etwas anderes war passiert! Von Liebe spreche ich erst viel später. Es war etwas Menschliches, das mich berührte und verunsicherte, wodurch ich mich aber auch immer wieder zu ihr hingezogen fühlte. Kurz: Marion war etwas Besonderes für mich.

Als wir uns Monate nach der Trennung zufällig in einer Diskothek trafen, umarmten wir uns wild und herzlich. Ich führte mich auf wie ein Pubertierender, war vollkommen überdreht, riss meine Witzchen, zog alles ein bisschen ins Lächerliche. Vom coolen Andy blieb nicht viel übrig. In dem Moment war ich fest davon überzeugt, ich komme ohne Marion nicht mehr aus, ich brauche sie dringend.

Trotzdem – vielleicht auch gerade deshalb – entschloss ich mich am nächsten Morgen, dass es keinen weiteren

Versuch mit uns geben durfte, alles sollte so bleiben, wie es war – und Ruhe.

Es vergingen ungefähr drei Monate, bis ich unter einem fadenscheinigen Grund ihre Telefonnummer wählte. »Du« – ich quasselte in einem Ton auf ihren Anrufbeantworter, als hätten wir uns vor zwei Tagen das letzte Mal gesehen –, »bei mir liegt ein Zettel mit deiner Nummer herum, ich soll dich anrufen.« Sie wusste Bescheid, denn bei meiner peniblen Ordnung lag ein Zettel nicht einfach so im Studio rum, noch dazu drei Monate lang. Dahinter steckte Sehnsucht. Ich konnte nicht sagen, was ich erwartete, auf jeden Fall wollte ich sie wieder ranholen.

Wir trafen uns, und ich redete drauflos: »Wenn du weiter mit mir zusammen sein willst, musst du auf den Strich. Ich kann nur mit einer Frau, die anschafft, sonst kriege ich das nicht hin.« Als wäre die Initiative für diese Verabredung von ihr ausgegangen, dabei hatte ich den ersten Schritt gemacht. Klar, um mir nichts zu vergeben. Zu diesem Zeitpunkt legte ich das noch als ein Zeichen von Schwäche aus.

Marion überlegte nicht lange, nahm mich in den Arm – und stieg wieder ein. Ich freute mich mehr, als ich zu zeigen vermochte.

Nach einigen Wochen behandelte ich sie wie früher. Die gleichen Lügen, das gleiche Gequassel. Keine Zeit, meine Geschäfte, du bist die Nummer eins in meinem Leben, wenn erst einmal ausreichend Kohle im Haus ist und so weiter.

Ich verheimlichte ihr gegenüber weiterhin die Existenz der anderen Frauen, die für mich liefen, und bald besuchte ich sie auch nur noch alle vierzehn Tage. Spätestens nach einer guten Stunde saß ich wieder in meinem Auto und fuhr durch die Gegend.

Marion war schwer gekränkt, dass ich immer noch

den gleichen Stiefel wie in den ersten Jahren abzog. Die Freundinnen rieten ihr dringend ab: »Mach bloß nicht wieder den gleichen Fehler!« Ihre Mutter, mit der sie sich inzwischen versöhnt hatte, hörte nicht auf, gegen mich zu hetzen: Ich sei ein Verbrecher, der sich nicht ändern könne und wolle, als Mensch das Allerletzte sei.

Um Marion bei Laune zu halten, machte ich nach und nach einige Ausnahmen. Ich kontrollierte sie nicht so streng während der Arbeit und fand mich damit ab, dass sie mir nicht die volle Wahrheit sagte. Die Geschenke, die sie mir zu Weihnachten und zum Geburtstag auf meinen Tisch legte, waren nicht gerade billig. Das Geld dafür konnte nur aus der Anschafferei stammen, also hatte sie gebunkert.

Jede Hure, die einigermaßen schlau ist, hat die Möglichkeit, Geld abzuzweigen. Ein Lude kann sich sämtliche Kennzeichen der Autos notieren, in die die Frau einsteigt, er kann die Gummis wie ein Erbsenzähler zuteilen, aber er sitzt nicht auf der Rückbank und sieht mit eigenen Augen, wie viel der Freier tatsächlich abdrückt. Verlangt sie mehr als mit dem Luden abgesprochen, kann sie die Differenz voll in die eigene Tasche wirtschaften. Ihr Lude kann nur überschlagen, was an einem Abend so ungefähr zusammengekommen ist. Genau weiß er das aber nie.

Bedeutend schwerer fiel mir die nächste Ausnahme. Bisher war mein Grundsatz gewesen, nie mit einer Hure über Freier zu klatschen, denn so ein Gerede zieht einen nur runter. Selbstverständlich stellte ich sachliche Nachfragen zum Geschäft und verlangte ausführliche Antworten, doch unter Klatsch verstand ich was anderes. Nun ließ ich mich darauf ein. Marion erzählte mir von einem neunzigjährigen Stammgast, der mal Arzt gewesen und jetzt immer noch sexuell sehr aktiv war. Dass sie eine kurze, schlichte Nummer schoben und den Rest der zwei Stunden, für die er bezahlt hatte, miteinander verquatschten.

»Ist doch nett, oder?«, antwortete ich. »Was berichtet er denn so, dein alter Mann?« Insgeheim schüttelte ich den Kopf, dass sie sich mit einer derartigen Mumie abgab. Aber gut, sollte sie, dachte ich, und wenn sie unbedingt wie andere Frauen einen Plausch nach der Arbeit fürs seelische Gleichgewicht braucht, bei mir konnte sie ihn haben.

Wir lachten über einen Freier, der ihr stundenlang an die Füße ging und ihre Zehen lecken wollte. Als große Gespräche habe ich das nie betrachtet, aber bitte, bei mir konnte sie alles rauslassen. Immer vorausgesetzt, die Kohle stimmte.

Und noch etwas fiel auf. Ab und zu durfte Marion mich kritisieren, ohne dass ich gleich in die Luft ging. Bei den anderen duldete ich keine Aufmüpfigkeit, da schmetterte ich sofort die kleinste Kritik ab.

»Wenn du deine Scherzchen machst«, sagte sie einmal, »lachst du nie mit den Augen.« Sie hielt den rechten Zeigefinger quer zum Nasenrücken und deutete eine Grenze kurz unter den Augen an. »Das geht nie weiter als bis hierher.«

»Ach ja«, konterte ich, »mir reicht es nun mal, wenn du dich amüsierst.« Was anderes fiel mir zu der Feststellung nicht ein. Es kam noch viel krasser. Machte ich sie wegen irgendeiner Nachlässigkeit am Kunden an, ließ sie kesse Kommentare vom Stapel.

»Na, hör mal«, keifte sie mich dann an, »ich verkaufe was anderes als Käse und Brot. Da werde ich ja wohl ein Wörtchen mitreden können. Das ist doch nicht zu viel verlangt, oder?«

Anstatt ihr auf der Stelle eine zu langen, ließ ich sie

ausreden – und wunderte mich nur. Etwas hielt mich zurück, wenn sie sich so aufführte. Bei den anderen duldete ich keinerlei freche Sprüche.

Als sie sich einmal weigerte, zur Arbeit zu gehen, und mir vorlaut entgegenhielt, sie hätte als Mensch ein Recht darauf, zu Hause zu bleiben, wenn sie sich nicht gesund und fit fühle, packte ich sie und hob die fünfundvierzig Kilo samt Kimono-Schlafanzug zehn Zentimeter über den Teppich. Der Kampf verlief allein über die Augen, aber wie. Bevor ich den Kürzeren zog, stemmte ich sie in die Höhe, drehte mich wie ein Eiskunstläufer dreimal um die eigene Achse und schleuderte sie aufs Bett.

Wie sie dalag, ein Kissen im Arm, mit leicht blutender Unterlippe, und sagte: »Eben habe ich meinen Flugschein gemacht«, meldete sich in mir der Sanfte. Ich holte ein Tempo hervor und entfernte tatsächlich das Bluttröpfchen vorsichtig von ihrer Lippe.

Dann ging ich, und sie blieb zu Hause.

Ich lief regelrecht aus der Wohnung raus, sie sollte meine Schwäche nicht mitkriegen. Eigentlich hätte ich mir das sparen können, denn meine tief in mir vergrabenen Seiten hatte sie längst entdeckt, in Augenblicken, in denen ich den Normalo gab. Da ein nettes Wort, dort mal ein bisschen anfassen, vielleicht sogar kurz streicheln. Marion vertraute auf das Gute in mir.

Sie hielt dagegen, wenn sie sich schlecht behandelt fühlte, und zeigte eine Entschlossenheit, die ich lange nicht wahrhaben wollte, aber letztlich achtete. Andere Frauen widersetzten sich auch, aber das stachelte nur meine Aggressivität an. Oder ich rutschte in den Keller und musste diese geilen Bildchen bemühen, um mich wieder als knallharter Typ zu fühlen. Wenn ich die Frauen bestrafte, tat mir keine einzige Leid. Im Gegenteil, bestrafen war geil und machte mich munter. Nur bei Marion hatte ich hinterher ein schlechtes Gewissen, dass ich sie so brutal behandelt hatte.

Ich spürte mehr als ich wusste: Marion zog mich in etwas rein, wozu ich vom Kopf her nicht bereit war. Ich stieg aus und ging in die Welt zurück, in der mich niemand verunsicherte. Wir trennten uns und Marion machte Schluss mit der Hurerei. Eine Tür zwischen uns hielt sie offen: »Wenn du dich von deinen Weibern verabschiedest, kannst du ja wieder anklopfen.«

Das Angebot nahm ich an. Die Abstände, in denen ich klopfte, waren mal kürzer und mal länger, ich stillte meine Sehnsucht und zog mich wieder zurück.

Seit Jahren nun gehen wir unseren Weg gemeinsam. Ich bin lieb und hart bis an eine Grenze, die sie bestimmt. Schlagen? Um Gottes willen! Nie wieder – ganz bestimmt nicht. Ich muss nicht mehr schlagen, und ich möchte – das sage ich mit großem Ernst – Marion nicht noch einmal wehtun. Ich liebe sie über alles und würde am Boden liegen, wenn sie mich verlässt. Ich könnte nicht von ihr weggehen – unvorstellbar. Und dass eine andere ihren Platz einnimmt, ist genauso unvorstellbar.

## Dienst beim Beerdigungsfuhrwesen

8 Richtig! Der Lude popelt nicht auf dem Strich, da wird Stolz ausgestellt. Er guckt angestrengt in die Luft, läuft aufgeblasen und fordernd durchs Revier und signalisiert: »Leute, haltet Abstand, ich bin unnahbar!« Er wechselt mal rüber übern Damm, niemals hastig, eben der geborene Herrscher, dreht eine Runde und behält die Frauen im Auge. Ab und an legt er einen Stopp ein und gibt einen flotten Spruch von sich: »Zack, zack, dalli, dalli! Kommt mal langsam in die Pötte. Da hinten warten Freier auf euch. Nachschminken könnt ihr auch später.« Dann geht er zum Auto zurück, fläzt sich auf den Sitz, legt eine Kassette mit Musik von den Stones oder Supertramp ein und entspannt.

Ich musste mich nicht anstrengen, so zu laufen, durch den Sport hatte ich Haltung gelernt, und eine Show vor Leuten abzuziehen war völlig normal für mich. Einfach nur dastehen und Präsenz zeigen, das brachte mir auf der Kurfürstenstraße eine Menge Aufmerksamkeit bei den Leuten ein, die auf dem Bürgersteig vorbeigingen. Ähnlichkeiten mit Muskelmännern gab's auf den ersten Blick. Doch ich hatte andere Leistungen aufzuweisen als zwei Zentimeter Oberarm mehr pro Monat – nämlich jede Menge Kampfsporttitel und den Dan in Karate. Die meisten Bodybuilder hatten, von den hochgezüchteten Muskeln einmal abgesehen, nichts vorzuweisen. Wurden sie beachtet und bestaunt, waren sie mit sich zufrieden. Ihnen war es egal, ob man denkt, noch so ein Proteinspritzer. Mit einer normalen Figur hätte sie keiner beachtet, mit ihren Muskelbergen wurden sie wahrgenommen.

Bei mir lief weitaus mehr ab. Ich war mir sicher, die Leute spürten, dass ich kein Nullachtfünfzehn-Typ war, ich hatte Aura. Schon von der Optik her, und erst diese Art. Strenges Auftreten, keine Scheu, Blickkontakt aufzunehmen, und im Auge diese Unnahbarkeit, sodass derjenige, der mich musterte, wegschauen musste. Ich konnte gefährlich sein, aber auch friedfertig. Ich ließ so einiges in der Schwebe, keiner blickte richtig durch. Ich habe mitbekommen, wie die Leute rätselten, überrascht stehen blieben und mir nachdenklich hinterherschauten. Mein Auftritt war einfach nicht zu übersehen. Hätte mir einer ins Gesicht gesagt, alles Mache, was ich da abziehe, die pure Wichtigtuerei, den hätte ich übern Haufen gerannt.

In den ersten Jahren meines Daseins als Zuhälter kleidete ich mich durchschnittlich, sportlich und korrekt, keine Markenware. Ich trug kurze Lederjacken, Jeans, Hemd oder T-Shirt, flache Schuhe. Die Haare waren kurz, aber niemals »Vokuhila«. Neun von zehn Luden trugen diese Frisur: vorne kurz und hinten lang. Durch den Sport musste ich sehr viel duschen, schon deshalb waren kurze Haare praktischer, und bald hatte ich auch raus, dass sie bei den Mädels besser ankamen. Ich rauchte nicht, war viel an der frischen Luft, Alkohol war ein Fremdwort für mich, entsprechend war meine Haut. Glatt und frisch, bestens durchblutet, und spätestens Ende April war mein Körper von der Frühjahrssonne tief gebräunt.

Nach dem Aufstehen ließ ich mir ausreichend Zeit für Körperpflege und Kleidung. Ohne den obligatorischen Pflichtcheck vom Scheitel bis zur Sohle ging ich nie aus der Wohnung. Sitzt alles perfekt? Keine Naht geplatzt? Fingernägel in Ordnung? Rasur okay?

Eigentlich ein hübsches Kerlchen, das mich da im Spiegel anschaute – man konnte nicht meckern. Alles tutti, so durfte der Junge auf die Straße.

Im Grunde funktionierte ich wie ein kleiner Computer. Ich wusste, wo ich wie ankomme, und entsprechend war mein Auftreten. Im Milieu drückte ich die Taste »knallharter Lude«, und das entsprechende Programm wurde abgerufen. Im Sportverein hieß es »erfolgreicher Kämpfer«, und das »Hassprogramm Frauen« lief eigentlich ununterbrochen, vierundzwanzig Stunden am Tag.

Unabhängig davon war ich auch der Sympathische, der Nette mit dem lässigen Spruch auf den Lippen, der Hilfsbereite gegenüber alten Leuten – jedenfalls auf dem Ku'damm. Wenn mir danach war, stoppte ich dort meinen Daimler, stieg aus, hakte ein altes Mütterchen unter und führte sie über die Straße. Mir war egal, ob daraufhin der Verkehr stockte, die Geste war mir in diesem Moment wichtiger. Das Gehupe der Wartenden klang in meinen Ohren wie tosender Beifall.

Ich räume das nicht gerne ein, aber ich würde mir was vormachen, wenn ich nicht zugebe, dass es mir damals allein um den Auftritt ging, nicht einen Augenblick um die alte Dame. Denn in irgendeinem Randbezirk von Berlin kam ich nicht ein einziges Mal auf die Idee, anzuhalten, einer alten Frau den Arm anzubieten und sie über die Kreuzung zu geleiten. Unter dem Ku'damm lief da gar nichts.

Ich perfektionierte »Andy, den Gerngesehenen«, der im Café eine »dicke Welle« auf den Tisch knallte und generös das Wechselgeld auf dem Tisch liegen ließ. Wo es möglich war, machte ich mich zum Mittelpunkt, und wo nicht, tauchte ich erst gar nicht auf. Ich merkte doch, wo das Getuschel losging, wenn ich aufkreuzte: »Leute, der Andy ist da!«

Ich hielt mich für einmalig, ja, war von mir selber fasziniert. Was ich im Sport erreicht hatte, konnte sich sehen lassen. Seit Jahren war ich in meiner Stilrichtung und Gewichtsklasse in der europäischen Spitze. Die Frauen, die ich zu Profihuren aufbaute, waren echte Könnerinnen im Fach und machten die meiste Knete. Die Luden schlugen einen Bogen um mich, denn Revier an Revier mit Andy war äußerst heikel. Sie wussten, der ist eiskalt, der gibt keinen Millimeter nach, mit dem ist nicht gut Kirschen essen. Ich fühlte mich nicht nur überlegen, ich war es wirklich. Ich ließ keine Situation aus, das immer aufs Neue zu beweisen. Weniger den anderen gegenüber, eher mir. Aber das ließ sich ja nicht trennen.

Nachdenken – wozu? Was ich machte, war richtig. Schon möglich, das es einigen nicht passte. Mir war das egal. Es gab genug Frauen, die darauf standen und sich fügten. Einige fuhren auf meine Brutalität ab, andere fanden mich als Typ interessant, spielten eine Weile mit und stiegen wieder aus, sobald sie merkten, auf wen sie sich eingelassen hatten. Die zwei oder drei, die mich offen ablehnten, fielen nicht ins Gewicht. Obwohl sie eindeutig mich abgewiesen hatten, redete ich mir ein, ich hätte sie stehen lassen. Im Grunde existierte in meinem Kopf noch ein weiteres Vierundzwanzigstunden-Programm, mit dem ich mir die Dinge schönredete und passend machte.

Ab Mitte zwanzig gab ich den Lord Kacke, wie der Berliner sagt. Ich fuhr die schnellsten Schlitten, trug den teuersten Schmuck – und die Frauen rannten mir hinterher. Ich fühlte mich sauwohl, mir ging es rundum gut, ich führte ein Leben wie Krösus und wollte nicht mehr runter von der Luxusschiene.

Ich kaufte mir edle Klamotten in den angesagten Ku'damm-Boutiquen. Sündhaft teure Jacken aus schwarzem Rindnappa, weich und glatt, kurz geschnitten, damit die Taille entsprechend zur Geltung kam. Ein hochgestellter Kragen, durchgehender Reißverschluss, die Bündchen aus Strick. Die Ärmel extrem weit, so pompös wie Puffärmel. Sah natürlich klasse aus bei meiner Figur.

Unter der Lederjacke ein Designer-Seidenhemd, einfarbig, meistens dunkel. Ob Sonne oder Regen – zwei Knöpfe blieben offen, und die Blicke fielen auf eine dicke, glänzende Goldkette, von der nur ein kleiner Teil sichtbar war. In seiner ganzen Pracht war das Stück nur zu erahnen. Am Handgelenk prunkte die standesgemäße Rolex, den linken Ringfinger schmückte ein lupenreiner Brillant. Kostbar und teuer, unerschwinglich für den Durchschnittsbürger. Ach ja, im Sommer zog ich statt Hemden modische T-Shirts von Carlo Colucci vor. Ich kaufte nur vom Feinsten und Besten, zweite Wahl kam überhaupt in Frage. Lieber sparte ich einen Monat, bevor ich mir was Minderwertiges anzog.

Die schwarzen Jeans von Levi's oder Wrangler waren am Hintern eng, an den Oberschenkeln etwas weiter geschnitten, nach unten zu wieder enger – eine leichte Karotte. Bei Kälte trug ich eine wuchtige, wattierte Lederjacke mit Fledermausärmeln im Schmetterlingsstil. Tiefschwarz – kein Gelb, kein Grün, kein Lila, ohne Schriftzug auf dem Rücken. Auf dem Kopf nichts, auch bei Frost keine Mütze. Niemals einen Schal, sehr selten Lederhandschuhe bei extrem hohen Minusgraden. Hochwertiges Leder, ausgesuchte Qualität – versteht sich.

Die Zuhältermode, die von Hamburg nach Berlin rüberschwappte, habe ich nie blind kopiert. Ich weigerte mich, Cowboystiefel zu tragen. Obwohl die Luden auf der Reeperbahn nur noch in diesen Tretern unterwegs waren, blieb ich bei flachen Schuhen. Im Sommer echte Mokassins aus Wildleder oder Velour, kein Paar unter einhundertfünfzig Mark. Flach mussten sie sein, denn ich war ständig auf dem Sprung, und Cowboystiefel hätten meine Beweglichkeit rapide eingeschränkt. Man schubst dich leichter um auf hohen Absätzen, war meine Meinung. Ratz, batz – und schon liegst du in der Pampe und bist Letzter. Das hatte ich nicht vor.

In dieser Zeit ging es los mit den ganz großen Schlitten. Ich fuhr nur Exoten: Lamborghini, Ferrari-Testarossa, Jaguar, Typ Cabrio, die größten Daimler und Porsche. Die Preise bewegten sich um die hunderttausend Mark und darüber. Spätestens nach einem dreiviertel Jahr gönnte ich mir ein neues Spielzeug, um wieder protzen zu können. Das alte Auto nahm der Händler in Zahlung, und abgedrückt habe ich für den neuen nur Cash. »Cash aus der Täsch«, wie die Luden sagten. Selbstverständlich war die Ausstattung der allerletzte Schrei. Immer die neueste Stereoanlage, damals schon Sitzheizung und dieses und jenes Extra, worauf der anspruchsvolle Lude nicht verzichten mochte.

Ah, hieß es in Insiderkreisen, der brandheiße Schlitten von Andy! Schon gesehen? Der soll ja erst vor einer Woche auf den Markt gekommen sein, tuschelten sie sich zu, wenn ich die Neuerwerbung parkte, wo sie nicht zu übersehen war.

In den Mercedes-Benz 450 SEL ließ ich mir ein Mikrofon einbauen. Ein Druck aufs Knöpfchen, und über einen Lautsprecher im Motorraum war draußen zu hören, was gerade im Auto gesprochen wurde.

Ich machte mir einen Jux daraus, einen Typen, der gedankenverloren bei Grün über die Kreuzung ging, zu verschrecken. Ich fuhr ran an die Ampel und brüllte ins Mikrofon: »Mach Platz, du Vogel. Beweg deinen Arsch ein bisschen schneller! Zacki, zacki!«

Wie-denn-wo-denn-was-denn? Der Typ duckte ab, als hätte der Blitz in seinen Hut eingeschlagen. Er schnallte einfach nicht, woher die Stimme kam, und rannte wie ein Bekloppter über den Zebrastreifen auf und davon. Hatte ich eine Musikkassette eingelegt, drehte ich volle Pulle auf, und die Leute hörten im Umkreis von fünfzig Metern mit. Entdeckte ich eine hübsche Frau auf dem Bürgersteig, fuhr ich langsam rechts ran und röhrte ins Mikro: »Na großartig, wir führen heute aber wieder ein paar schöne stramme Titten spazieren!«

Die Frau wusste nicht, was mit ihr geschah, schaute hilflos um sich und stolperte ins nächstbeste Geschäft. Ich saß im Daimler, die Lippen geschlossen, den Blick gelangweilt nach vorn, und gab den Abgeschotteten, der nicht mitbekommt, was sich draußen in der schnöden Welt alles so abspielt.

War schon witzig.

In der Autowerkstatt bauten sie mir zwei Hörner ein, die einen elenden Pfeifton von sich gaben. Der Ton ging durch Mark und Bein. Schrill, extrem laut und kreischig – in Sekundenbruchteilen hintereinander, die totale Panik. Die Leute waren außer sich; verwirrt dachten sie an Feuer und was weiß ich, kein Mensch war in der Lage, mein Autokennzeichen zu notieren. Dass ich in dieser Zeit nicht von den Bullen gegriffen wurde, kann ich mir nur mit Riesenschwein erklären.

Ende der siebziger Jahre kaufte ich mir ein Autotelefon, eines der ersten. Ein Riesenklopper mit Zelle, A-Netz und B-Netz; alles wurde hinten im Kofferraum verstaut. So ein Teil kostete ungefähr fünfzehntausend Mark. Der Telefonhörer hatte eigentlich eine normale Größe, wirkte dennoch ausgesprochen bonzenmäßig – ich war ja so wichtig. Eigentlich sah die ganze Angelegenheit unmöglich aus, hatte aber eben nicht jeder.

Ich fuhr zu einer von meinen Frauen und rief sie an, als ich vor ihrem Haus stand: »Na, Mausi, was machst du denn grade? Koch mal Kaffee, ich bin in zwanzig Sekunden oben.«

»Was, in zwanzig Sekunden? Wo bist du denn?«

»Geh auf den Balkon, da kannste mich sehen.«

Meinen Schmuck bewahrte ich in einem verschließbaren, flachen schwarzen Lederkoffer auf. Vierzig mal dreißig Zentimeter, mit dunkelblauem Samt ausgeschlagen, im Boden Ausbuchtungen für Ringe, Armreifen und Ketten. Auf dem Deckel hatte ich mir die Anfangsbuchstaben meines Namens einstanzen lassen, »A« und »M« in schnörkeligen Goldbuchstaben. Meine Schatulle, so nannte ich das gute Stück, hatte ich bei Koffer-Pannek in der Karl-Marx-Straße in Neukölln gekauft. Den Laden gibt's schon seit zwanzig Jahren nicht mehr.

Mindestens einmal pro Tag holte ich die Schatulle aus dem Schlafzimmerschrank, stellte sie auf den großen Marmortisch im Wohnzimmer, entriegelte das Schloss und öffnete den Deckel. Alles meins! Ich konnte es kaum fassen.

Vor mir schimmerte eine Königskette aus purem Gold. Sechs Millimeter stark, in sich gedreht. Der Schliff teilweise Handarbeit, teilweise maschinell hergestellt. Königsketten wurden bei meinem Juwelier rund oder viereckig angeboten. Daneben lag eine vier Millimeter starke geflochtene Garibaldi-Kette, einen Zentimeter breit, mit Kastenschloss und zwei Sicherheitshaken, einer rechts, einer links. Reine Handarbeit, sehr geschmackvoll, vom Goldschmied gekonnt gemacht. Beide Ketten waren aus 750er Gold. Voluminöses und Geflochtenes traf meinen Geschmack. Eigentlich alles, was auffiel. Auf funkelnden Schmuck ging ich ab wie eine Elster. Sehen und haben.

Passend zur Kette das Garibaldi-Armband. Anderthalb Zentimeter breit, auch geflochten. Dann ein wunderschöner Cartier-Ring, der mir besonders gefiel. Ein so genannter Dreier: drei ineinander und übereinander geflochtene Ringe, die sich drehen ließen. Wenn man die über den Finger zog, ergab sich ein Dreiermuster.

Daneben lag ein Rolex-Ring mit einem ziemlich weißen Brillanten, 0,30 Karat Top Wesselton. Stolz war ich auf meine Uhren. Eine Stahl-Rolex »Submariner«, eine Taucheruhr, besonders fuhr ich auf die »Rolex Day Date« mit Präsidenten-Armband ab: einzelne halbrunde geflochtene Glieder mit einem Brillantblatt aus Mahagoni, der Außenkranz mit Brillanten besetzt.

Ich schloss die Augen und nahm jedes Teil einzeln in die Hand, um all diese Kostbarkeiten zu spüren. Wenn mich der Rappel packte, putzte und wienerte ich die Klunker gründlich, bis das Gold und die Edelsteine funkelten und glitzerten.

Ich redete mit der Schatulle wie mit einem Menschen. Hör mal zu: »Wenn unsere Geldquellen so weitersprudeln wie bisher, kaufen wir uns noch viel Schönes. Und du, meine liebe Rolex«, ich entnahm eine der Uhren und legte sie mir ums Handgelenk, »bekommst noch ein weiteres Brüderchen. So«, ich schloss das Köfferchen ab, »und jetzt lasse ich euch alleine, ich muss nämlich zur Arbeit und Heu machen. Machs gut Schatulle – bis morgen.«

Links unten, im selben Schrank, stand seit Jahren ein schlichter Schuhkarton von Salamander, abgedeckt mit einer schwarzen Samtdecke. In ihm deponierte ich sämtliche Einnahmen. Die Prozente, die bei der Geldeintreiberei für mich abfielen, die Kredite, die ich den Frauen abgeluchst hatte, und die Kuppe, die von Jahr zu Jahr reichlicher ausfiel.

Nun könnte man annehmen, alles würde einfach ablaufen. Karton auf, Kohle rein, Deckel drauf und Samttuch rüber. So war es aber nicht. Ein regelrechtes Ritual lief ab. Jeden Schein, den ich kassierte, nahm ich mir vor und prüfte genauestens seinen Zustand von beiden Seiten. Hatte er viele Knitter, war er abgegriffen oder das Papier eingerissen, hatte er hässliche Eselsohren an den Ecken, dann wurde er von mir mit großer Sorgfalt behandelt.

Bevor er in den Karton durfte, ging ich solange mit dem lauwarmen Bügeleisen rüber, bis auch das letzte Fältchen raus war. Erst dann stapelte ich die Hunderter zu den Hunderten, die Fünfhunderter zu den Fünfhundertern und die Tausender zu den Tausendern. Päckchen für Päckchen presste ich zwischen zwei kleine, extra für diesen Zweck zugeschnittene Stahlbleche und stapelte sie fein säuberlich übereinander.

Je dicker die Stapel, umso stärker fühlte ich mich.

Ein höherer Finanzbeamter, den ich aus dem Karate-Verein kannte, nahm mich nach einer Trainingseinheit zur Seite und warnte mich: »Kümmere dich ganz schnell um einen Job, die Leute von der Steuer sind auf dich aufmerksam geworden. Tritt kürzer, ackere über eine längere Strecke, damit dir die Steuerprüfer nicht ans Leder können. Mach was, ansonsten kriegst du demnächst Besuch oder die laden dich schriftlich vor.«

Ob Anschwärzerei dahinterstand, habe ich nie herausbekommen. Offiziell war ich ohne Arbeit, meine Jobs als Kaufhausdetektiv und im Personenschutz hatte ich längst aufgegeben. Ich nahm den Hinweis ernst und hörte mich um.

»Fahr doch Leichen«, schlug ein Bekannter vor. »Das wird gut bezahlt, da gibt's reichlich Zuschläge und Prozente. Die Leute verdienen das Doppelte von dem, was ein Arbeiter bekommt – nämlich richtig gutes Geld. Die Branche sucht immer Arbeitskräfte, heutzutage will das doch kaum noch jemand machen.«

Ich klemmte mich ans Telefon und fragte bei einem Bestattungsunternehmen in Berlin an. Prompt erhielt ich einen Vorstellungstermin. Ich zog mich adrett an – schwarze Hose, gedecktes Hemd, ein lockeres Sakko drüber – und ging zu dem Termin hin.

Das Einstellungsgespräch war kurz und schmerzlos. Die fragten mich nach Alter, Führerschein, Gesundheitszustand und ob ich an der Flasche hänge.

Alt genug war ich, den Führerschein hatte ich, mein Aussehen ließ nicht auf Krankheiten schließen und nach Fusel stank ich auch nicht. Sobald sie sich entschieden hätten, wollten sie sich bei mir melden. Warum ein kerngesunder Mann im besten Alter ausgerechnet Leichen durch die Gegend kutschieren wollte, die Frage stellten sie nicht.

Ich ließ meine Telefonnummer da, fünf Minuten später saß ich in meinem knallroten Ferrari Testarossa, den ich vorsichtshalber eine Straße weiter abgestellt hatte. Heute nehme ich an, dass sie sich nach dem Vorstellungsgespräch die Hände gerieben und gejubelt haben, endlich mal einer, der nicht versoffen aussieht und gleich Vorschuss haben wollte. Mit einem wie mir konnte der Bestatter nur ein Plus machen.

Einen Tag später riefen sie an und fragten nach meiner Konfektionsgröße. Die Firma stellte einheitliche Arbeitskleidung für ihre Mitarbeiter, schließlich konnten sie ihre Angestellten bei Beerdigungen nicht in bunten Jogginganzügen antreten lassen.

Ich bin zur Anprobe hin und kaufte mir anschließend die Klamotten, die die Firma nicht zur Verfügung stellte. Dunkle Schuhe, weiße Hemden und eine schwarze Krawatte. Jetzt wurde noch einmal gesiebt, denn spätestens hier fielen Bewerber durch den Rost, die sich diese Sachen nicht leisten konnten.

Pünktlich acht Uhr stand ich den Montag darauf im Büro des Leichenbestatters und meldete mich zu meiner ersten Schicht, in dunkelgrauem Anzug, weißem Hemd, schwarzer Krawatte, schwarzen Schuhen, auf dem Kopf die graue Dienstmütze.

Mit Überstunden und Prozenten hatte ich als Leichenwagenfahrer im Monat gut zweieinhalbtausend Mark auf die Hand. Gar nicht mal so übel, aber das Geld interessierte mich weniger. Ausschlaggebend war, dass ich steuermäßig wieder den Rücken frei hatte.

Auf meinem Wagen war ich der einzige Nüchterne, die anderen tranken auch während der Arbeitszeit. Hielten wir an einem Kiosk, kauften sie ihre Flachmänner; ich aß derweil zwei Currywürste mit doppelter Portion Pommes. Wie die Kollegen ihre Vorstellungsgespräche bestanden hatten, blieb mir ein Rätsel.

Für gewöhnlich waren vier Mitarbeiter, inklusive Fahrer, auf einem Leichenwagen. Ich ekelte mich nicht vor toten Menschen. Wir holten die Verstorbenen aus den Kühlkammern der Krankenhäuser, richteten sie her und betteten sie in den Sarg. Leichen, die noch zu Hause in den Betten lagen, behandelten wir auf die gleiche Weise. Ich fasste mit bloßen Händen zu und hielt mich wegen des Leichengifts an die ganz normalen Vorsichtsmaßnahmen. Abstand zu den Körpersekreten, denn darin tummelten sich die gefährlichsten Keime, und immer schön die Hände waschen vor dem Essen.

Unser Hauptgeschäft waren Abholungen und Einsargungen, die aufwändigen Ausgrabungen und Umsetzungen fielen seltener an. Kam eine Anfrage, führten wir auch die Beerdigung durch. Bei der Trauerrede in der Kapelle musterte ich unauffällig die männlichen Gäste; ab und zu war ein Freier drunter, der nervös an seinen Fingernägeln kaute, weil er nicht wusste, wo er mich hinstecken sollte. Die Ansprache endete mit einem Amen, ich sagte »in Gottes Namen«, und das war gleichzeitig das Kommando für uns Träger zum Aufheben des Sarges. War die Entfernung zum Grab erheblich, stellten wir den Sarg vor der Kapelle auf einen kleinen Wagen und fuhren damit bis an die Grabstelle. Lag die Grube nur ein paar Schritte entfernt, trugen wir den Sarg feierlich auf den Schultern zu seinem Bestimmungsort. Meistens zu viert, nur in besonderen Fällen, wenn der Sarg ungewöhnlich schwer war, forderten wir zusätzlich noch einen Mann Verstärkung an.

Bei Emil leuchtete zwischen den prallgefüllten Tränensäcken eine chronisch entzündete Knollennase. Emil war schon vor Schichtbeginn sturzbesoffen. Die anderen waren morgens leicht angesäuselt und füllten in den Arbeitspausen ihre Pegel immer wieder auf. Sie waren nie volltrunken, dafür aber ständig im Tee.

Die Wege auf den Friedhöfen waren unterschiedlich beschaffen. Oft bucklig, selten gepflastert und manchmal schon für einen Nüchternen kompliziert zu begehen. Kein Wunder, dass Emil öfter ins Trudeln kam. Trugen wir zu viert, lief er hinten, und wenn er ins Stolpern kam, pendelten wir drei den Sarg so lange aus, bis Emil wieder Tritt gefasst hatte.

Am Grab stellten wir den Sarg auf Kommando ab, sicherten ihn mit Balken und Seilen, und Emil brummte jedes Mal – nur für uns verständlich – vor sich hin: »Und jetzt runter mit dem Lappen.«

Die Trauergäste vermuteten, der Emil sinniere über Leben und Tod und bete inbrünstig für den Verstorbenen. Dabei machte er nur seiner schlechten Laune Luft, weil er während der Zeremonie »auf seinen Schluck« verzichten musste. Ich biss mir vorsichtig auf die Zunge, um nicht loszuprusten, blickte kurz in den Himmel und sprach die Worte »Ruhe in Frieden« wie Hans Albers im Kino. Für die Trauernden war ich sehr überzeugend, denn Beisetzungen haben ja immer etwas von einer stillen Show.

Wir hoben den Sarg an, zogen die Balken zur Seite und ließen ihn langsam an den Bändern hinab. Einmal hatte Emil einen Supertatterich, rutschte aus und landete mit dem Hintern in der frisch ausgehobenen Grube. Zu dritt zerrten wir energisch an den Bändern, während Emil sich mühselig nach oben quälte. Wieder draußen, klopfte er sich sorgfältig den Sand von der Uniform, rülpste laut und vernehmlich, griff entschlossen nach seinem Band – und die Prozedur ging wieder von vorne los. Jetzt klang meine Stimme bei »Ruhe in Frieden« nicht mehr so feierlich. Nach der Zeremonie schlossen wir die Grube mit der frischen Erde, richteten den Grabhügel her und verteilten die Blumen und Kränze.

War der letzte Auftrag am Nachmittag erledigt, wurde es lustig auf dem Leichenwagen. Wenn ich auf der Rückfahrt zur Firma an einer Ampel anhalten musste, drehte ich mich in meinem Führerhaus um, sah zufriedene Kollegen vergnügt an der Flasche nuckeln und wild mit den Händen gestikulieren. Emil hatte eine große Pulle Korn vorm Hals, und in der einsetzenden Dämmerung schimmerte sein Zinken wie eine Fünf-Watt-Glühbirne. Alle strahlten und waren zufrieden mit dem, was das Leben für sie bereithielt. Ich vermute, die große Flasche hatte Emil tagsüber an seinem ausgemergelten Körper versteckt, denn in den Pausen begnügte er sich an den Kiosken wie die anderen auch mit einem Flachmann.

Ich hielt den nötigen Abstand zu meinen Kollegen und zur Geschäftsleitung, denn meine Tage waren gezählt. Alt wollte ich in dem Laden nicht werden, und nach knapp drei Jahren ging ich eines Morgens nach dem Aufstehen nicht mehr zu meinen Suffkes auf den Leichenwagen, sondern fuhr in meinem neuen Porsche ins Columbiabad zu den anderen Luden. Die Geschäftsleitung legte mir nach mehreren Fehltagen nahe, die Firma zu verlassen. Die mussten mir das nicht zweimal sagen, meine Angst vor dem Finanzamt war längst verflogen, und auf das Geld war ich eh nicht angewiesen.

Von den Frauen hatte keine mitbekommen, dass ich mehrere Jahre in einem festen Job mit Krankenversicherung und Rentenanspruch tätig war. Die hätten sich krumm- und schiefgelacht, wenn sie mir zufällig auf einer Beerdigung oder sonst wo begegnet wären. Und hätte ich ihnen die Höhe meines monatlichen Einkommens gesagt, wären sie auf der Stelle zusammengebrochen. Für diese Summe benötigten sie höchstens anderthalb Schichten.

In den Jahren danach konnte mir die Steuer nichts anhaben. In der Brandenburgischen Straße bewirtschaftete ich in einer Fünf-Zimmer-Wohnung die Pension Venus. Hier arbeiteten ausschließlich deutsche Frauen. Mit genauester Planung sorgte ich für einen reibungslosen Betrieb, die entscheidende Voraussetzung für eine gesunde Ökonomie. Die Bücher führte eine kompetente Mitarbeiterin, die ich extra dafür eingestellt hatte. Unsere Einnahmen versteuerten wir regelmäßig, wie sich das für ein Kleinunternehmen gehört. Alles war vor dem Gesetz wasserdicht. Das Finanzamt konnte jederzeit die Bücher einsehen.

Die Gäste sahen mich selten, da ich nach meiner Ankunft sofort in mein Büro marschierte und die Fäden vom Schreibtisch aus zog. Ich achtete auf eine korrekte Arbeit der Huren, kümmerte mich um die Getränkelieferungen und hielt den Kontakt mit dem Kondomlieferservice; vor Schichtbeginn überprüfte ich die Sauberkeit der Räume. Eine Pension in dieser Größenordnung funktioniert wie ein Kleinbetrieb, jeder kennt jeden, und die Arbeitsatmosphäre wird entscheidend vom Chef geprägt. Ich führte den Laden mit einem gewissen Papatouch. Streng, aber nicht ohne Witz, immer darauf bedacht, dass vor allem die Kunden zufriedengestellt wurden.

Ein Bordell lebt stärker von Stammkunden als der Straßenstrich, und die Zufriedenheit der Kundschaft hat einen entsprechend höheren Stellenwert. Blieb einer von den Stammkunden aus, weil eine Hure einen groben Fehler beging, war der Freier nur schwer zu ersetzen, da die Schwellenangst vor einem Bordell stärker ist als vor dem Straßenstrich. Die Höhe meines Gewinns hing also ganz entscheidend von der Anzahl der Stammkunden ab. Als erfahrener Zuhälter nutzte ich meine langjährigen Kenntnisse vom komplizierteren Straßenstrich, um die immer wieder aufflackernden Interessenkonflikte zwischen Huren und Gästen, aber auch bei den Huren untereinander, auszugleichen. Ich wusste, eine Hure, die auf dem Straßenstrich erfolgreich war, musste nicht automatisch auch im Puff gut sein. Oft traf das Gegenteil zu. Grobheit, die bei Kunden auf der Straße ankam, verschreckte die Freier im Bordellbetrieb. Ich legte also bei der Einstellung einer Bordellhure andere Kriterien zugrunde als auf dem Straßenstrich. Vulgäre Frauen sind Gift für ein Bordell. Ich zog Frauen vor, die dem Kunden das Gefühl gaben, er sei eigentlich nur auf ein Glas Wein vorbeigekommen und ganz zufällig hätte sich mehr ergeben. Mal abgesehen vom Geld, war es mein Anliegen, der Branche zu beweisen, dass ich mit der Führung eines Puffs so gut zurechtkam wie mit den Anforderungen des Straßenstrichs.

Nach zwei, drei Jahren fühlte ich mich so hohl wie ein Beamter nach dreißig Jahren Bürodienst. Der Alltag brachte keine Überraschungen, mir fehlte die Spannung vom Straßenstrich.

Ich eröffnete in der Droysenstraße in Charlottenburg eine zweite Pension, verabschiedete mich aber nach einem weiteren Jahr aus der aktiven Bordellszene und bin zurück auf die Straße, weil der Straßenstrich mit all seinen Aufregungen einfach viel besser zu mir passte.

## »Max, der Taschendieb«

9 Opa erklärte sich meine Erfolge auf seine Weise: »Alles, was der Junge anfasst, das gelingt. Wahrhaftig, unser Andy hat goldene Hände.«

Es war ja wirklich so. Was ich in Angriff nahm, das klappte. Ich handelte nach Prinzipien, die ich mir selber auferlegte, und das Kuriose war – es funktionierte. Ich ging abgebrüht und durchtrieben vor, war ausgebufft bis ins Detail, wurde schließlich immer effizienter, und der Erfolg gab mir Recht. Dumm wäre ich gewesen, wenn ich nicht zugegriffen hätte. Ich war fest davon überzeugt, was für die anderen gilt, gilt nicht für mich. Ich kann mir alles rausnehmen, es steht mir zu, weil ich was Besonderes bin. Ich bin das Maß der Dinge, mir kann keiner was. Was ich tue, ist richtig, und da, wo ich mich aufhalte, ist das Gesetz. Ich steigerte mich so in diese Rolle hinein, dass ich dachte, ich sei wirklich etwas Außergewöhnliches.

Mich stellte auch niemand in Frage, jedenfalls nicht laut. Viele machten einen großen Bogen um mich, sie wussten, was ich körperlich drauf hatte. Wer Karate-Andy als Feind hatte, der sollte lieber auswandern. Das war auch der Ruf, den ich wollte. Und wer dran kratzte, kam automatisch in die Bredouille. Im Wettkampf war das immer der nächste Gegner, im Milieu konnte es eine Frau sein, die nicht aufs Wort parierte, oder einer von den Luden, die mich an die Wand drücken wollten.

Tauchte ich in den angesagten Cafés und Diskotheken

auf, wurden einige Typen flattrig – diese hatten mich als Geldeintreiber erlebt und spürten noch immer meinen Atem im Nacken. Ich setzte mich provokativ an den Nachbartisch, der einstige Schuldner nippte nervös an seinem Whiskyglas, bezahlte hastig und war im Handumdrehen samt Freundin verduftet. Ich schmunzelte leise vor mich hin und genehmigte mir einen großen Schluck Wasser. Jahrelang rollte ich wie eine Dampflok, und keiner hielt mich auf. Ich dachte, es wird ewig so weiter gehen.

Die Clique aus dem Columbiabad traf sich nach der Badesaison gelegentlich im Café Sydney am Winterfeldplatz zum Frühstück, an den Wochenenden sahen wir uns regelmäßig im Sugar Shake, einer Diskothek in der Nürnberger Straße, und in größeren Abständen fuhren wir in unseren Nobelschlitten in Nachbarländer. Sechs verlesene Leute, schön anzusehen, schwer erfolgreich – die Berliner Luden-Elite unterhalb Fred F.

Wir hatten Geld in der Tasche, mindestens drei, vier Frauen auf der Piste und standen mit beiden Beinen im Leben; Rotznasen kamen in die Clique nicht rein. Mit dem popeligen Nullachtfünfzehn-Luden unten an der Straßenecke wollten wir nichts zu tun haben. Für unser Verständnis war das ein Liebeskasper, für den eine einzige Frau lief, mit der er zusammenlebte und auf Liebe machte, weil der Kümmerling nicht in der Lage war, noch zwei, drei andere zu poussieren. So einer wagte nicht, sich zu uns im Sydney an den Frühstückstisch zu setzen oder einem aus der Clique in der Disco ein Gespräch aufzudrängen.

Im Sugar Shake schauten wir für eine Stunde vorbei, peilten, was so lief, machten ein bisschen Blabla, lachten viel und vor allem laut, nickten großmeistermäßig in die Runde. Natürlich wurde auch die Lage sondiert. Der

»schöne Peter« poussierte eine Neue, »Richy« schwärmte von seinem Ferrari – das schärfste Geschoss überhaupt –, und der »Berliner« schwafelte von einem durchgeknallten Freier, dem er letzte Nacht zum wiederholten Male beibringen musste, wer auf dem Strich die Hosen an hat. Mit Männerfreundschaft hatte das wenig zu tun, eher mit Status, mit Sehen und Gesehenwerden, mit Neugier und Zugehörigkeit – man wollte sich ja nicht ausschließen. Vor allem kam es jedem aufs Renommee an. Zeigen, was man sich gerade so angeschafft hatte, ein Auto, noch teureren Schmuck, oder im Schlepptau eine neue Frau, die man kurz an sich drückte, um den anderen zu signalisieren: »Pfoten weg.« Richtig! Damit es im Milieu nicht hieß, na, der ist doch längst mausetot.

Ich war der Jüngste und Härteste in der Clique, die anderen waren älter und satter. Was Kohle anging, waren wir in etwa gleichwertig; körperlich war ich ihnen jedoch haushoch überlegen, alle buhlten um mich und bewunderten meinen Biss. Ich hielt die Gruppe hoch und machte gleichzeitig auf Distanz. Ich ließ keinen näher an mich ran, denn letztlich wollte ich für mich bleiben. Sich täglich zwei, drei Stunden treffen und privat quatschen – »Richy« nervte ständig damit –, kam für mich nicht in Frage. Grundsätzlich hielt ich zu viel Nähe für gefährlich, denn man hätte leicht durchschauen können, dass ich lange nicht so hart war, wie ich mich aufführte, dass eventuell doch ein Herz in meiner Brust schlagen könnte. Was überhaupt nicht in das Bild passte, das ich von mir verbreitete. Ich verkaufte den Harten, ohne Wenn und Aber, frei von menschlichen Schwächen. Echte Freundschaften gab's so viele wie in der Kindheit – nämlich keine. Hauptsache, ich wurde hofiert und bewundert.

Im Grunde redete ich mir alles passend: An sich ist das Leben angenehm, unangenehm ist es nur, wenn man allein ist und anfängt, darüber nachzudenken. Oder mehr Gefühle aufbringt für jemanden, den man gern hat, obwohl man es sich nicht leisten kann, da darunter wieder die Autorität leidet. Echte Gefühle sind Schwächen. Also gar nicht erst zulassen, sofort dagegenpowern. Wer schwach ist, verliert. Die kleinste Blöße, und ich bin weg vom Fenster.

Andy mal freundlich? Unvorstellbar, die Huren und Luden hätten sich nur an den Kopf gefasst. Wat soll denn dette? Andy mal blau? Das ging nun überhaupt nicht. Alle hätten sofort geschaltet, der ist ja wie wir, selber ständig besoffen, also auch nichts Besonderes. Klar, es kann ziemlich anstrengend sein, einen schlechten Ruf verteidigen zu müssen. Oft war das Schwerstarbeit, eine Art Dauerstress, denn ich hatte ständig zu bedienen, was die Umgebung von mir erwartete.

Die Luden hätten mich im anderen Fall gnadenlos demontiert und vom Sockel gestürzt – auch die aus der Clique. Der Starke hat seinen Platz zu räumen, sobald er Schwachstellen zeigt. Echten Zusammenhalt gab's nur nach außen – gegen die Bullen und Freier. Kam von dort ein Angriff, fühlten sich alle aus der Clique betroffen. Scherte ein Mitglied aus dieser aus, erhielt er einen ordentlichen Denkzettel. Entweder kräftige Keile oder Säure übers Auto, das Mindeste waren Beulen im Blech. Gründe gab's viele. Einer hatte klammheimlich vom anderen eine Frau abgeworben oder den Bullen unter der Hand einen Tipp gegeben. Es genügte schon, wenn den anderen zu Ohren kam, dass einer schlecht über die Clique sprach.

Mit den Leuten feierte man auch mal eine Party, fuhr zusammen in die Schweiz oder ließ in Prag die Sau raus. Ich erinnere mich an einen Geburtstag im Prager InterConti, wo ich von Berlin aus für ein Wochenende eine ganze Etage gemietet hatte. Unsere Autos waren die Sensation für die Leute. Wir checkten im Hotel als die großspurigen Deutschen ein, und nach dem Abendessen im besten Restaurant der Stadt ging's stundenlang durch die bekanntesten Diskotheken. Nebenbei lief das übliche Programm: Bräute anmachen, später mit ins Hotel aufs Zimmer nehmen und bis zum Morgengrauen durchsauen. Frauen aus Berlin nahmen wir nie mit, die wurden grundsätzlich vor Ort aufgerissen.

Auf dem Weg zurück ins InterConti lieferte ich ihnen eine kleine Geburtstagseinlage. Als uns ein Bulle volllaberte, weil wir angeblich zu viel Lärm machten, genügte ein Schlag. Ich streckte ihn nieder, als hätte ich mal eben in der lauen Mainacht eine lästige Mücke abgewehrt.

Alle johlten, am lautesten die tschechischen Frauen. Wieder stand ich im Mittelpunkt und wurde bewundert. Meine Braut hängte sich an mich ran, als hätte ich die Stadt soeben von den Russen befreit.

Und alle haben gesoffen! Alkohol gehörte zum Bild, das die Luden von sich hatten. Ein Mann muss trinken, sonst ist er keiner. Je mehr die tranken, umso einfacher hatte ich es. Achtzig Prozent der Luden landen wieder da, wo sie mal angefangen haben, auf dem Bau, an der Werkbank oder in ähnlichen Berufen.

Ich hatte gesehen, was Alkohol und Drogen um mich herum anrichteten. Das Dreckszeug verschonte keinen, auch beim Schnellsten verkümmerten ziemlich bald die Reflexe. Ich war dagegen Herr meiner Sinne, ich wollte nicht im Rinnstein landen – und das sollte so bleiben. Alkoholisiert oder vollgepumpt mit irgendwelchem Stoff, ich wäre angreifbar geworden. Mein Nimbus wäre auf Nimmerwiedersehen flöten gewesen, hätte mir jemand eine reingehauen.

Was sind die doch dämlich, dachte ich. Die pure Verschwendung; nehmen massig ein und verpulvern die Knete sofort wieder für diesen Scheiß. Für das Geld residierte ich lieber im Frühjahr wochenlang in einer komfortablen Bleibe, etwa in Spanien. Schön überlegt, ohne einen Tropfen Alkohol, Sonne von morgens bis abends.

Der »Tolle F.« war so ein Beispiel für einen, der sich selber ruinierte. Ein hübscher Typ. Lange blonde Haare, braun gebrannt, prima Body, guten Schmuck, richtig Geld in der Tasche, den dicksten Mercedes unter der Kimme. Der »Tolle F.« trat auf wie ein blonder Prinz. In den Discos rissen die Einlasser die Türen auf, in Berlin und in Westdeutschland liefen mehrere Frauen für ihn. Ende der Siebziger bis Mitte der Achtziger war er einer der erfolgreichsten Luden in Berlin. F. schmiss nur so um sich mit dem Geld, alle akzeptierten ihn.

Nichts ist ihm geblieben, alles verzockt und verspielt, und der hat damals wirklich verdient. Wenn sechs oder sieben Frauen für dich laufen und jede bringt am Tag den normalen Schnitt – und das über Jahre –, dann kommt schon ein hübsches Sümmchen zusammen. Da muss man nicht einmal ein guter Rechner sein. F. hat exzessiv gelebt. Partys, Alkohol, Drogen, teure Autos – und nach einem halben Jahr den Schlitten mit Riesenverlust wieder verkauft, um sich den nächsten Wagen, selbstverständlich fabrikneu, zu holen. Da musste er sich nicht wundern, wenn die Kohle in kürzester Zeit rapide dahinschmolz.

Das letzte Mal habe ich F. Anfang der Neunziger gesehen. Dick, aufgedunsen, ungepflegte Haare. Ein Mann in mittleren Jahren, wie tausend andere auch. Da war nichts mehr übrig vom blonden Prinzen. Inzwischen soll er sich wieder im Griff haben, heißt es, und erneut zu Geld gekommen sein.

Saufen, zocken, ein, zwei Frauen springen ab – und schon ging's bergab für einige. Von der Vier-Zimmer-

Wohnung im Grunewald in eine kleinere in Wilmersdorf, von da nach Schöneberg in eine Anderthalb-Zimmer-Wohnung. Stufe für Stufe hinunter, bis in eine Kellerwohnung im Wedding oder in Neukölln.

*Max, der Taschendieb* ist ein Film mit Heinz Rühmann, der mich damals schwer beeindruckte. In ihm geht es um große Fische und kleine Sardinen. Natürlich im übertragenen Sinne.

Max Schilling, also Rühmann, muss sich von seinem Sohn sagen lassen, dass er eine Sardine ist, eine ganz gewöhnliche Ölsardine. Als Taschendieb hat Max immer gutes Geld verdient, er konnte damit seine Familie ordentlich ernähren, den Sohn studieren lassen, und die Tochter ging jahrelang zum Klavierunterricht.

Der Sohn ignoriert die Leistungen seines Vaters nicht, aber in diesem Gespräch zwischen Vater und Sohn wirft Letzterer ihm vor, dass er bei seinen Fähigkeiten und Talenten mehr aus sich hätte machen müssen. Max antwortet, es sei nie seine Absicht gewesen, ganz nach oben zu kommen. Und er nennt drei Gründe. Erstens seien die Probleme bei den Mächtigen größer als in der Mitte, zweitens sei die Luft da oben viel dünner als die, die ein gewöhnlicher Sterblicher atmet, und drittens reiche das für die Familie zu einem guten Leben, was er bei seinen Fischzügen zusammenmause.

Seinem Sohn gibt er den väterlichen Rat, bleib normal, übertreibe nicht, halte dich immer schön in der Mitte, dann wirst du im Leben vielleicht mal stolpern, aber nie schwer abstürzen. Denn von ganz oben sei die Fallhöhe um etliches größer.

Als ich den Schwarz-Weiß-Film sah, identifizierte ich mich sofort mit Max. Ich wollte auch nicht nach ganz oben, dort war es mir viel zu riskant. Da oben wäre meine

Angriffsfläche automatisch größer gewesen, ich hätte auf offener Straße in einem Bandenkampf erschossen werden können – so wie schon andere, und das Risiko, im Knast zu landen, wäre um einiges größer geworden.

Ich sah doch, wie die Kripo immer wieder zugriff und die Richter bekannte Gesichter aus dem Milieu für Jahre hinter Gitter steckten. Nur weil die den Hals nicht voll genug kriegten und im Irrglauben lebten, ihre Sicherheit erhöhe sich mit jeder Million. Klar, das war auch nur eine Variante ihrer Allmachtsfantasien, die so oder ähnlich in anderen Lebensbereichen tausendfach vorkommen.

Dass ich mich mit Max identifizierte, hatte nichts mit Bescheidenheit zu tun, das war reine Berechnung. Ich war auch machtgeil und wollte kräftig verdienen, aber bitte in einem überschaubaren Rahmen, den ich selber festlegte.

Ich sagte mir, werde nie übermütig und vermeide bewusst, was dich unnötig gefährdet, aber reize deine von dir selber festgelegten Grenzen voll aus. Dann bist du cleverer als die Topverdiener, die unnötig mit dem Feuer spielen und mit ihrer Gier nur schlafende Hunde wecken. Vergiss die große Bühne, bleib immer schön im Hintergrund, und mach kleine, aber sichere Geschäfte. Das Auge fällt immer zuerst auf die Prominenten.

Ich wollte nie werden wie die ganz Großen. Noch mehr Kriminalität, noch mehr Brutalität und Erpressung – meine Risiken wären nicht mehr überschaubar gewesen. Dass mich ausgerechnet eine Lappalie mit einer Frau Jahre später zu Fall brachte, hätte ich mir nie träumen lassen.

Gemessen an Fred F. war ich fast nichts. Der hatte sich in ganz Deutschland ausgebreitet und war über die Grenzen Berlins hinaus bekannt. F. war eine wirklich große Nummer. Im Milieu wusste jeder, wer er war, und die meisten hatten Angst und Respekt vor ihm. In seiner Glanzzeit hatte er täglich das Zwanzigfache von meinen Einnahmen. Im Verhältnis zu ihm hatte ich mich damals als kleinen Fisch betrachtet. Bei ihm konnte man von Öffentlichkeit reden, aber doch nicht bei mir.

Aber es stimmt, eine Ölsardine war ich wiederum auch nicht. Ich war ein hübscher Raubfisch. Vielleicht ein Hecht oder doch ein gefährlicher Hai, denn zugebissen hatte ich jedenfalls nicht schlecht.

Wenn ich ein Hai war, dann war Fred F. ein Wal, unantastbar für Leute wie mich. Angst hatte ich nie vor ihm, Achtung schon. Er musste in seinem Leben ja was geleistet haben, denn sonst wäre er nicht so viele Jahre oben geschwommen.

Solange ich F. nur vom Sehen kannte, bewunderte ich ihn. Als ich für ihn Geld eintrieb, merkte ich, dass er mich brauchte. Und Leute, die auf mich angewiesen waren, schrumpften in meinen Augen, sanken bei mir im Ansehen. Der geht auf die gleiche Toilette, auf die ich gehe, dachte ich mir, auch körperlich hatte er nicht die geringste Chance gegen mich. Hätte ich gewollt, ich hätte ihn physisch zerstören können. Er hatte sein Geschäft, ich meins, wir kamen uns nie in die Quere. Ich wusste längst, wenn ich mich so reingehängt hätte wie er, ich hätte das Gleiche erreicht oder mehr.

1994 begegneten wir uns in der U-Haft in Moabit. Man sah sich in der Freistunde auf dem Hof, und wir quatschten kurz über Belanglosigkeiten.

»Mensch, Andy, du hier?«

»Hör bloß auf, diese olle Nutte hat mich hier reingebracht.«

»Schon mitbekommen.«

»Kannst du glauben, die kriegt ihr Fett noch ab.«

Ich hab's genossen, für mich war das eine Aufwertung.

Zwei Jahre später kam es zur nächsten Begegnung im offenen Vollzug in Hakenfelde. Ab und zu haben wir miteinander Kaffee getrunken. Mal auf seiner Bude, mal auf meiner. Ich wollte mit ihm jedoch keine Kumpelschaft. Ob ihm mehr an mir lag, keine Ahnung. Kann sein, denn er hatte sich auch gern mit mir gezeigt, weil er wusste, welchen Namen ich hatte. Ein Freund war er für mich aber nie. Ich hatte ihn nie zu meinem Geburtstag eingeladen, und er mich auch nicht zu seinem. Der kannte ganz andere Leute.

Inzwischen ist er ein solider Geschäftsmann in den Sechzigern, er schiebt die ruhige Kugel. Die große Nummer – das war einmal.

In den achtziger Jahren habe ich mich für mehrere Monate in Hamburg umgesehen. Hans Albers und die Reeperbahn, das ist doch eine Illusion. Ein Familienbetrieb, das war die Reeperbahn nie, die war immer ein hartes Brot. Auf der einen Straßenseite herrschte die »GmbH«, gesetzte Männer, die schon in anderen Geschäften ihren Mann gestanden hatten. Auf der anderen Seite gab es die »Nutella-Bande«, zwanzigjährige, unerfahrene Jungluden. Kleine Pisser gegenüber den Leuten aus der »GmbH«.

Die Leute von der »GmbH« waren schlau: Sie hörten rechtzeitig auf, und mit dem Geld, das sie erwirtschaftet hatten, bauten sie sich solide Geschäfte auf, aus denen heute das Geld sauber zurückfließt. Alle Großen aus der »GmbH« retteten sich rüber. Die haben es wirklich geschafft – und sehen heute noch top aus, sind sportlich. Immerhin sind die an die zehn Jahre älter als ich, müssten also um die sechzig sein.

Was im Milieu vor fünfzig oder hundert Jahren los war, hatte mich nie beschäftigt. Die Branche gibt es ja schon seit Ewigkeiten. Auch was unmittelbar vor mir passiert war, wollte ich nicht wissen, interessierte mich nicht. Ich war jetzt da, machte meine Show, solange es eben ging. Ein Vorbild hatte ich nicht. Ich kümmerte mich um die Gegenwart, nur die zählte. Das war bei den anderen Luden ebenso. Denn die Gegenwart, die war schwer genug. Ich musste meinen Mann stehen, und wenn nicht, fiel ich hinten runter.

## In jedem Mann steckt ein bisschen vom Freier

10 Ich verachtete die Männer, die für einen Orgasmus Kohle abdrückten. Ob Professor oder Arbeiter – in meinen Augen waren das lächerliche Schwächlinge, anspruchslos gegenüber sich selber, anspruchsvoll gegenüber der Dienstleistung. Die kamen gleich nach den Frauen. Klar, hätte es sie nicht gegeben, hätte ich mir was anderes einfallen lassen müssen. Doch zu meiner Zeit waren die Taschen noch gefüllt. Ein Auto fuhr weg, das nächste hielt an, zwischendurch ein Fußgänger – und für jeden eine Viertelstunde, wie beim Onkel Doktor.

Es gibt nicht nur eine Handvoll, es gibt ein ganzes Land voll … Patienten. So nannte ich sie, die Freier. Zum Feierabend hatte ich die Frauen regelmäßig abgefragt: »Na, wie viele Patienten haben wir heute wieder versorgt?«

»Freier müssen bluten«, bläute ich den Frauen ein. »Das war immer so, und wird auch so bleiben. Haltet sie kurz, wir nutzen die Typen nur aus. Verachtet sie und lasst euch nicht von irgendwelchem blöden Gefasel einwickeln, umso mehr holt ihr aus jedem raus. Der einzige Grund, weshalb wir uns die Nächte um die Ohren schlagen, ist Kohle. Und noch eins: Lasst sie, wie sie sind, wir stehen hier nicht im Auftrag der Heilsarmee.«

Auf dem Straßenstrich gehört ein Zuhälter dazu, seine Anwesenheit wirkt beruhigend auf Freier. Zeigte ich mich in zwanzig Metern Entfernung, dachten sie, gut so, soll sich der Typ ’nen ruhigen Lenz machen mit meinem

Geld, das ist mir meine Sicherheit wert. Hauptsache, ich werde nicht überfallen und ausgeraubt.

Untereinander gehen Freier sich lieber aus dem Weg. An der Bar im Puff reden sie miteinander über Belanglosigkeiten, dass die Preise im Laden ganz anständig seien, das Bier leider ein bisschen warm, und hoffentlich würde bald Regen kommen, damit das leidige Gießen des Gartens wegfällt. Mehr wird da nicht gesprochen – wenn überhaupt.

Auf dem Straßenstrich reden sie grundsätzlich nicht miteinander, da ist Anonymität angesagt. Sie beobachten sich klammheimlich aus den Augenwinkeln, und, das vermute ich zumindest, sie verachten sich gegenseitig. Solidarität unter Freiern ist mir nämlich nie begegnet – hätte ich auch nicht geduldet.

Ein Schwätzchen mit so einem kam überhaupt nicht in Frage. Freier waren keine ebenbürtigen Gesprächspartner, Freier waren Dreck. Ich musste mir keine Illusion erkaufen, Dreck aber muss das. Ja, ich habe von Drecksgeld gelebt, und gar nicht mal so schlecht. Zwanzig Freier am Abend, da ist ruckzuck ein hübsches Sümmchen beisammen. Natürlich nicht jede Nacht, das Wetter muss mitspielen, und, das ist kein Witz, es gab Stoßzeiten. Am besten kommen zwanzig Grad in einer lauen Sommernacht.

Ich habe die Freier studiert. Was ich weiß, habe ich aus Gesprächen mit Huren und aus Beobachtungen, wenn ich unbemerkt nebenan in den Büschen stand oder im Puff hinter einer Spiegelscheibe saß und praktisch aus zwei Metern Entfernung erlebte, wie Männer sich anstellen, wenn sie bedient werden.

Nur bei extremer Unsauberkeit durfte die Frau aussteigen und dem Typ die Leviten lesen: »Geh nach Hause, wasch dich erst, dann kannst du wiederkommen!«

Blieb der Schmutz im Rahmen, wurden auch die ekligen Typen bedient. Die Frauen säuberten sich anschließend die Hände und spülten gründlich den Mund aus. In meinem Auto standen immer mehrere Wasserflaschen bereit. In so einer Situation stand ich grundsätzlich hinter der Frau. Schließlich wollte ich sie auch mal anfassen und ihr einen Kuss geben.

Direkten Kontakt mit den Freiern hatte ich nur, wenn ich eingreifen musste, weil einer nicht zahlte, die Frau zu doll bedrängte oder sich einbildete, es gehe nach seinen Regeln, nur weil er Geld hinblätterte. Ich verpasste ihm einen kräftigen Schüttelmann und faltete ihn vor der Frau zusammen: »Untersteh dich, hier werden keine Extrawürste gebraten, lass die Frau in Ruhe und pariere, oder ich schlage dir den Schädel ein. Eins, zwei …« Spätestens bei drei war klar, wer im Revier das Sagen hatte. Die Frau konnte vernünftig weiterarbeiten, der Gernegroß streifte eifrig seinen Präser über oder zahlte nach, wenn er überzogen hatte. Die Front war für den Störer ein für alle Mal verständlich abgesteckt. Ob mit Schlagring in der Kralle oder Kanone im Halfter, bei mir spurten alle. So mancher Freier, das wusste ich, würde nämlich die Sau rauslassen und die Hure rundmachen, wenn kein Zuhälter in der Nähe ist, der auf die Regeln Acht gibt. Praktisch geben die Luden die Sittenpolizei; sie sind zuständig für Ordnung und Sauberkeit auf dem Strich, denn die Bullen lassen sich oft wochenlang nicht blicken. Und wenn sie auftauchen, kontrollieren sie höchstens die Papiere der Frauen. Keine zehn Minuten später sind sie dann wieder verschwunden.

Nach dem Orgasmus sieht die Welt für Freier anders aus als davor. Neunzig Prozent wollen unmittelbar danach runter vom Strich. Gummi ab, weg damit im hohen Bogen in die Büsche, schnell ein Tempo zum Abtupfen her, die Hose zu, und wenn's im Auto geschah, wird die

Hure noch rasch um die Ecke zum Stellplatz gefahren. Höchstens noch ein Tschüs, und in vierzehn Tagen komme ich wieder vorbei.

Na klar, die rosarote Brille ist weg, die Männer können sich nichts mehr vormachen. Sie wissen, alles nur Mache auf dem Strich, eine Hure zieht nun mal gegen Geld für jeden Kunden eine Show ab – und trotzdem sind einige immer wieder aufs Neue enttäuscht, dass die Frau nur zum Schein auf sie abfährt. Hätte sie tatsächlich so auf ihn gestanden, wie sie x-mal beteuerte, hätte sie bei seinem Abgang nicht schamlos gegähnt und gleich darauf ungeniert den nächsten Kunden ins Visier genommen. Das entgeht auch dem Freier nicht.

Ab diesem Moment herrscht erst einmal eisiges Erwachen. Als hätten sie sich bei etwas Verbotenem mit schlechtem Ausgang erwischt, stürzen einige verstört ins Helle, andere brechen in Tränen aus. Sie fühlen sich als Opfer eines Riesenbeschisses, drängeln die Frau wie einen lästigen Gegenstand aus dem Auto und rasen mit quietschenden Reifen auf und davon, als säße ihnen der Leibhaftige im Nacken. Die nüchternen Kalkulierer kratzen sich nachdenklich am Kopf und sinnieren: »Ach du Scheiße, das Taschengeld für die nächsten vierzehn Tage ist wieder mal futsch«, und sie schwören bei Gott: »Das war heute wirklich das allerallerletzte Mal«.

Der ideale Kunde hat keine großen Ansprüche. Er ist pflegeleicht, zahlt ohne Murren das vereinbarte Geld und ist spätestens nach zwanzig Minuten abgefertigt und gleich wieder vergessen. Er kommt regelmäßig, die Hure kann die Uhr nach ihm stellen, und irgendwann läuft er unter der Bezeichnung »Stammi«. Ach, heute ist ja der letzte Freitag im Monat, da kommt kurz nach Mitternacht Stammi Maxe, da muss ich mir rechtzeitig die giftgrünen Latexhandschuhe zurechtlegen.

Eine Regel stimmt immer: keine Schicht ohne Problemfälle! Garantiert ist unter zehn Freiern einer, der ewig für'n Orgasmus braucht und die Frau hinhält: »Du, gleich, warte mal, ja, ja, fass mal da an, es muss gleich kommen, nee, weiter unten, fester, sei doch nicht so ungeduldig ... nun warte doch!« Die tun und machen und schwitzen, bis die Frau die Nase endgültig voll von ihnen hat und zu verstehen gibt: »Jetzt ist aber Schluss! Entweder du zahlst nach oder ich lass dich hängen!« Will sie sich abwenden, fasst ihr ein solcher Typ brutal in die Haare und kommandiert: »Du machst so lange, bis ich komme, verstanden!«

In derartigen Situationen musste ich ran. Ich verließ mein Versteck, scheuchte die beiden aus dem Auto, schickte die Frau auf den Stellplatz zurück und knöpfte mir den Freier vor: »Für deine paar Kröten verlangst du 'ne Fünf-Stunden-Nummer. Wo lebst du denn? Her mit dem Zaster, verpiss dich, und lass dich hier nie mehr blicken!«

Oder ein Pseudofreier fuhr vor, drehte die Scheibe runter und verhandelte mit der Frau. Hinter den Sträuchern bekam ich mit, dass sie sich nicht einig wurden, das Geschäft kam nicht zustande. Zu teuer, was weiß ich, jedenfalls orientierte sich die Frau schon in Richtung des nächsten Kunden. Ein Typ von diesem Kaliber läßt jedoch nie locker, fährt in seinem Wagen die paar Schritte hinterher. Die Frau denkt, er hat sich's überlegt und will auf ihre Bedingungen eingehen. Ist aber nicht so, Fehlanzeige, er will sie nur ärgern. Sie geht fünf Meter zurück, prompt legt er den Rückwärtsgang ein und fährt zu ihr auf. So geht das mehrmals hin und her; offensichtlich macht es ihm Spaß, die Frau aufzuziehen und von der Arbeit abzuhalten.

Der will *mich* bescheißen, dachte ich dann und wurde

immer ärgerlicher hinter den Büschen, schließlich war das meine Kohle, die da versickerte. Ich preschte dann vor, zog ihn aus dem Auto ins Gebüsch, verpasste ihm eine rechts, eine links, der dritte Schlag traf mitten ins Gesicht. Augenblicklich war die Oberlippe dick wie ein Schwimmring. »Zisch ab«, schärfte ich ihm zum Schluss ein, »noch einmal kommst du mir nicht so leicht davon. Ich finde dich überall, und lass dir von deiner Alten die Kusslippen kühlen.« Er taumelt zu seinem Auto, als wäre er drei Tage rund um die Uhr Karussell gefahren.

Er hätte mich anzeigen können, das stand ihm frei. Aber es gab gute Gründe, es nicht zu tun. Selbst wenn er vor Gericht Recht bekommen hätte, die Aussicht auf einen peinlichen Prozess war nicht gerade verlockend. Höchstwahrscheinlich wäre seine Ehefrau dahintergestiegen, oder der Arbeitgeber hätte Wind davon bekommen. Eine solche Anzeige macht viel Wirbel, und den fürchtet jeder Freier.

Eine besondere Spezies sind die Spanner. Diese sitzen seelenruhig bei laufendem Motor am Lenker, beobachten die Frauen, wichsen sich einen und denken nicht daran zu zahlen. Kommt ein Luden-Auto, legen sie den Gang ein und verschwinden. Ertappen die Frauen einen Spanner, stürzen sie sich auf ihn und treten schimpfend die Autotür ein. Manche lungern im Gebüsch – eine Hand am Schwanz, die andere biegt die Zweige auseinander – und beobachten die Huren bei der Arbeit. Erwischte ich einen, rannte ich brüllend auf ihn los.

Besonders warnte ich die Frauen vor Liebeskaspern: »Die verlieben sich in euch und wollen euch angeblich retten. Das behaupten sie! In Wahrheit wollen sie euch ganz für sich und keinen Pfennig zahlen. Ihr könnt die Geizkragen noch so oft verscheuchen, die schwirren immer wieder an und texten euch zu: »Ich will dich heiraten, eine Familie gründen, mit Haus und Kindern – das komplette Programm. Wir müssen uns unbedingt privat treffen und alles in Ruhe besprechen.« Sie hängen den Wohltäter raus und erzählen die haarsträubendsten Geschichten, wenn's darum geht, den Frauen schmackhaft zu machen, dass sie viel zu schade sind für den Strich. Der Dauerbrenner ist eindeutig, zusammen nach Australien auszuwandern. »Dort kaufen wir uns ein Stückchen Land und fangen ein ganz neues Leben an. Eine kleine Farm und süße Kinder – du willst doch Kinder?« Vorher würden sie am liebsten noch schnell den gemeinen Zuhälter vergiften und die Errettete auf Händen zum Traumschiff im Hamburger Hafen tragen.

Die clevere Hure durchschaut die Worthülsen, sie denkt sich ihren Teil. Selbstverständlich will sie Kinder mit ihm, lieber zwei statt eins, gibt sie ihm zu verstehen. Sie weiß, der Knauser will sie betören, damit sie sich bei ihm größere Mühe gibt und nicht auf die Minute achtet. Sie amüsiert sich, zeigt sich freudig erregt und macht über die »Schatzi-ach-wirklich-Tour« so manchen Schein zusätzlich.

Anfängerinnen und diejenigen, die mit dem Gedanken spielen, auszusteigen, fahren auf das Geschmalze ab, für sie ist es eine echte Versuchung. Und wollte eine das überhaupt nicht begreifen, musste ich deutlicher werden: »Bilde dir bloß nichts ein. Der hat dich nicht ausgewählt, weil du ohne zu stottern bis zehn zählen kannst, der ist scharf auf deine Möpse, der fährt auf deinen strammen Arsch ab. Den will er für sich und nicht mit dem Zuhälter und anderen Freiern teilen.«

Manchmal reichte diese drastische Aufklärung nicht aus, ich sagte dann: »Der Typ hat Hündchen bei dir gespielt, und mit so einer Flasche willst du Hand in Hand übern Ku'damm laufen? Ist doch lächerlich. Na, denn viel Spaß auch. Wenn du ’nen echten Kerl neben dir willst – hier bin ich. Wenn nicht, dann nimm dir halt so’n Vogel da.«

»Nee, Schatzi, nee, nee, Andy.«

»Dann ist ja alles klar, Puppe.«

Nach einer gewissen Zeit teilte jede von meinen Frauen meine Einstellung, und keine von ihnen fiel auf Heiratsschwindler rein. Dass eine Hure vom Strich weg geheiratet wurde, das kam vor, aber von all den großen Versprechungen erfüllte sich immer nur eine: Kinderkriegen! Die kleine Farm in der Nähe von Sidney entpuppte sich als Sozialwohnung im Wedding, und nach Australien reisten die beiden im besten Falle mit dem Finger auf der Landkarte.

Die Huren verachteten die Freier ebenfalls. Vor allem die ängstlichen Weicheier wurden erniedrigt und vorgeführt. Und über perverse Kunden – besser: Männer mit den ausgefallenen Wünschen – machten sie sich lustig. Natürlich erst im Nachhinein, wenn sie miteinander quatschten oder mir davon erzählten. »Heute war dieser Idiot wieder da, na, du weißt schon, mein Gummifreier. Gott, hat der vor sich hin gestunken. Du hast ja keine Vorstellung, was sich bei der Hitze unter einem Gummianzug staut und zusammenbraut. War nicht gerade angenehm, aber ich habe ihm einfach ein paar Scheinchen mehr abgenommen.« Sie machten auch ihre Scherze über die, die geschlagen und gepeitscht werden wollten und denen sie den Stöckel in den Sack treten mussten. Gut kamen die bei den Huren nicht weg.

Immer gern gesehen waren die harmlosen Psychos, die oft Stammkunden waren und reichlich abdrückten. Ich erinnere mich noch an diesen klapperdürren, zwei Meter großen Typen in langen Hurenstiefeln und Minikleid, der alle vierzehn Tage in einem 5er BMW aufkreuzte. Die kesse Blondhaarperücke auf dem Kopf, schwere Klimperwimpern umrahmten die Augen, der Mund kirschrot, so stöckelte Peggy – mit diesem Namen wollte er/sie angesprochen werden – auf die Frauen zu und verlangte, als »Kollegin« behandelt zu werden, die zum dritten Mal hintereinander zu spät zur Schicht kam, weil sie sich mal wieder in der Zeit vertan hatte. In den bis zu den Oberschenkeln reichenden knallroten Lackstiefeln stand Peggy wie eine durchgeknallte Hochseeanglerin da und drängelte, für ihre Disziplinlosigkeit sofort zur Verantwortung gezogen zu werden. Verzweifelt schlang sie ihre dünnen Arme um den nächsten Laternenpfahl, den sie »mein Pranger« nannte, und ließ sich von einer »Kollegin« mit echten Steinen verzierte Handschellen anlegen, die sie in ihrer Krokohandtasche aus Paris bei sich führte.

Der Kick für Peggy: Kunden, die im Schritttempo vorbeifuhren und neugierig auf die Gefesselte starrten, wurden energisch von ihr zurechtgewiesen: »Ihr Gierigen, seht ihr nicht, dass ich im Moment nicht kann!«

Nach einer halben Stunde ließ Peggy sich die Handschellen abnehmen, massierte ihre geschundenen Gelenke, zupfte das Röckchen zurecht und bestand darauf, dass ihr für ihre himmelschreiende Schludrigkeit ein saftiges Bußgeld aufgebrummt wurde. Jede Hure im Revier kannte die Summe, die Peggy jetzt aus ihrem Täschchen fischte und reuevoll, mit niedergeschlagenen Lidern, entrichtete. Sie verabschiedete sich mit Küsschen links, Küsschen rechts, hauchte ein »Bis bald, meine Lieben« und brauste in ihrem 5er BMW winkend davon.

Es gab einen Freier, der tauchte Jahr für Jahr einen Tag vor Weihnachten auf und überreichte »seiner Lieblingsnutte« neben dem Hurenlohn ein Briefkuvert, in dem sich ein lieber Gruß zum Fest plus Weihnachtsgeld befand. Das konnten mehrere Hunderter sein. Unter dem Gruß stand ein P.S.: »Geld bitte vor Zuhälter schützen, und bitte im neuen Jahr niemals lange Hosen tragen!« Auf der Kurfürstenstraße erschien während der Nachtschicht des Öfteren ein Schwulenpärchen, das vor dem Schlafengehen noch eine Runde um den Block machte. Sie führten zwei Hunde mit, denen sie auf dem Rücken ein Gestell aufgeschnallt hatten. Auf diesem transportierten sie kostenlose Getränke für die Huren. Im Sommer waren es mehrere Sorten gekühlter Erfrischungsgetränke, im Winter gab es heißen Tee mit Schuss oder Zitrone oder frischgebrühten Kaffee, der besser schmeckte als der im Café Kranzler. Den Zucker zu den heißen Getränken gab es aus einer geschmackvollen Dose.

Viele Männer laufen schwanzgesteuert durch die Gegend, ich und all die anderen Luden damals eingeschlossen. Nicht alle, klar, aber es sind nicht wenige, die regelmäßig zu Nutten rennen. Ich begegnete Tausenden auf dem Strich und in Bordellen. Wenn man die Zahlen für ganz Deutschland hochrechnen würde, da müsste schon einiges zusammenkommen. Die Freier waren nicht alle gleich, sie konnten sehr verschieden sein, aber ich behaupte, in den meisten Männern steckt etwas vom Freier. Okay, diejenigen, die sich ganz anders sehen, müssen sich die Jacke ja nicht anziehen.

Der Mann, den ich im Visier habe, wird zwangsläufig übers Auge gesteuert. Sieht er eine gut zurechtgemachte Frau mit gebräunter Haut, einem knalligen Arsch und hochgeschnalltem Busen, werden seine Instinkte hellwach: Titten, Titten, Titten!

Der kann sich innerlich noch so wehren und zehnmal sagen: »Mensch, Harald, du hast so eine tolle Frau zu Hause, die liebt dich und du liebst sie, auf eine vom Strich bist du doch gar nicht angewiesen«, seine Fantasie ist jedoch in Gang gesetzt worden, alles läuft nun bei ihm innerhalb von Sekunden hochtourig ab.

Jetzt muss er sich auf dem schnellsten Wege nach Hause begeben, nur noch ein kurzer Blick – und es kann zu spät sein. Die Nuttenoptik hat ihn im Griff und steuert seine Triebe. Um Harald ist es geschehen, er denkt nicht mehr an die geliebte Frau und die Kinder, seine Fantasie überschlägt sich, er verliert sich in Schwärmereien: »Dieser prachtvolle, wunderschön geformte Arsch, was für eine scharfe Korsage, die geilen Strapse! Darunter hat sie ganz bestimmt eine frisch rasierte Muschi. Was kann ich mit der Frau alles anstellen – und umgekehrt, die mit mir?« Oft ist das noch wichtiger: »Wenn sie den Reißverschluss der Hose aufzieht, kommt sie bestimmt ins Staunen: ›Mein lieber Schwan! Das gibt's doch nicht! So einen Schwengel habe ich ja schon lange nicht mehr gesehen, und das will was heißen in meinem Job.‹«

Haralds Fantasie ist noch steigerungsfähiger: »Wenn dieser dunkelrot geschminkte Mund mein Ding umschließt, gar nicht auszudenken! Ich drehe durch, wenn sie mich obendrein noch leckt.«

Gewissensbisse? Keine! Der Instinkt hat die Abwehr längst lahmgelegt und aus dem Familienvater einen ganz gewöhnlichen Freier gemacht. Hastig überschlägt er die Scheine in der Brieftasche – wird reichen. Harald schaut kurz nach rechts und links, nach hinten und vorne – keiner da, der ihn kennt. Wild entschlossen marschiert er auf die Nutte zu, denn Haralds wichtigstes und größtes Sexualorgan ist nicht der Schwanz, es ist sein Gehirn.

Armselig hin, armselig her – so ist der Mann! Weil sich seine Sexualität in erster Linie über das Äußere auflädt, spielt die Oberfläche bei Männern die Hauptrolle. Bei Frauen ist dagegen Herz gefragt. Das ist vielleicht etwas pauschal ausgedrückt, aber die Richtung stimmt.

Der Freier weiß genau, es sind bei ihm weder Herz noch liebe Gefühle mit im Spiel; jedes Wort, das in diese Dimension weist, wäre erstunken und erlogen. Ist doch scheißegal, sagt er sich, ich gönn es mir, weil mir die Geilheit die Kopfhaut anhebt.

Männer gehen in den Puff und auf den Straßenstrich, um sich eine Illusion zu verschaffen, und vielen genügt diese. Dort wartet die Traumfrau, mit der sie ihre Traumsexualität ausleben können – dafür blättert er die Kohle hin. Und als Zugabe will er vergöttert und bewundert werden.

Endlich kann er mal schnurren bis zur Ekstase. Wo sonst hört ein Mann, dass er ein verdammt heißer, unwiderstehlicher Hengst ist? In den eigenen vier Wänden höchst selten.

Im Endeffekt sind das lächerliche Wünsche – rein ins Theater und raus aus dem Theater –, aber es bekommt der Lust.

Die für mich typische Harald-Biografie: Er und Sabine lernen sich kennen und lieben, sie heiraten und gründen eine Familie. Im Alltag können beide recht gut miteinander, nur im Schlafzimmer kriegen sie den Mund nicht auf. Bloß nicht reden beim Sex, bloß nichts Säuisches rauslassen, das könnte den anderen ja verletzen.

Drei, vier Jahre leben sie ganz glücklich zusammen, aber in Haralds Hinterkopf geistert ab und zu noch etwas anderes herum. So etwas richtig Derbes, voll Anstößiges, Superversautes – genau das, worüber kein Mann groß nachdenkt, geschweige laut spricht. Der Schmuddel belästigt ihn seit der Pubertät, doch seit er mit Sabine zusammen ist, meldet er sich nur noch selten. Ganz verschwunden ist er allerdings nicht. Die Liebe hat die Drecksfantasien vertrieben, denkt er, zu seinem Glück hatte er die richtige Frau erwischt, und nun ist er fest davon überzeugt, den Schweinkram bald ganz los zu sein.

Was für ein Irrtum, denn eines schönen Tages tauchen die krassen Bilder wieder auf. Noch hartnäckiger, noch um einiges versauter. Sie quälen ihn schon morgens in der U-Bahn. Tagsüber lenkt er sich mit Arbeit ab, aber nach Feierabend richten sie sich auf seine Frau.

Er fantasiert, dass sich Sabine rasiert und ihm zwei Finger hinten reinschiebt – das soll angenehm jucken. Heimlich experimentiert er unter der Dusche, und tatsächlich, da ist was dran.

Seine Gedanken kreisen ständig um Sex. Er will, dass sie auf sein Glied spuckt und die Spucke gleichmäßig verreibt. Angeblich wird es dadurch noch härter, noch steifer. Und er will vielleicht auch mal in der Badewanne eine »Golden Shower« testen. Die Krönung überhaupt, der Gipfel an Geilheit – jedenfalls hat das kürzlich ein alter Schulfreund bei einem Besäufnis in der Kneipe behauptet. Wenn er sich jetzt im warmen Badewasser einseift, wünscht er sehnlichst, Sabine würde die angelehnte Badezimmertür öffnen – sie trägt schwarze Seidenstrapse, sonst nichts. Dann würde sie schweigend auf ihn zukommen, sich resolut auf dem Wannenrand in Positur schwingen und …

Die Gedanken drücken und drücken, es ist wie ein Zwang, gegen den er nicht ankommt. Nach dem Baden fühlt er sich schäbig und leer, Schuldgefühle kommen hoch und plagen ihn, als hätte er seine Frau besudelt und betrogen.

Sabine bemerkt, dass sich ihr Mann quält, etwas muss ihn bedrücken. Liebevoll bittet sie ihn, seine Sorgen mit ihr zu teilen. In einer guten Ehe, ermuntert sie ihn, könne man über alles reden.

Am nächsten Wochenende rafft Harald sich auf und

schüttet ihr sein Herz aus. Er verschweigt nichts, er gesteht, was ihm die Ruhe nimmt, er lässt raus, was ihm wie Blei auf der Seele liegt.

Sabine starrt auf ihre Hände, die nervös mit den Fransen vom Tischtuch spielen. Sie muss sich verhört haben, denkt sie, so redet doch kein normaler Mensch, schon gar nicht der Vater ihrer Kinder. Das klingt ja dermaßen abgefahren, als würde ihr ein Fremder aus einem Pornomagazin vorlesen. Reichlich verwirrt bittet sie ihn, sein Anliegen noch einmal vorzutragen, in einer Sprache, mit der sie etwas anfangen kann. Das meiste sei ganz einfach an ihr vorbeigerauscht.

Nun ist die Rede davon, sich im Intimbereich zu rasieren. Nicht nur sie, selbstverständlich er auch, am schönsten wäre es, einer rasiert den anderen. Es soll auch Männer und Frauen geben, die sich dort tätowieren lassen. Ihr fällt auf, dass er das Wort »Frauen« besonders betont, als würde er die Weiber, die sich auf solche Schweinereien einlassen, für toll halten. Zwei, drei Bemerkungen ziehen an ihr vorbei, dann kommt Harald auf Körperflüssigkeiten zu sprechen. Die würden schließlich bei jedem Zungenkuss ausgetauscht werden – also, das müsste kein Problem sein, ein wenig Speichel aufs Glied wäre doch möglich. In Amerika hätten wissenschaftliche Untersuchungen den Härteeffekt längst belegt. Und viele glückliche Paare würden dort auch regelmäßig eine »Golden Shower« praktizieren – selbstverständlich nur in der Badewanne.

Sabine fällt auf, dass ihr Mann bei der Wiederholung das mit den zwei Fingern weggelassen hat. Und ein wenig wundert sie sich über sich selber – ja, es ist ihr sogar leicht peinlich, denn eigentlich hatte sie schon beim ersten Mal alles verstanden. Obwohl ihre Englischkenntnisse kaum über »Thank you« und »Good bye« hinausgehen, wusste sie auf Anhieb, was unter »Golden Shower« zu verstehen war.

»Harald«, sagt sie dann, ihre Stimme klingt wieder fester, sicherer, »ich werde jetzt genauso offen und direkt sein wie du. Du musst doch nicht ganz dicht sein! Was du da vorgetragen hast, finde ich – gelinde gesagt – zum Kotzen! Tut mir leid, das ist pervers! Was ist bloß in dich gefahren, Harald? Bist du übergeschnappt? Wenn du so weiterredest, trenne ich mich auf der Stelle! Das ist mein Ernst!«

Anschließend fängt sie zu weinen an und stammelt: »Und mit so einem Ferkel habe ich Kinder!«

Harald kommt sich wie ein Primitiver vor, wie ein Mensch ohne Anstand und Kultur, als würde er aus nichts anderem als Schwanz und Eiern bestehen. Vor Scham möchte er am liebsten unter den Teppich kriechen, und gleichzeitig ist es zum Verzweifeln. Anstatt sich zu freuen, dass er von seinen Wünschen erzählt, gibt sie die Heilige und drischt auf ihn ein, als hätte sie von ganz oben den Auftrag, auf Sitte und Anstand zu achten.

Harald ist schwer gekränkt, Trotz steigt auf. Was hat das denn mit den Kindern zu tun, wenn sich Sabine für mich unten rasieren würde? Er möchte nicht noch mehr Porzellan zerschlagen. Dass sie begeistert auf seine Fantasie reagieren würde, das war nicht zu erwarten gewesen – etwas mehr Diplomatie aber schon:

»Mensch, Harald, das ist ja ein verdammt starker Tobak, den du mir da zumutest, aber eines muss ich dir lassen, Mut hast du. Meine Hochachtung, davor ziehe ich den Hut. Aber bevor ich dir eine ausführliche Antwort gebe, möchte ich noch eine Nacht drüber schlafen.«

Damit hätte er leben können, auf diese Tonlage wäre er vorbereitet gewesen, aber doch nicht auf einen Vernichtungsschlag. Ihm will nicht in den Kopf, dass eine patente und moderne Frau wie Sabine meilenweit hinter dem bleibt, was in den Frauenzeitschriften offen propagiert wird. Eine straffe, elastische Haut ist eben nicht immer das beste Mittel gegen Lustlosigkeit im Schlafzimmer.

Hätte er nur auf seine innere Stimme gehört, die ihm abriet, die Klappe groß aufzureißen, denn jetzt lag das Kind im Brunnen. Nie wieder, das nimmt er sich fest vor, wird ein Wort über seine Lippen kommen, das so viel Aufregung verursacht. Schon gar nicht gegenüber Sabine. Er bittet sie um Verzeihung für die Entgleisung und verspricht Besserung.

Am nächsten Tag fordert sie ihn auf, sich umgehend bei einem Psychologen vorzustellen. Krankheit ist die einzige Erklärung für sie, solche Perversionen sind schwere Störungen der Psyche. Die Zeitungen sind voll mit diesen Schauergeschichten, und womöglich war das nur die Spitze des Eisbergs gewesen, die da im Gespräch zum Vorschein gekommen war. Wer weiß, was noch alles in Haralds Unterbewusstsein schlummerte. Es lief doch so lange gut, überlegt sie, auch die Sexualität stimmte, für beide war sie schön und erfüllend. Er war immer glücklich danach und zufrieden – jedenfalls meistens. So sehr kann sich ein Mensch doch nicht verstellen.

Danach ging Harald über ein halbes Jahr zum Psychologen; Dauerpatient wurde er allerdings auf dem Straßenstrich. Er rückte sein Leben zurecht und richtete sich ein: pro Monat zweimal Park, sechsmal Schlafzimmer, den Rest machte er mit sich unter der Dusche aus. Von Trennung war nie mehr die Rede.

Viele Männer sind zu feige, ihre Wünsche rechtzeitig anzumelden, damit die Partnerin sich darauf einstellen kann. Hätte er gleich zu Beginn ihrer Beziehung unmissverständlich gesagt, worauf er – außer dem Üblichen – noch abfährt, wäre vieles anders gelaufen.

Ich stellte immer klar, was ich brauchte. Spätestens beim dritten Treffen mit einer Frau herrschte Klarheit. Ich brachte den Frauen Härte entgegen. Zunächst mochte das ein Schock gewesen sein, manch eine musste kräftig schlucken. Andererseits sagte sie sich: »Das ist aber ein offener Typ, bei dem weiß ich wenigstens, woran ich bin.« Schon war ein Draht da, oder die Angelegenheit hatte sich schnell erledigt.

# 11 Aufbau Ost auf dem Straßenstrich

Im Februar 1989 nahm ich in Paris bei den europäischen Meisterschaften im Kontaktkarate, Stilrichtung Tae-Ka-Do, meinen Abschied von der internationalen Kampfsportbühne. Am Tag vor Beginn der Wettkämpfe sah ich mich in der Sporthalle um. Arbeiter zogen die Flaggen der Teilnehmerländer an Fahnenmasten auf. Viele Putzkolonnen waren am Tun und Machen und brachten den Raum auf Hochglanz. Ich stellte mich still in eine Ecke, mir war sehr wehmütig ums Herz.

Es war mein letzter Wettkampf, danach sollte es endgültig vorbei sein. Nie wieder würde ich auf dem Podest stehen, kein Publikum würde mir je wieder zujubeln und applaudieren. Vorbei und vergessen, nach Andreas Marquardt wird kein Hahn mehr krähen. In dieser Halle nicht, und auch nicht in den anderen, in denen ich gekämpft hatte.

Würde ich nach dem Rücktritt in ein tiefes, schwarzes Loch fallen? Könnte doch sein, wenn kein Hallensprecher mehr meinen Namen aufruft. Ich hatte mich so daran gewöhnt und berauscht; ein Leben ohne Publikum konnte ich mir jedenfalls nur schwer vorstellen. Ich verließ schleunigst die Halle und ging zurück in mein Hotel.

Trotz der Wehmut: Es war Zeit, mich vom Kampfsport zu verabschieden. Mittlerweile hatte ich nach jedem Turnier Schwierigkeiten mit der Regeneration. Meine Muskeln und Sehnen waren durch das jahrelange harte Training überstrapaziert, die Dauerschmerzen in den Gelenken ließen sich nicht mehr ignorieren. Die Mehrzahl der Wettkämpfer war zwischen zwanzig und fünfundzwanzig, mir fehlten noch knapp drei Monate bis zu meinem dreiunddreißigsten Geburtstag. Ich war immer noch schlagstark und flink, ein gefährlicher Gegner, dem alle in den Vorrundenkämpfen am liebsten aus dem Wege gegangen wären. Aber ich war auch der erfolgreiche Alte, den die Jungen vor seinem Abschied vom Leistungssport unbedingt noch vom Thron stoßen wollten. Als amtierender Meister im Mittelgewicht war ich der Favorit auf den Titel, und die Chancen, hier in Paris zum fünften Mal ganz oben zu stehen, waren nicht schlecht. Immerhin gehörte ich in meiner Gewichtsklasse seit fünfzehn Jahren zur Spitze in Europa.

Mit dem, was ich bisher in meiner Karriere erreicht hatte, konnte ich äußerst zufrieden sein. Neben den Siegen in Europa kamen Erfolge in Asien, und bei den Weltmeisterschaften in meiner Stilrichtung erreichte ich ebenfalls gute Platzierungen.

In meinem letzten Finale kämpfte ich dann gegen einen Franzosen – und ich habe gegen den Lokalmatador noch einmal klar gewonnen. So richtig freuen konnte ich mich nicht, in meinem Kopf gab es nur ein Thema: Abschied.

Bei der Siegerehrung wurde für mich die deutsche Nationalhymne gespielt. Ich war stolz, dass ein Berliner Arbeiterjunge aus Neukölln über so viele Jahre in einer Sportart die Spitze mitbestimmte, die ausschließlich von Asiaten dominiert wurde. Der Hallensprecher verkündete meine feierliche Verabschiedung in drei Sprachen: Französisch, Englisch und Deutsch. Mir schlotterten die Knie, es war so weit: »Heute Abend beendet der in vielen Kämpfen siegreiche Mittelgewichtler Andreas Marquardt aus Deutschland in dieser Halle seine internationale Karriere!« Musik wurde eingespielt, ich ging nach vorne, die Wettkämpfer stellten sich um mich auf und klatschten gemeinsam mit dem Publikum im Takt. Der Sprecher bat um Ruhe und zählte meine wichtigsten Erfolge auf. Der Chef des internationalen Karateverbandes, Kitokan, hielt anschließend eine kurze Ansprache, und – mir stockte der Atem, ich dachte, ich sehe nicht richtig – vor mir stand Herr Yamada, mein Großmeister und ehemaliger Trainer, der Mann, dem ich meine internationale Karriere als Kontaktkaratekämpfer verdankte. Herr Yamada war extra aus Holland zu meiner Verabschiedung angereist. Ich war total gerührt.

Kurz vor meinem elften Geburtstag, vor zweiundzwanzig Jahren, hatte er mich in Berlin in seine Trainingsgruppe aufgenommen. Ich war sein jüngster Schüler. In den fünf Jahren, die ich bei ihm trainierte, legte er die Grundlagen für meine Erfolge als Tae-Ka-Do-Kämpfer. Er prüfte mich bis zum Braun 3, der höchsten Braungurtstufe. Dann verließ er Berlin, ging nach Amsterdam und gründete dort eine große Kampfsportschule.

Ich war ziemlich durcheinander, mit Herrn Yamada hatte ich nicht im Traum gerechnet. Jemand drückte mir ein Mikrofon in die Hand, und ich hielt meine Dankesrede. Ich erwähnte die Verdienste meines Großmeisters, Herrn Yamadas – und ich lobte das Pariser Publikum stellvertretend für die Zuneigung und Anteilnahme, die mir in Europa und Asien von den Zuschauern in meiner fünfzehnjährigen internationalen Karriere zuteil geworden war.

Anschließend gab es zehn Minuten Standing Ovations. Ich war glücklich und traurig zugleich. Die Menschen verabschiedeten mich mit einer Wärme, ich spüre sie noch heute.

Dass ich mir zu viel zumutete und meinen Körper

kaputt machte, ahnte ich mit Mitte zwanzig. Ein Grund aufzuhören war das aber nicht gewesen. Im Gegenteil, ich ignorierte die Signale und stockte mein Trainingspensum noch einmal auf. Jetzt hast du es so weit geschafft, sagte ich mir, jetzt kannst du nicht einfach aufhören.

Im Verlauf der Karriere gab es Komplikationen und immer wieder Brüche. Kiefer, Jochbein, Unterarme, Faust und Finger – alles einfach und mehrfach gebrochen. Das rechte Schienbein dreimal an unterschiedlichen Stellen, die Nase ist zigfach gerichtet, wie oft genau, weiß ich wirklich nicht mehr. Nach manchem Wettkampf war ich verbunden wie eine Mumie.

Ich kam mit den Jahren aber morgens immer schwerer aus dem Bett, manchmal verschwanden die Schmerzen erst nach einer halben Stunde. Beim Training brauchte ich länger, um mich warm zu machen. Ich musste aufhören.

Die Ängste, die vor meinem Rücktritt aufgetaucht waren, zeigten sich im Nachhinein als berechtigt, denn die Erfolge und die damit verbundene Anerkennung waren durch nichts ersetzbar. Mir fehlte der Applaus. Ich wurde unleidlicher, meine Aggressivität, die ich durch den Wettkampfsport einigermaßen im Griff gehabt hatte, tobte sich jetzt ungebremst an meinen Frauen aus. Mit Sicherheit wäre ich ohne die Jahre im Leistungssport viel früher im Knast gelandet.

Am 9. November 1989 saß ich in meinem Daimler, als das Autoradio meldete, in Berlin seien die Grenzen offen. Wir Westberliner wurden aufgerufen, unseren Brüdern und Schwestern aus dem Ostteil der Stadt einen netten und freundlichen Empfang zu bereiten, denn ganz bestimmt würden die Ossis noch im Laufe des Abends in den Westteil der Stadt stürmen. Ich war unterwegs zu einer Frau, da kam mir kurz vor Lichtenrade ein Trabi nach dem anderen entgegen, die Schlange nahm kein Ende. Es gab einen Riesenjubel, ununterbrochen betätigte ich die Lichthupe und winkte allen Vorbeifahrenden zu. Ich wunderte mich, wie ich mich von der Freude anstecken ließ und vom Herzen her mitstrahlte – eigentlich war das gar nicht meine Art.

Als Steppke hatte ich am 13. August 1961 Hand in Hand mit Großvater auf der Sonnenallee in Neukölln gestanden und zugesehen, wie die Ost-Vopos in Rekordzeit eine Mauer hochzogen. Mit Ost und West konnte ich nicht viel anfangen, aber dass Opa und die anderen Erwachsenen stinksauer waren über das Ding und sich lautstark empörten, als sie von den Grenzern mit vorgehaltener Maschinenpistole zurückgedrängt wurden, ist mir in Erinnerung geblieben. Es dauerte drei, vier Jahre, bis ich begriffen hatte, warum die Neuköllner Seite der Sonnenallee der gute Abschnitt der Straße war und das Stück dahinter der schlechte. Wenn wir an der Mauer entlangspazierten, redete Opa immer wieder vom großen Los, das wir beide gezogen hätten: »Da haben wir aber noch einmal Schwein gehabt, mein Junge. Auf der anderen Seite der Sonnenallee hätten sie uns glatt die Arschkarte angedreht.« Sobald die Mauer in Sicht war, griff Opa meine Hand und ließ erst wieder los, wenn wir die Betonwand hinter uns gelassen hatten.

Später kümmerte es mich nicht groß, was drüben passierte, die Leute hinter der Mauer waren mir egal. Berlin war eine geteilte Stadt, ich kannte es nicht anders, und wie alle Westberliner nutzte ich die Vorteile, die die Teilung mit sich brachte. Ich musste nicht zum Bund, und das Verrückteste war, der Status der Stadt bestärkte mich in dem Gefühl, was Besonderes zu sein. Ich bin mir sicher, wäre ich im Osten aufgewachsen, hätte mich die

Mauer nicht aufhalten können. Dass es Wege gab, die Grenze sicher zu überqueren, wusste ich, es war nur eine Frage des Geldes. Außerdem war ich in einem Alter, in dem man nicht glauben will, dass eine Kugel einen aufhalten kann.

Wollte ich mit dem Auto aus Berlin raus, hielt ich mich auf der Autobahn an Tempo 100, und an den Übergängen war ich höflich und zuvorkommend. Ich wusste, riskiere ich hier die große Lippe, würden die Vopos mich aus der Kolonne rauswinken und mich das Wochenende in einer winzigen Stasibuchte bei Wasser und trocken Brot schmoren lassen. Im Stillen dachte ich: Du darfst meinen Ausweis in die Hand nehmen, Herr Genosse, aber wage nicht, meine Rolex zu betatschen. Du armer Hund musst so tun, als würde dich mein chromblitzender Schlitten kaltlassen.

Wie »Auf Wiedersehen« auf Sächsisch klingt, habe ich bis heute im Ohr. Hinterm Schlagbaum trat ich aufs Gaspedal und nahm erst kurz vor Hamburg den Fuß wieder runter.

Nach der Maueröffnung hatte ich den Eindruck, die Ostdeutschen wollten in wenigen Wochen nachholen, was sie jahrzehntelang nicht durften. Die waren richtig ausgehungert nach Milieu, die langen Schlangen vor den Peepshows und Pornokinos sprachen Bände. In den Beate-Uhse-Läden wurden sie nur schubweise reingelassen, und viele setzten ihr Begrüßungsgeld sofort in der Kurfürstenstraße oder im nächsten Puff um. Ich würde gern wissen, wie viel von deren Begrüßungsgeld in unserer Branche landete. Auf jeden Fall mehr als in den Museen und Gedenkstätten.

Auf meinen Stellplätzen gab es in der Nacht vom 9. auf den 10. November so gut wie keine Verwirrung. Ich hatte meine Frauen kurzfristig instruiert, damit diese nicht auch noch durchdrehten: »Ist schon schön, dass Berlin wieder Berlin ist, aber wir brauchen in den nächsten Stunden keine Sentimentalitäten, die schaden nur! Und wenn dir noch so sehr danach sein sollte«, schärfte ich jeder ein, »Geschäft ist Geschäft, das weicht auch ein verrückter Tag wie dieser nicht auf. Und auf gar keinen Fall gibt es Schnupperpreise für Ossis, so weit geht die Liebe nicht.« Ohne meine Zustimmung traute sich auch keine meiner Huren, Ostmark anzunehmen.

Die befreiten Ostdeutschen kreisten im Tiergarten wie die Geier um die Huren. Sie schüttelten ihre Köpfe, rümpften die Nase und führten Selbstgespräche: »Wahnsinn, diese schönen Frauen in den Büschen. Das gibt's doch gar nicht!« Sie liefen dann noch eine Schleife und noch eine, die Kreise wurden immer enger. Und nach zwei, drei Stunden wagte der Mutigste sich an eine heran und redete auf sie ein: »Guten Abend, ich bin der Manfred aus Weißensee. Das liegt keine vierzig Minuten von hier – ja, ja, im Osten. Sieht wirklich gut aus, was du anhast. Was nimmst du denn so?«

»Alles, Manfred, bloß nicht Ostmark und Knöppe. Bei mir kannst du nur gegen harte Währung landen – Anweisung von oben.« Jetzt war Manfred geknickt.

»Wenn du klamm bist«, munterte die Frau ihn auf, »geh nach Hause, plündere dein Sparschwein, tausche das Geld morgen früh auf der Bank um und lass dich dann wieder hier blicken. Tut mir Leid, Manfred, du bist ein Süßer, aber Anweisung ist Anweisung. Das ist doch bei euch im Osten auch nicht anders gewesen.«

Dann kümmerte sie sich um den nächsten Geier. Vielleicht hatte der einen Fünfziger in der Tasche, den ihm seine Oma aus dem Westen bei ihrem letzten Besuch zugesteckt hatte, damit er sich ein Paar ordentliche Schuhe mit echter Ledersohle kaufen sollte. Statt im Schuhgeschäft landete das Scheinchen zwischen den Eisenplatten in meinem abgegriffenen Karton von Salamander. Ich schließe nicht aus, dass eine von meinen Frauen im Einheitswahn mal ein Auge zudrückte und zwischendurch einem Ossi auch schnell mal kostenlos einen blies. Überall konnte ich ja nicht sein.

Umfassender Aufbau Ost war in diesem Gewerbe unnötig; der Markt organisierte sich sozusagen von selber – ohne die ordnende Hand von oben. Das Milieu brauchte keinen Solidaritätszuschlag als Starthilfe. Viele der erfahrenen Westluden gingen unmittelbar nach dem Fall der Mauer in die Ex-DDR, richteten dort Bordelle ein und rekrutierten Huren aus dem Stand. Es gab auch junge Ostdeutsche, die sofort in den Westen fuhren, sich im Milieu die entsprechenden Einrichtungen genauer ansahen, und kaum waren sie wieder zu Hause, kupferten sie ab wie die Chinesen. Diese Jungs, einige hatten schon Erfahrungen aus der Hotelprostitution im Osten, waren so flexibel, als hätten sie nie unter Kommunisten gelebt. Die Mädels, die sie für sich laufen ließen, waren provinziell willig, und die ausgekochten Freier aus dem Westen juchzten und rieben sich in den ersten Wochen vergnügt die Hände, wenn sie eine Anfängerin aus dem Osten erwischten. Vor lauter Eifer verschwitzten die schon mal die Zeit, und aus bezahlten zwanzig Minuten wurden schnell mal dreißig, ohne dass die Frau auf Nachzahlung drängelte. Kein Freier war so blöd, freiwillig nachzulöhnen.

Ich hatte generell keine Lust, Frauen im Ostteil von Berlin laufen zu lassen. Das war eine fremde Zone, und weiter raus, in andere Städte der ehemaligen DDR, wollte ich schon gar nicht. Mir reichte, was ich aus Potsdam hörte. Ständig Keilereien, pausenlos Stress; inzwischen tauchten Hunderte von Frauen aus dem Ostblock auf, und ihre Luden kämpften mit allen Mitteln um jeden

Zentimeter Standfläche. Die ersten zwei Jahre war drüben die Hölle los, das wollte ich mir nicht antun.

Die Oranienburger in Ostberlin wurde zwar von einem Wessi gemacht, doch ich hätte Standgeld zahlen müssen; bloß dazu hatte ich nicht die geringste Meinung. Die Ostluden wussten es nicht besser. Sie blätterten die geforderten fünfzig Mark pro Tag hin, ohne zu murren. Außerdem versorgte sie der Typ aus dem Westen mit großen Autos und machte dabei noch einmal ordentliche Gewinne.

Auf dem Platz in der Nähe vom Bahnhof Ostkreuz lief es sehr gut, ich hätte mich jederzeit einklinken können; und als die Wohnwagen in der Gartenstraße in Schönefeld aufgestellt wurden, wäre für meine Frauen auch dort ein Arbeitsfeld gewesen. Ich hätte nur zugreifen müssen, aber ich wollte nun mal nicht.

Ich, der große Andy, bei den Ossis – nee, war nichts für mich. Das war sicherlich voreingenommen und großer Quatsch, die Geschäfte liefen ja ordentlich, aber mir genügte die Handvoll Frauen im Westen.

Die scharfe Waffe, die die Bullen bei meiner Verhaftung 1994 einkassierten, hatte ich mir nicht aus Daffke zugelegt. In den fünf Jahren seit der Maueröffnung war es im Milieu zu grundlegenden Veränderungen gekommen. Wo früher eine Schelle reichte, wurde jetzt scharf geschossen. Statt Messer trugen die Luden Knarren, durch die Kosovo-Albaner, Russen, Polen, Kroaten – und was sonst noch alles an Luden in Berlin und Umgebung unterwegs war – wurde das Geschäft immer unsauberer. Die Sitten wurden rauer, die alten Regeln gingen den Bach runter, Schutzgelder setzten sich durch. Die Freier bezahlten teilweise mit Koks, das die Frauen sofort konsumierten.

Es gab einfach zu viele Nutten! Auf dem Strich drängelten sich Frauen aus Russland, Rumänien, Polen, Tschechien und aus der Ukraine. Das Milieu wurde nach dem Fall der Mauer unübersichtlicher und verwilderte. Blasen, ficken, wichsen – alles wild durcheinander und ungeschützt. Für dreißig Mark erfüllten die Huren aus dem Ostblock jeden Wunsch. Ihre Luden scherte es einen Dreck, ob die Frauen sich Krankheiten einhandelten und vor lauter Drogen nicht mehr geradeaus schauen konnten, Hauptsache, Deutschmark auf die Kralle. Was wegbrach, interessierte die nicht.

Die Freier nutzten rigoros die Gunst der Stunde und begannen unverschämt zu diktieren: »Du bläst genau fünfzehn Minuten – wehe nicht, ich schaue auf die Uhr. Und blase gefälligst richtig, keine miesen Tricks, und mach nicht auf Falle. Ich will es so und so haben. Hinlegen, Beine auseinander – ich will richtig stoßen, bis zum Anschlag.«

Vor der Wende ließ sich eine Hure nicht küssen, das kam überhaupt nicht in Frage, und ohne Gummi lief gar nichts. Wenn die anderen merkten, eine Braut arbeitet ohne, kriegte sie sofort von den anderen Frauen Feuer, und auch ihr Zuhälter nahm sie zur Brust und faltete sie vor allen zusammen: »Du lässt dich besudeln, Schlampe, pfui! Erwische ich dich noch einmal, rühre ich dich nie wieder an!«

Dummerweise habe ich mich doch noch am Aufbau Ost beteiligt – und bin dabei fürchterlich auf die Schnauze gefallen. Die Situation im Osten hatte ja in den ersten Jahren was von Wildwest und Goldgräberstimmung, und für Bares unterschrieben die Ossis zunächst alles. Na ja, fast alles. Nur schnell einen Vertrag abschließen, was drinstand, war nebensächlich; manche wussten nicht mal, wofür sie das Geld einstrichen, das Vereinbarte war nebensächlich.

Ich mietete für zwanzigtausend Mark im Monat im Berliner S-Bahn-Bereich ein großes Objekt. Dort sollten ein Sportstudio, ein Tabakladen, ein Lebensmittelhandel und eine große Gastronomie rein. Der Vertrag war unterschrieben, und von diesem Zeitpunkt an wurde mir ein Stein nach dem anderen in den Weg gelegt. Plötzlich fehlte mir diese Genehmigung, dann eine andere. Die Verzögerungen wuchsen mir über den Kopf. Die Leute auf der Behörde stellten sich taub und ließen mich regelrecht ausbluten. Ich musste Monat für Monat die vereinbarte Miete zahlen, und auf meinem Konto flossen nur geringfügig Einnahmen.

Das Sportstudio lief anfangs einigermaßen, aber die Ostkollegen wussten alles besser und wirtschafteten das Ding in kürzester Zeit runter. Ich unterstelle keine schlechten Absichten, aber sie wollten zu viel auf einmal. Die anderen Vorhaben blieben auf der Strecke, und mir blieb nichts anderes übrig, als das Handtuch zu werfen.

Profitiert hätte ich von der Wende, wenn ich im Milieu eingestiegen wäre. Aber da war ich mir ja zu fein. Ich hatte mir in den Kopf gesetzt, im Osten die seriöse Schiene zu fahren.

## So eine wie Mutter

12 Anscheinend musste es so kommen, wie es kam. Ich war ja unbelehrbar – und ließ mir von niemandem was sagen. Wenn ich mir vor Augen führe, was noch alles hätte passieren können, dann wurde ich gerade noch fünf Minuten vor zwölf gestoppt. Wäre sie tot, hätte ich wahrscheinlich lebenslänglich erhalten. Ich bin ungemein froh, dass die ganz große Katastrophe nicht eingetreten ist und ich die Kurve noch einmal gekriegt habe. Heute wünsche ich mir, das Eis wäre einige Jahre früher gebrochen. Ich hätte mir acht Jahre Knast erspart, mein Geld wäre noch da, und diese Frau, über die ich gestolpert bin, müsste nicht irgendwo versteckt unter einem anderen Namen in Westdeutschland leben.

Hanna, so will ich sie mal nennen, war mir verfallen. Man konnte auch sexuell hörig dazu sagen. Als ihre beste Freundin sie aufforderte, endlich die rosarote Brille abzusetzen – »Mach die Augen auf, Hanna, für deinen Andy schaffen noch andere Weiber an, im Tiergarten, am Reichstag, in der Kurfürstenstraße, Gartenstraße, Eibenstraße« –, ging Hanna auf mich los.

»Du hast noch andere Weiber! Das stimmt also überhaupt nicht, was du mir da immer erzählst, ich bin gar nicht deine Nummer eins, wie du behauptest.« Dann wurde sie grundsätzlich: »Andy, ich mache alles für dich, wirklich alles. Es gibt nichts, was du von mir nicht bekommst, aber ich bestehe darauf, dass du nur mich bumst. Mach nicht mehr mit den anderen rum, ich bitte dich.« Dann legte sie den Hebel wieder um und schrie: »Ich verlange das!«

»Du hast überhaupt nichts zu verlangen! Verdammt noch mal, für wen hältst du mich eigentlich«, brüllte ich zurück. »Hast du 'ne Meise? Hör nicht auf die anderen, ich bin doch nur mit dir zusammen. Ansonsten bin ich beim Sport, und meine Geschäfte laufen auch nicht von alleine.«

Den Rest behielt ich für mich. Die Nummer eins bei mir zu sein, hieß noch lange nicht, dass diese Frau die einzige war, mit der ich schlief. Im Moment war sie vorn, weil es mir gerade Spaß mit ihr machte. Das war auch der Grund, weshalb ich immer wieder einlenkte. Denn Hanna hatte wochenlang nur ein Thema: ich und meine Weiber.

Der Tag, an dem die Bombe endgültig platzte, unterschied sich zunächst nicht von den anderen. Wir hatten uns wieder einmal in ihrer Wohnung über eine Belanglosigkeit gestritten, und ich schubste sie wütend aufs Bett. »So, du Zicke, bis heute Abend, ich komme nachher rum und hole dich ab!« Ich knallte die Wohnungstür zu, dass der Putz bröckelte, ging die Treppe runter und fuhr anschließend mit meinem Wagen los. Bis hier lief alles, wie ich es kannte. Nach einer Viertelstunde klingelte mein Autotelefon, Hanna war dran:

»Du brauchst heute Abend nicht zu kommen, ich will nicht mehr!«

Eine Hure wollte sich von mir trennen, das war ja noch schöner. »Ich schlage dich zusammen, du passt danach in keinen Sarg mehr!«

Sie war nicht zu stoppen: »Ich warne dich, du Bock. Dein Schwanz gehört mir! Steckst du das Ding noch einmal woanders rein, schneide ich ihn ab, wenn du schläfst. Ich bringe dich in den Knast!«

»Du machst, was ich verlange!« Die Worte kannte ich doch. Damit hatte Mutter mir vor Jahren gedroht, als ich sie nicht mehr ranließ. »Wenn du nicht parierst, stecke ich dich ins Heim«, war noch so ein Satz, den Mutter mir damals um die Ohren haute. Und jetzt drohte Hanna mit Knast, wenn ich mein Ding noch einmal woanders reinstecken würde. Eigentlich lief es auf das Gleiche hinaus. Beide wollten meinen Schwanz ganz allein für sich und mir vorschreiben, was ich mit ihm anstellen durfte und was nicht.

Ich hatte eine Art Déjà-vu-Erlebnis. In meinem Kopf machte es klick, ich knallte den Hörer vom Autotelefon auf, bremste scharf ab, wendete, dass die Reifen nur so quietschten, und fuhr wie von Sinnen mit hundertachtzig zurück. Binnen sieben Minuten stand ich wieder vor dem Haus, in dem Hanna wohnte. Normalerweise brauchte ich für die Strecke das Doppelte.

Ich rannte die Treppen hoch und klingelte Sturm. »Mach die Tür auf«, brüllte ich, »oder ich trete sie ein!«

Hanna stand dahinter und sagte: »Ich mache nicht auf, bitte nicht, ich habe Angst.«

»Ich zähle bis drei! Eins, zwei ...« – in dem Moment ging die Wohnungstür auf, und vor mir stand ... eine Frau, die aussah wie Mutter und Hanna in einer Person.

Ich war wie im Rausch. Minutenlang brüllte ich wie ein Stier. In meinen Ohren hämmerte das Blut.

Danach fühlte ich mich leicht, machte einen großen Bogen um die seltsame Frau, schmiss die Wohnungstür zu und ging. Im Auto kam ich langsam zur Besinnung.

Zwei Tage danach rief sie mich an, um sich zu entschuldigen. Ich wusste zwar nicht, wofür, aber ich sagte, es sei okay. Etwas kleinlaut fügte sie hinzu: »Ich würde auch gern heute Abend wieder arbeiten gehen, und sag bitte wieder, ›mein Samenfresserchen‹ zu mir.«

»Ja klar, wie du möchtest, kein Problem. Ich kann dich noch ganz anders titulieren, wenn es dir Spaß macht. Stell dich pünktlich auf deinen Platz, das ist die Hauptsache. Ich lasse mich sehen.«

Die Situation normalisierte sich in den nächsten Wochen halbwegs, das heikle Thema – du hast noch andere Frauen! – blieb außen vor. Sie schaffte weiter an, und wir spielten unsere Spielchen, als hätte es den Ausraster nie gegeben.

Eines Tages ging jedoch die alte Leier wieder von vorne los: »Ich will dich für mich alleine, dein Schwanz gehört mir! Wenn du ...«

O nein, nicht schon wieder! Ich reagierte auf meine Weise: »Sei ruhig, komm her, blas mir einen.« Ich drückte ihren Kopf nieder, das fand sie gut. Hanna stand auf Härte und Erniedrigung; je mehr und je ausgeflippter, desto schärfer wurde sie.

Zur nächsten Auseinandersetzung kam es bei mir im Sportstudio. Sie wollte mich kontrollieren, ein Wort gab das andere, ich schoss ihr eine – und bums hatte es geknirscht. Zertrümmertes Jochbein.

Sie wurde im Krankenhaus operiert. Später erfuhr ich, dass sie unmittelbar nach der Entlassung aus der Klinik zur Polizei gegangen war und mich angezeigt hatte.

Die Kriminalpolizei ermittelte verdeckt: Förderung der Prostitution, gefährliche Körperverletzung, Menschenhandel in Tateinheit mit Zuhälterei – die üblichen Anschuldigungen, wenn eine Frau behauptet, dass ihr Lude sie mit Gewalt zur Prostitution gezwungen hat. Die Kripobeamten interessierten sich für meine privaten und geschäftlichen Kontakte, in welchen Kreisen ich mich bewegte und auf welchen Stellplätzen ich meine Frauen untergebracht hatte. Ganz besonders interessierte sie, wie ich meine Huren abloddelte.

Hanna packte aus und lieferte verwertbare Fakten. Der Staatsanwalt rieb sich die Hände. Das war kein unqualifiziertes Nuttengefasel, das er sich oft in ähnlichen Fällen anhören musste. Die Frau erzählte nicht alle fünf Minuten was anderes und widersprach sich nicht ein einziges Mal, endlich gab es einmal ausreichend Beweise für eine überzeugende Anklageschrift. Die Kripo hatte mich zwischenzeitlich abgeleuchtet und mitbekommen, dass mehrere Frauen für mich liefen, dass ich in einschlägigen Geschäften unterwegs war. Und dass der harte Kampfsportler vor nichts zurückschreckte, wurde ihnen mehrfach bestätigt.

Alle Informationen passten zusammen, der Ankläger war überzeugt, einen großen Fisch aus dem Rotlichtmilieu an der Angel zu haben. Am 4. Oktober 1994, am späten Vormittag, schlugen die Bullen zu. Bei der Festnahme hatte ich eine geladene Waffe bei mir, Widerstand war sinnlos.

Bei der Verlesung der Anklageschrift zu Prozessbeginn hörte ich, was Hanna in den Vernehmungen der Abteilung Organisierte Kriminalität im Landeskriminalamt gegen mich ausgesagt hatte: »Er hat mich gezwungen, kontrolliert, überwacht, er nahm mir sämtliche Einnahmen ab und ließ mir nur das Nötigste zum Leben. Wenn ich mich weigerte, hat er mich geschlagen, getreten und erniedrigt.« Kein Wort darüber, dass sie das täglich verlangte und über viele Monate unheimlich aufregend und geil fand. Hanna dichtete kräftig dazu.

Die Aussagen der anderen Frauen, die für mich anschafften, wurden von den Ermittlern nicht ernstgenommen. Da sie das genaue Gegenteil von dem zu Protokoll gaben, was Hanna gegen mich vorbrachte, hieß es, ich hätte sie unter Androhung von Gewalt zu diesen Aussagen gezwungen. Die naive B., die aus der ehemaligen

DDR kam und zu diesem Zeitpunkt ihren Stellplatz im Tiergarten hatte, habe ich ebenso aus den Augen verloren wie R., die in einem Puff in Marienfelde arbeitete, und auch A., die Kunden übers Telefon koberte und in den eigenen vier Wänden bediente. Sie waren so austauschbar wie Angestellte in einem Unternehmen. B. ist mir in Erinnerung geblieben, weil sie schon zwei Stunden vor Schichtbeginn auf ihrem Platz stand und zu Weihnachten den originellsten Baumschmuck benutzte, der mir je vorgekommen ist. Statt Kugeln hängte sie kunstvoll gefaltete Hunderter an die grünen Tannenzweige, und nach den Feiertagen durfte ich den Schmuck entfernen und für mich behalten. Ich räumte den Baum ab, fuhr nach Hause, bügelte die Scheine glatt und packte sie zu den anderen in den Salamander-Karton.

Für Marion war die Verhaftung ein Schock. Sie kannte die näheren Umstände nicht, tappte zunächst im Dunkeln und war auf Vermutungen angewiesen. Aus der Presse war nicht viel zu entnehmen, ihre Ahnungen – das erzählte sie mir Monate später – gingen sofort in Richtung krumme Geschäfte.

Als sie sich bis zum zuständigen Staatsanwalt vorgekämpft hatte, um eine Besuchserlaubnis zu beantragen, stieß sie auf Hohn.

»Ach, sieh an, noch eine!« Der Typ reagierte unbeeindruckt. Gelassen schob er ein Blatt Papier über den Schreibtisch. »Na, dann tragen Sie sich mal in die Liste ein. Bitte mit vollständigem Namen, kompletter Adresse und Telefonnummer. Sie sind nämlich schon die vierte Lebensgefährtin von Herrn Marquardt, die zwecks Besuchserlaubnis hier aufkreuzt und die Versorgung mit frischer Wäsche übernehmen will. Bitte schreiben Sie Ihre Personalien eng hintereinander, man weiß ja nie, wie viele Damen hier noch auftauchen.«

Also doch noch andere Frauen! Geahnt hatte Marion es ja immer, aber die Wahrheit traf sie wie ein Schlag in die Magengrube. Jahrelang hatte ich ihr den überlasteten Geschäftsmann vorgegaukelt, der ihr zuliebe die Zuhälterei aufgegeben hatte. Wütend und enttäuscht griff sie nach ihren Einkaufstüten und rauschte davon. Sollte der Mistkerl doch sehen, wo er blieb!

Eine Besuchserlaubnis für Mutter wollte ich nicht beantragen, sodass für einige Monate niemand kam. Anfang Dezember durfte ich mit Marion schriftlichen Kontakt aufnehmen. Sie verzieh mir in einem Brief, was nicht einfach für sie war, und sie versprach, mich nicht im Stich zu lassen. Als der Abstand ein wenig größer wurde, kommentierte sie den Schock beim Staatsanwalt nach meiner Verhaftung auf ihre Weise: »Ich wusste bis dahin gar nicht, dass ich in einer Großfamilie lebte.«

Jetzt bemühte ich mich um die Erlaubnis, mit Mutter telefonieren zu dürfen. Die wurde mir auch kurzfristig gewährt, und nun lief Folgendes ab: Ich rief zu einer bestimmten Zeit an, Mutter nahm ab und der Beamte überzeugte sich, dass ich auch wirklich meine Mutter in der Leitung hatte. Eine Minute später drückte sie Marion, die sich pünktlich bei ihr eingefunden hatte, den Hörer in die Hand, und wir redeten miteinander. Marion erzählte und ich antwortete kurz und bündig, damit der Beamte uns nicht auf die Schliche kam. Trotz Aufsicht brachte ich es fertig, sie davon zu überzeugen, dass sie jetzt wirklich die Einzige für mich war und dass ich ihr später alles ausführlich erklären würde.

Als sich meine Mutter Ende Januar einen komplizierten Armbruch zuzog und Hilfe brauchte, zog Marion samt Katze von einem Tag auf den anderen bei ihr ein. Mutter lebte allein in der großen Wohnung, da Oma und Opa inzwischen verstorben waren.

Meine Mutter blieb für Marion ein Rätsel. Für die Hilfe im Haushalt bedankte sie sich überschwänglich, und solange sie nüchtern war, spielte sie vor Marion die feine Frau. Hatte sie von ihrem Likör ein Gläschen zu viel konsumiert, verkehrte sich ihr Verhalten ins Gegenteil. Im Vollsuff haute sie Marion die übelsten Kraftausdrücke um die Ohren und wollte unbedingt von ihr wissen, in welchen Stellungen und wie sie mit »ihrem« Andreas rumficken würde. Marion schob alles auf den Alkohol, wunderte sich aber schon darüber, dass der Ton auf dem Strich nicht annähernd so ordinär war wie in dieser Wohnung. Sie nahm sich vor, in ihre eigenen vier Wände zurückzukehren, sobald die für sie beantragte Besuchserlaubnis vorliegen würde.

Wegen der aufwändigen Ermittlungen blieb die Genehmigung allerdings noch monatelang aus, und wir einigten uns heimlich am Telefon auf eine Notvariante, um uns endlich einmal wiederzusehen. Zu einer abgesprochenen Zeit tauchte Marion an der Kreuzung vor der Haftanstalt in Moabit auf und stellte sich unauffällig neben dem Buswartehäuschen in Positur. Wenn ich in meiner Zelle den Tisch an die Wand schob, den Stuhl obendrauf stellte und mich ans Gitterfenster klemmte, konnte ich die Bushaltestelle vom Hundertsiebenundachtziger einsehen.

Ob Sonne oder Regen, wenn wir verabredet waren, stieg Marion aus dem Bus, stellte sich in ihren höchsten Stöckeln links neben das Wartehäuschen und peilte die Lage. Vorsicht war geboten, denn offiziell war jegliche Kontaktaufnahme mit einem Untersuchungshäftling verboten, und an der Haltestelle stiegen ja auch Zivilangestellte der Anstalt ein und aus, die nicht auf den ersten Blick einzuordnen waren. Marion kramte beflissen in ihrer Handtasche, als suche sie ein Feuerzeug oder ein

Taschentuch, vorsichtig nahm sie dabei Kontakt mit mir auf. Die Posten auf den Wachtürmen hätten schon genau hinsehen müssen, um zu erkennen, was sich vor der hohen Gefängnismauer an der belebten Kreuzung abspielte.

Je nach Wetter trug Marion ein kurzes Kleid oder einen hellen Trenchcoat, darunter die volle Montage: String, Strapse und schrille BHs aus Spitze. Sie öffnete den Mantel, wenn niemand in der Nähe war, drehte mir die Vorder- oder Rückseite zu und schob den Rock etwas höher, sodass ich mehr sehen konnte: halterlose schwarze Strümpfe und geile Strapse – und das Wichtigste: Haut. Das lief nie plump ab, sie verhielt sich unauffällig, dezent – das hatte Eleganz, ich spürte die Klasse.

Es blieb nicht beim Zeigen und verhaltene Küsschen in die Luft werfen. Wir verabredeten Handzeichen – und erweiterten ihren Auftritt auf dreimal die Woche. Insgesamt erdachten wir uns zwölf Zeichen, jedes mit einer eigenen Bedeutung. Wenn ich den rechten Arm durch das Fenstergitter streckte, hieß das: »Ich will deinen geilen Po sehen.« Tauchte der linke Arm auf, wusste sie, Andy will Brust. Beide Arme mit zueinander gerichteten Handflächen signalisierten Applaus. Die gleiche Position, nur beide Innenflächen nach außen gerichtet, bedeutete Zugabe. Ich applaudierte nach jeder Nummer, wie im Tingeltangel.

Wir hatten exakt zwei mal zehn Minuten Zeit für uns, wenn die Busse pünktlich eintrafen. Hielt der nächste Hundertsiebenundachtziger, waren zehn Minuten verstrichen – genau die Hälfte. Noch weitere zehn Minuten, und Marion stieg auf der gegenüberliegenden Seite in den nun ankommenden Bus ein, um wieder nach Hause zu fahren. Zusätzliche zehn Minuten wollten wir nicht riskieren, da Marion in ihrem Aufzug sowieso schon die Blicke der Menschen auf sich zog.

Einmal kündigte ich am Telefon für den nächsten Besuch eine Überraschung an. An dem besagten Tag fuhr Marion pünktlich vor, stellte sich neben dem Wartehäuschen auf, und fünfzehn Minuten lief alles wie gewohnt. Dann bereitete ich die angekündigte Überraschung vor. Ich schob ein gefaltetes Bettlaken durchs Gitterfenster und schleuderte das beschwerte Ende in Richtung rechte Nachbarzelle. Dort fing mein Nachbar das schwingende Teil auf und hielt es fest in der Hand. Jetzt spannte sich ein Transparent zwischen beiden Zellenfenstern. Darauf stand – mit schwarzem Filzstift in Großbuchstaben geschrieben, von der Bushaltestelle gut lesbar – meine Liebeserklärung:

MARION ICH HAB DICH LIEB

Fünf Minuten später stürmten die Wärter unsere Zellen, rissen das Transparent an sich und drohten mit einer Anzeige wegen illegaler Kontaktaufnahme. Ich versuchte mich rauszureden. »Von wegen illegale Kontaktaufnahme, hier, lesen Sie mal, da steht was Liebes drauf.« Marion saß inzwischen im Bus und fuhr glücklich in Richtung Kleistpark. Ich hatte erreicht, was ich wollte. Marion war endgültig davon überzeugt, dass ihr harter Hund auch eine andere Seite hat, eine liebenswerte, an die sie den Glauben eigentlich nie verloren hatte.

Natürlich war mein Zellennachbar von mir bestochen worden. Ich hatte ihm erlaubt, zwei Wochen lang an Marions Auftritten teilzuhaben. Einmal war er so stark erregt, dass er mit dem Stuhl vom Tisch fiel und sich die rechte Hand verstauchte. Gott sei Dank lief der Sturz glimpflich ab. Ich hatte schon Angst, ich müsste mein Transparent einmotten und die Aktion wieder abblasen.

Marion war nicht die Einzige, die von der Bushaltestelle aus Kontakt zu einem Inhaftierten aufnahm. Neben ihr stand manchmal eine Frau mit einem Kinderwagen. Sie lächelte glückselig vor sich hin, wenn der Vater ihres Kindes einen Blick durchs Gitterfenster auf seinen Sprössling werfen konnte. Mitunter saßen komplette Familien in dem Wartehäuschen und suchten mit ihren Augen ein bestimmtes vergittertes Fenster.

Es gab Busfahrer, die wussten, was sich an dieser Haltestelle abspielte, und sie verhielten sich solidarisch. Wenn sie Marion erblickten, warteten sie, bis sie sich von mir verabschiedet hatte. Dann räusperten sie sich vernehmlich, legten in aller Ruhe den Gang ein und fuhren schmunzelnd los.

Ich wusste, Marion liebt mich, ich bin ihr Prinz. Wenn ich aus dem Knast komme, nahm ich mir vor, entschuldige ich mich für sämtliche Scheiße, die ich ihr früher angetan hatte. »Hier bin ich, entschuldige bitte, du bist wirklich die Einzige, ich will keine andere mehr. Komm, lass uns gemeinsam gehen, alles wird gut mit uns beiden.«

Der erste Prozesstag war für den 24. März 1995 angesetzt. Insgesamt brauchte der Richter fünf Verhandlungstage, um sein Urteil zu fällen.

Vom ersten bis zum letzten Verhandlungstag stand das Bild von der armen, geschundenen Hure im Raum, die Abend für Abend von mir, dem Zuhälter, auf den Strich geprügelt worden war. Und damit der Blutsauger dieser sympathischen Frau nicht noch einmal an die Wäsche gehen konnte, wurde sie mittels eines aufwändigen Zeugenschutzprogramms in einer Kleinstadt weit weg von Berlin untergebracht.

Sich hinzustellen, anzubieten und dabei beschützen zu lassen ist erlaubt. Gegen eine freiwillige Abmachung zwischen erwachsenen Personen können die Richter nichts erwirken. Strafbar ist es nur, wenn der Lude eine Frau mit Gewalt ablоddelt. Und eingreifen kann die Justiz erst dann, wenn eine Frau den Mut aufbringt, auszusagen.

Klar, der Richter statuierte ein Exempel. Endlich hatte er eine Hure vor sich, die gegen ihren Zuhälter aussagte. Das kostete er voll aus. Ungeschoren würde ich ihm nicht davonkommen.

Mein Eindruck war, Hanna konnte erzählen, was sie wollte, alle folgten ihr, und mir traute man jegliche Schandtat zu. Unter Tränen beteuerte sie, wie zuwider ihr die Anschafferei gewesen sei. Dass sie permanent Angst vor mir hatte, weil ich sofort gewalttätig wurde. Meine unglaubliche Brutalität hätte sie daran gehindert, schon früher auszusteigen. Sie hätte es schon lange vorgehabt, aber sie traute es sich nie. Hanna tischte Haarsträubendes auf, das ich niemals begangen hatte. Ich konnte nur den Kopf schütteln über solche Schauergeschichten.

Einmal soll ich in meiner Wut den Kronleuchter von der Decke gerissen haben; angeblich wollte ich ihr damit das linke Knie zertrümmern. Ein anderes Mal hätte ich sie mit einer Hand über die Balkonbrüstung gehalten.

Ja, es gab eine Balkonszene, argumentierte ich dagegen, aber doch nicht so. Ich hätte tatsächlich Kraft, aber das sei nun doch utopisch. Wie soll ein Mann eine Frau mit einem Gewicht von fünfundfünfzig Kilo auf diese Weise halten können?

Mit meiner Kraft und Technik sei das ohne weiteres möglich, konterte die gegnerische Seite. Meine Verteidigung hielt dagegen, jedoch ohne Erfolg.

Hannas Zeugen bestätigten, dass ich sie im Sportstudio beschimpft und geschlagen hatte. Sie bezeugten, dass sie zur fraglichen Zeit mit einem geschwollenen Gesicht rumgelaufen war. Die Beweislast war extrem, und die Stimmung im Saal eindeutig gegen mich.

Ich erfuhr, dass der Arzt aus dem Krankenhaus, in das Hanna mit ihrem zertrümmerten Jochbein gekommen war, zur Anzeige geraten hatte. Er sagte unter Eid aus, was er richten und reparieren musste und worauf die Verletzungen seiner Ansicht nach zurückzuführen waren.

Meine Zeugen versicherten, dass Hanna eine Vollschlampe sei, ohne jeden Druck anschaffen gegangen war, also freiwillig, und dass sie verrückt nach Schwänzen war. Sie hatte nie genug davon kriegen können. Ein Bekannter sagte aus, Hanna sei immer offen für einen flotten Dreier gewesen. Diese Aussagen beeindruckten kaum.

Meine Anwälte rieten zur Reue: »Zeigen Sie Einsicht. Sie müssen sich ja nicht gleich in den Staub werfen.«

Das war gar nicht so einfach, da ich nicht die nettesten Gedanken gegenüber Hanna hegte. Sie würdigte mich die fünf Verhandlungstage über nicht eines Blickes, auch nicht, als ich mir den Schafspelz umhängte. Hier im Gerichtssaal hatte ich meine Macht über sie verloren. Jemand musste ihr den Tipp gegeben haben, mich total zu ignorieren, um nicht möglicherweise umzufallen.

Wir müssen nachlegen, drängelte meine Verteidigung. »Der nächste Schritt ist Wiedergutmachung, und damit steigen wir gleich morgen ein.«

Ein Schmerzensgeld für Hanna? In mir sträubte sich alles. Das ging mir ebenso gegen den Strich wie die Reuetour, doch ich hatte keine Wahl. Die Frage war nur, in welcher Höhe. Die Anwälte kamen zu einem Resultat, das mir den Rest gab:

»Hunderttausend müssen schon drin sein!« Hunderttausend! Das kam mir wie mein Ruin vor.

Sie erklärten mir in ihrer Anwaltssprache, wie sie die Summe errechnet hatten: »Unter Berücksichtigung der

Zeitdauer, die die Frau für Sie angeschafft hat, und was Sie ihr tatsächlich und angeblich angetan haben, was wir nicht widerlegen können, sind einhunderttausend Mark angemessen. Wir versuchen noch, die Anwaltskosten für die Verteidigung des Opfers da reinzukriegen.«

Ich willigte ein. Was blieb mir denn übrig?

Hanna erhielt die hunderttausend Mark cash auf die Hand. Die Anwaltskosten machten noch einmal so viel aus.

Bei der Durchsuchung meiner Postschließfächer war Bargeld in Höhe von knapp dreihunderttausend Mark beschlagnahmt worden, dazu Sparbücher von ausländischen Banken, meine Platin-Rolex mit Brillanten sowie weiterer Schmuck. Außerdem private Schuldscheine im Wert von mehr als einer Million Mark. Alles zusammen blieb als Sicherheit im Gericht, eine Art Kaution.

Am fünften Verhandlungstag zog sich das Gericht mit meiner Verteidigung zur Besprechung zurück. Mein Anwalt hatte mich beruhigt, ich würde noch mal mit einem blauen Auge davonkommen. In Gedanken genehmigte ich mir ein Glas Schampus.

Nach zehn Minuten waren sie wieder da. Wir erhoben uns, das Hohe Gericht nahm die Plätze ein und der Richter verkündete sein Urteil: »Aufgrund dessen, dass der Angeklagte geständig war, die Frau zur Prostitution gezwungen zu haben, sie genötigt und krankenhausreif geschlagen hat, er sich zu einer öffentlichen Entschuldigung und Wiedergutmachung durchgerungen hat und darüber hinaus einsichtig ist, mehrfach gegen die Gesetze des Staates verstoßen zu haben, spreche ich eine Freiheitsstrafe von viereinhalb Jahren aus.«

Viereinhalb Jahre, kein Problem, die konnte ich mit links absitzen. Ich war genauso erleichtert wie meine Anwälte und die Bekannten im Saal. Damit konnte ich leben – immerhin waren das einige Jahre weniger, als die sieben oder acht, die anfangs im Raum standen. Abzüglich U-Haft und vorzeitiger Entlassung bei guter Führung, waren meine Aussichten also gar nicht schlecht. Besser hätte es für mich nicht laufen können.

Doch der Richter war noch nicht am Ende: »Wenn Herr Marquardt eine Kaution von achthunderttausend Mark in bar aufbringt, kann er das Gericht verlassen und seine Strafe im offenen Vollzug verbüßen.«

Achthunderttausend! Um Gottes willen, so viel Geld hatte ich doch gar nicht mehr! Der Anwalt schaute mich an, ich schaute ihn an. Er war genauso ratlos wie ich.

Die Zahl ging in Moabit wie ein Lauffeuer rum. Ich, der kleine Zuhälter, sollte achthunderttausend Mark abdrücken, Fred F., ein ganz anderes Kaliber, hatte nur hundertzwanzigtausend Mark zahlen müssen, um rauszukommen.

Mir brach der Schweiß aus, ich wollte auf keinen Fall in den geschlossenen Vollzug. Vor Tegel hatte ich ziemliche Manschetten, und die Vorstellung, dort zu landen, wenn ich das Geld nicht auf den Tisch legen konnte, versetzte mich in Panik. Augenblicklich war ich klitschnass am ganzen Körper, mein Gesicht soll kreidebleich gewesen sein. Hier und dort hatte ich noch Geld, aber niemals konnte ich diese Summe zusammenkriegen, auch nicht mit dem vom Gericht einbehaltenen Geld aus meinen Schließfächern. Bevor man mich in meine Zelle zurückbrachte, durfte ich noch ein Wort mit meinem Anwalt wechseln, der außer sich war.

»Das kann doch nicht wahr sein! Machen Sie sich mal keine Gedanken, wir versuchen die Summe zu halbieren.« Nach drei Wochen konnte er einen Teilerfolg vorweisen, die Kaution war um zweihunderttausend Mark runtergehandelt worden.

Irgendwie schaffte ich es, das Geld zusammenzukratzen und dem Anwalt zu übergeben. Einen Tag später zahlte er die Summe in der Gerichtskasse in Moabit ein, und ich war erst einmal frei.

Ich zog zu Marion. Es war das erste Mal, dass ich als erwachsener Mann mit einer Frau in einer Wohnung zusammenleben wollte. Gleich am zweiten Tag der Freiheit gab's aber den nächsten Tiefschlag. Mein Anwalt hatte die Kaution unter meinem Namen eingezahlt. Ein Riesenfehler! Das Finanzamt war umgehend zur Stelle und kassierte alles ein. Hätte er es unter seinem Namen eingezahlt, wäre es mir später wieder überwiesen worden. Was sollte ich machen? Ihm den Kopf abreißen? Ich fluchte wie ein Rohrspatz. Umsonst, denn der Fehler war nicht mehr rückgängig zu machen. Heute weiß ich, dass ich falsche Anwälte hatte, der zweite, der von mir beauftragt wurde, war auch nicht gerade schlauer gewesen.

Ich war frei – und finanziell am Boden. Nun erst recht, sagte ich zu mir. Du hast so viel Kohle verloren, umso mehr musst du jetzt ranschaffen, nur schlauer. Verzichte auf Brutalität, mach auf nett, auf Liebeskasper, und du schaffst es wieder.

Eine andere Stimme in mir hielt dagegen: Lass es ganz, tritt ruhig, du hast einen bösen Denkzettel erhalten. Fordere die Bullen nicht unnötig heraus, die haben dich jetzt sowieso auf dem Kieker und werden bei der geringsten Kleinigkeit zugreifen.

Was sollte ich tun? Ich konnte keine Entscheidung treffen. Dachte ich an die Frau, die mir die Niederlage eingebrockt hatte, stieg der pure Hass in mir hoch. Ich wollte sie in ihrem Versteck aufstöbern und wer weiß was mit ihr anstellen. Dachte ich an Marion, legte sich meine Aggressivität, ich wurde friedlich und stellte mir eine gemeinsame Zukunft vor.

Nach knapp sechs Monaten erhielt ich Anfang 1996 den Stellungsbefehl für den offenen Vollzug in Hakenfelde. Ich gewöhnte mich schnell ein, und bald durfte ich draußen als Karatetrainer arbeiten. Einige Monate später übernahmen Marion und ich das Sportstudio in der Karl-Marx-Straße in Neukölln.

Der finanzielle Druck war hoch. Nach den Prozessberichten in den Zeitungen hatten viele Mitglieder das Studio verlassen – und einigen kündigten wir die Verträge, da ihre weitere Anwesenheit das Augenmerk der Kripo auf das Studio gelenkt hätte. Die finanziellen Einbußen, die dadurch für uns entstanden, mussten ausgebügelt werden, denn die Kosten nahmen ja nicht ab. Ungefähr ein Jahr benötigten wir, um den Laden einigermaßen flottzukriegen. Alles pendelte sich ein, das Studio lief von Monat zu Monat besser.

Marion musste ich in die Hand versprechen, dass keine andere Frau mehr im Spiel war, und ich probierte es tatsächlich mit soliden Geschäften. Den Sozialarbeitern im offenen Vollzug in Hakenfelde machte ich klar, dass ich mir keine Reinigungskraft leisten könne und nach der Schließung des Studios um 23 Uhr noch zwei Stunden putzen müsste; vor zwei Uhr könne ich nicht in der Anstalt sein.

Wir lebten bescheiden und wollten Deutschland in Richtung Asien verlassen, sobald ich aus Hakenfelde raus war. Die Vernunft hatte sich bei mir durchgesetzt. Die Zuhälterei war passé, ich versuchte, alles legal hinzukriegen.

Ein paar Monate hielt ich meine guten Vorsätze auch ein, aber dann stellte sich heraus, dass ich auf Dauer nicht in der Lage war, meine Versprechungen zu erfüllen. Ich bekam meine verfranste Sexualität einfach nicht in den Griff. Sobald sich eine Gelegenheit bot, machte ich weiter Frauen an. So zwanghaft wie früher, nur noch einen Zahn schärfer. Ich sprach auf dem Weg zur Arbeit eine Frau auf dem Bürgersteig an, lud sie ins Sportstudio ein, wenn Marion nicht da war, und zog mit ihr auf der Kraftbank in einem Nebenraum die üblichen versauten Spielchen ab.

Ich drückte den Frauen keine Kredite mehr auf; und ich drängelte sie auch nicht auf den Strich, dafür trieb ich sie sexuell nach stärker in die Enge als vorher. Ich konnte es nicht lassen, nach wie vor brauchte ich Sklavinnen, um mein Ego aufzubauen. Ich fotografierte sie wieder in den wüstesten Posen, und wie früher zog ich mich an den Bildchen hoch, wenn ich eine schwache Stunde hatte und psychisch zusammenfiel.

Mein Entlassungstermin rückte langsam näher, aber inzwischen bewegte ich mich mit meinen krummen Geschäften auch wieder auf dünnem Eis. Ich wollte Marion an mich binden, denn ich wusste, sie drängt mich nicht aus dem Geschäft, der Purzel ist ein Kämpfer und denkt erst in zweiter Linie an sich. Ihr wollte und konnte ich vertrauen. Theoretisch war mir das klar, praktisch war ich nicht in der Lage, die Einsicht umzusetzen.

Als sich die Schlinge zuzog, übergab ich Marion eine Visitenkarte von einem Anwalt mit der Bemerkung: »Vielleicht benötigst du ihn mal.«

Am nächsten Tag wurde ich in Hakenfelde verhaftet. Ich hatte mich in eine Geschichte verstrickt, die mir die nächste Strafanzeige brachte. Marion musste von einem Tag auf den anderen das Sportstudio alleine weiterführen. Immerhin sechshundert Quadratmeter, mit allem Drum und Dran.

Aus heutiger Sicht setzten in dieser Zeit die ersten Veränderungen ein, mein Panzer bekam an der Oberfläche leichte Risse, aber bis er dann aufbrach, vergingen noch Jahre. Ich ließ immer noch keinen Menschen an mich ran – letztlich auch Marion nicht.

Hanna, das vermute ich, lebt immer noch in dieser kleinen Stadt weit weg von Berlin. Würde ich sie zufällig treffen, könnte ich ganz normal mit ihr reden. Ich hege ihr gegenüber keine Hassgefühle mehr. Ich würde sagen, tut mir Leid, was ich dir angetan habe, es war Scheiße, absolute Scheiße.

Hanna würde sich in den Arm kneifen und fragen, träume ich oder bin ich wach. Die beiden Andys könnte sie bestimmt nicht zusammenkriegen. Das ist ja schon für mich nicht einfach. Sie würde höchstwahrscheinlich denken, das kann nur eine Falle sein.

****

Aufs Jahr kann ich mich nicht festlegen. Das lief doch schleichend. Dunkel erinnere ich mich an diese Anfasserei, als ich noch sehr klein war. Überall waschen, meine Brust küssen, den Po liebkosen und lecken, auch mal zwischen den Beinen streicheln, wieder küssen und in unserem gemeinsamen großen Bett den Arm über meinen Bauch legen – das war schön und angenehm. Schmusen, anfassen, liebkosen, streicheln, küssen, ich habe alles genossen. War ja doch okay in dem Alter. Ich habe Mutter als sehr gefühlvoll erlebt und ein eigenes Bett für mich allein nicht vermisst.

Richtig los ging es etwa mit acht Jahren. Sie zog die Bettdecke weg, beugte sich über mich und fragte, ob ich wüsste, was das da zwischen meinen Beinen sei. »Den Kleinen hast du nicht nur zum Pipimachen, nein, damit kannst du viel, viel mehr anstellen. Andy, du hast ein Schwänzli und ein Säcklein zwischen den Beinen, weil du ein Mann bist. Da kann man anfassen und dran spielen, und dann wird's Schwänzli richtig groß, weil mehr Blut reinkommt. Ich zeige dir jetzt mal, wie das da unten funktioniert.«

Sie erklärte mir genauer, wozu das »Schwänzli« noch zu gebrauchen sei und was ich später einmal, wenn ich groß bin, damit Schönes anstellen werde. Dabei hat sie ihn liebevoll gestreichelt. Ich fand's schön, es hat mich sehr erregt.

Irgendwann streifte sie ihr Nachthemd hoch, langsam und geheimnisvoll, und zeigte mir, wie eine Frau gebaut ist, worin ein Frauenkörper sich von einem Männerkörper unterscheidet. »Eine Frau«, sagte sie, »möchte auch überall liebevoll gestreichelt werden. Aber – und nun höre mir genau zu –, schön hat es eine Frau nur, wenn ein Mann etwas davon versteht. Richtig streicheln will nämlich gelernt sein. Viele Männer sind rücksichtslos, stümpern nur rum und stellen sich ein Leben lang ungeschickt an, weil sie es nie gelernt haben. Glaube mir, Andy, diese verdammte Stümperei nervt jede einigermaßen anspruchsvolle Frau.«

Sie wird schon wissen, dachte ich, worüber sie redet. Es gab keinen Grund, daran zu zweifeln. Mutter war eine kluge Frau. Sie erklärte ruhig und besonnen und machte Vorschläge, wie ich die Stellen nennen durfte, die bei ihr anders waren als bei mir. Von den drei Vorschlägen für die Stelle zwischen ihren Beinen gefiel »Mu« mir am besten. Pussi, der zweite Vorschlag, passte eher zu den Mädels in der Schule, und das Wort Möse fand ich total blöde und peinlich. Für ihre Brust hatte sie auch drei Vorschläge parat. Einfach Brüste fand sie zu nichtssagend. Titties gefiel mir auf Anhieb, ich musste nicht lange überlegen. Bällchen und Glöcklein klangen allerdings auch nicht schlecht.

Mutter nahm meine Hand und führte sie vorsichtig über ihren warmen, weichen Körper. Vom Gesicht über den Hals runter zu den Titties, zum Bauch hin, weiter zur Mu, die Beine entlang bis zu den Zehen und wieder zurück. Ich war so aufgeregt, so durcheinander und total neugierig.

Sie sprach ausführlich darüber, was sie vorhat, warum sie etwas macht. Und dass ich nicht immer gleich jeden neuen Griff, den sie mir zeigen würde, bei ihr nachmachen müsse. Sollte mal einer nicht angenehm sein, könne ich ihn auch auslassen.

Wendete ich das Erlernte an, lobte sie mich. »Andy, große Klasse, das muss man dir lassen, du begreifst ja unheimlich schnell.« Sie freute sich wie mein Trainer, wenn ich beim Wettkampf den Gegner mit einem sauberen Wurf glatt besiegte. »Also wirklich, du wirst mal viel besser als die meisten Männer, die hier in der Gegend rumlaufen.« Sie fragte mich, was ich empfinde und wie es mir gefällt, wenn ich ihre Titties streichle. Sie möge es sehr, es sei so ein kribbliges, warmes Gefühl, wenn meine Finger ihre Titties behutsam abtasten.

Und immer wieder kam sie auf die Stümper zu sprechen, die nur an sich denken und Frauen so tief enttäuschen würden. Mutter nannte nie einen Namen, doch insgeheim war ich überzeugt, einer von diesen armseligen Stümpern muss Vater gewesen sein.

Welcher Junge will später kein toller Hecht bei den Frauen sein? Ich war zu allem bereit.

Ich erinnere mich nicht genau, aber ich glaube, wenn wir dabei waren, habe ich nie auf ihre Fragen geantwortet. Ich wollte nicht reden, ich habe gehandelt. Geredet hat sie. Im Bett sagte ich in all den Jahren keinen einzigen zusammenhängenden Satz. Die Stimme, mit der sie im Halbdunkeln auf mich einredete, hörte sich anders an als die Stimme am hellen Tag. Manchmal dachte ich, das ist doch gar nicht Mutter, die da spricht. Zu mir sagte ich dann, aha, Mutters Bettstimme.

Sie hat klare Vorgaben gemacht. Ich wusste, was ich zu tun hatte, und führte den Schritt, so gut ich konnte, aus. Wollte ich etwas nicht gleich, drehte ich den Kopf zur Seite und wartete ab. Das respektierte sie.

Kapierte ich einen Griff nicht sofort, beruhigte sie mich: »Lass dir Zeit mit dem Lernen, immer schön eins nach dem anderen. Es ist wie bei deinem Sport, man darf nichts überstürzen, und bis du ein richtiger Mann bist, vergehen sowieso noch ein paar Jährchen. Solche Sachen macht man freiwillig oder gar nicht, und vor allem nicht überstürzt. Wir haben doch alle Zeit der Welt.

Merke dir: Menschen, die so was Schönes miteinander tun, haben sich sehr gern. Und was zwei im Bett machen, geht keinen anderen auf der Welt etwas an. Auch Oma und Opa nicht. Was wir tun, bleibt unter uns, das ist unser großes Geheimnis. Sollte sich doch einmal einer von uns beiden verquatschen, egal ob du oder ich, dann ist es kein Geheimnis mehr und der Spaß ist vorbei. Dann ist Schluss. Also, schön aufpassen. Hast du mich verstanden?«

Verplappere dich bloß nicht, werde ich in dem Moment gedacht haben, denn dann ist es aus, und all das Schöne und Aufregende ist futsch. Warum sollte ich quatschen? Es gab keinen Grund, andere mit hineinzuziehen. Ich dachte nicht im Traum daran, Oma und Opa etwas zu verraten, und in der Schule und im Sportverein gleich gar nicht. Es war schön so, ich war voll dabei und regelrecht stolz auf meine Mutter. So eine Mutter hatte doch nicht jeder. Die anderen Jungen träumten nur davon, die wären grün geworden vor Neid, wenn sie geahnt hätten, was meine Mutter mir zu Hause alles beibrachte. Warum sollte ich das aufs Spiel setzen?

Ich empfand mich als einen Glückspilz.

Ein Satz, den sie einmal nebenbei fallen ließ, prägte sich mir ein: »Der Kavalier genießt und schweigt.« Das mag sich blöd anhören, aber diese Worte blieben haften, sie schwirrten jahrelang durch meinen Kopf. Ich war der Kavalier, den sie meinte. Zu hundert Prozent. Ich habe genossen und geschwiegen. Dass mir was Schlechtes passiert, kam mir damals nicht in den Sinn.

Vor dem Schlafengehen, beim Zähneputzen, wurde ich langsam unruhig. Fängt Mutter an, wird's wieder schön. Wenn nicht, na, mal sehen, gut geschlafen habe ich nach dem Training so oder so.

Sobald das Licht aus war, ging es zwei-, dreimal die Woche zur Sache. Richtig finster war es im Zimmer ja nie, auch wenn die Glühbirne ausgeschaltet war. Von der Straße schien immer etwas Licht durch die Jalousie. Wenn Mutter sich zu mir beugte und flüsterte: »Das ziehen wir mal schön aus, Andy«, war ich hellwach. Ich ging nämlich mit Turnhose und Sporthemd ins Bett. Alles klar, dachte ich, und freute mich auf das, was da kommen sollte. Sie half mir beim Ausziehen und lobte mich: »So ist schön. Das Hemdchen und die Hose werfen wir mal auf den Teppich.« Jeder dritte Satz war: »So ist es schön.«

Sie hat erklärt und angewiesen, wo's langgeht: »Das machen wir jetzt mal so.« Erst war sie dran, dann ich, und wieder seufzte sie vor sich hin: »Andy, so ist es schön.«

Sie lobte mich oft. »Du bist ein ganz, ganz lieber Junge. Einen solchen Sohn findet man nicht alle Tage, da kann eine Mutter wirklich von Glück reden. So fleißig, und wie leicht und schnell du doch lernst.« Die Schule konnte sie nicht meinen, da lief es gerade einigermaßen durchschnittlich. Zu den Nachbarn sagte sie: »Mein Sohn macht mir sehr viel Freude, der ist schon äußerst selbständig.«

Ich wurde immer neugieriger, und manchmal musste sie mich bremsen, weil ich zu voreilig war und den nächsten Schritt nicht abwarten wollte: »Morgen ist auch noch ein Tag, und bis du groß bist, fließt noch viel Wasser die Spree hinunter; Rom wurde auch nicht an einem Tag erbaut. Weißt du, es gibt so viel zwischen Mann und Frau, die meisten haben ja keine Ahnung. Streicheln, spielen, küssen, lecken, saugen – das wünscht sich eine Frau. Und nach Möglichkeit in dieser Reihenfolge. Aber auch nicht jede, und nicht immer und überall. Das ist ausgesprochen differenziert. Frauen fallen in ihren Wünschen sehr verschieden aus.«

Saugen sei generell eine zweischneidige Sache und ziemlich umstritten, fuhr sie fort. Ihrer Meinung nach sollte ein Mann nur an der Brust der Frau saugen – und dann auch nicht zu doll, denn sonst würden Knutschflecken drohen. Sie erklärte mir, was unter dem komischen Wort zu verstehen war, wie die blaulila Flatschen zustande kamen und warum wir beide diese verräterischen Flecken überhaupt nicht gebrauchen konnten und klugerweise vermeiden sollten: »Allein schon wegen Oma und Opa, und du mit deiner ständigen Umzieherei.« Damit meinte sie das Umkleiden vor und nach dem Training.

Ein Riesengewese machte sie um ihre Nippel. »Meine Nippel, meine Nippel, huch und hach!« Dabei fasste sie sich mit beiden Händen an die Brüste. »Schau doch mal Andy, wie die sich aufrichten.«

Nippel? Aufrichten? Keine Ahnung, nie gehört. Was war denn das nun wieder? Viel konnte ich bei dem Licht ja nicht sehen. Dahinter bin ich gestiegen, als sie meine Brustwarzen mit der Zunge berührte und »deine Nippel, deine Nippel« hauchte. Mir war, als würden plötzlich Ameisen im Kreis um meine Brustwarzen aufmarschieren.

Ich wollte nichts falsch machen – und kam doch

manchmal durcheinander. Sofort nahm ich mir vor, noch aufmerksamer zu sein. Mein Ehrgeiz im Bett war größer als in der Schule, nur im Sportunterricht passte ich noch besser auf. Das Ganze hatte ja was von Schule und lief streng nach Lehrplan. Geduldig wie ein Trainer erklärte sie mir jeden neuen Griff. Ich hab's nachgemacht und mich gefreut, wenn's gleich funktionierte. Auf Mutter war Verlass. Was sie ankündigte, traf tatsächlich ein. Und am Schluss fasste sie verständlicher zusammen als die Lehrer in der Schule.

Sie stellte Lehrsätze auf, die ich mir einpauken musste: »Ein Frauenmund will geküsst sein. Ohrläppchen sollte man zutschen. Die Innenschenkel ausschließlich streicheln. Eine sensible Haut wünscht zweierlei: streicheln und lecken. Gut gebaute Titties sind abgepolstert und in der Regel nicht die Spur zimperlich. Die darf man auch knuffen, die halten was aus.« Und was ich mir besonders hinter die Ohren schreiben sollte: »Am anspruchsvollsten ist die Mu.«

Aha, die Mu ist also am anspruchsvollsten, plapperte ich in Gedanken nach – und übte gewissenhaft weiter. Einmal sagte Mutter sehr geheimnisvoll: »Es gibt Frauen, die wollen in die Titties oder in den Po gebissen werden, natürlich nicht richtig, nur so zum Spaß, aber ein bisschen wehtun muss es schon.« Viel konnte ich damit nicht anfangen, irgendwie klang das abfällig. Ich vermutete, es war eine verdeckte Anspielung auf diese aufgedonnerten und überkandidelten Weiber, die sie mir ab und zu auf der Straße zeigte und die sie auf den Tod nicht ausstehen konnte. »Lass dich später bloß nicht mit so einer Schickse ein«, warnte sie eindringlich, wenn uns auf dem Bürgersteig eine entgegenkam. »Halte dich fern, die ziehen dich aus bis aufs letzte Hemd.«

Bis aufs letzte Hemd? Das machte Mutter doch auch.

Beißen und kneifen hielt sie für überflüssig und unnormal. Nach ihrem Verständnis zählte das zu den unnötigen Dingen zwischen Mann und Frau und worauf nur Leute kommen, die sich am Tag nicht richtig auf der Arbeit verausgaben.

Ich bin sicher, hätte sie es von mir verlangt, ich hätte zugebissen. Selbstverständlich behutsam und ganz vorsichtig. Nicht, wie man in ein Kotelett reinbeißt.

»Findet eine Frau schön, was ein Mann mit ihr macht« – jetzt kam sie voll ins Schwärmen –, »wird sie feucht und nass und stöhnt gewaltig.« Ich schnallte sofort: Je lauter Mutter stöhnt, umso besser bin ich. Stöhnen war gut, das lag auf der Hand. Und ich war der, der sie zum Stöhnen brachte.

»Erschrecke bloß nicht, wenn ich besonders laut stöhne«, warnte sie. »Dann habe ich nämlich einen Orgasmus.« Wieder ein Wort, das ich zum ersten Mal hörte und sofort erklärt bekam. »Beim Orgasmus« – das Wort sprach sie wie Schokoladenpudding aus – »kommen Schleim und Flüssigkeit aus der Mu. Keine Angst, das hat schon seine Richtigkeit, Mutter Natur hat sich was dabei gedacht. Du musst wissen, Andy, Frauen erleben sehr verschieden, aber eins trifft für alle zu, für jede ist ein Orgasmus die absolute Erfüllung. Und haben sie einen, sind sie extrem glücklich. Wirklich, schöner geht's nicht. In dem Zustand befindet sich eine Frau im siebten Himmel. Das ist wie bei einem Mann, nur anders.«

Mir lief das Wasser im Mund zusammen, denn der Schokoladenpudding mit Vanillesauce, den Oma manchmal als Nachspeise zum Sonntagsbraten auf den Esstisch stellte, tauchte vor meinen Augen auf. Schoko mit Vanille war nämlich mein siebter Himmel, egal ob aus Pudding oder Eis.

Und dann beschrieb Mutter, wie eine Frau sich beim

Orgasmus verhält. »Ein Orgasmus verläuft bei ihr anders als bei einem Mann. Intensiver, und viel, viel länger«, sagte sie wichtigtuerisch, »lange nicht so auf den Punkt. Und je lauter eine Frau stöhnt, umso besser ist sie dran.«

Mein »Höhepunkt« war kurz und knapp, und recht leise im Verhältnis zu dem, den sie hatte. Dass in Mutter mächtig was abging, war offensichtlich. Ich beobachtete sie genauer und stellte fest, wie sie in Fahrt kam. Als sie merkte, ihre Erregung verschreckte mich nicht, musste sie sich nicht mehr verstecken, und es wurde noch wilder. Ich konnte nicht genug kriegen und wurde unersättlich. Ich hatte Glücksgefühle, Mutter zog mich in ihren Bann.

Von unserem Schlafzimmer führte eine Tür in das große Wohnzimmer. Oma und Opa konnten uns in ihrem Schlafzimmer nicht hören, denn das lag praktisch hinter dem großen Wohnzimmer um die Ecke.

Es gab nur einen Haken. Außer Pipi schoss zu dem Zeitpunkt bei mir nichts aus dem Schwänzli. »Wir müssen uns bei dir leider mit blauer Luft zufriedengeben«, sagte Mutter bedauernd. »Mehr ist eben noch nicht drin, das wird aber.«

Blaue Luft? Ich war doch kein Luftballon, in den man reinsticht und aus dem Luft herauszischt. Sie tröstete mich: »Spätestens in anderthalb Jahren bist du so weit, dann kommt auch bei dir heller Schleim raus.« Sie benutzte das Wort »Pubertät«, erläuterte es mir und deutete für die nächste Zeit tiefgreifende Veränderungen an. Das milchig schimmernde Sperma würde eine davon sein.

Dann hatte sie einen lustigen Einfall. »Weißt du, was, Andy, wir bereiten uns jetzt schon darauf vor. Wir tun einfach als ob, als würde schon Sperma bei dir rauskommen. Wir proben für den Tag X, den Tag, an dem mein Andy zum Mann wird. Zeig, was da unten Schönes rauskommt! Mach es mir auf die Mu! Morgen will ich es auf den Bauch!«

Ich spielte mit, und gemeinsam warteten wir auf den Tag X. Diesen Tag, der dann viel schneller da war, als Mutter prophezeit hatte. Da war ich gerade zwölf.

»Andy, na so was, dein erster Erguss!« Sie war total außer sich und kriegte sich kaum ein vor Freude. »Das sprudelt und sprudelt, das hört ja gar nicht auf.« Sie führte 'nen regelrechten Affentanz auf, als wär's ein halber Liter.

Na ja, dachte ich, bleib mal auf dem Teppich und mach nicht so'n Wind mit deinem kurzen Hemde. Das war ein Spruch von Oma, wenn ich mal wieder übertrieben hatte. Mutters Freudenausbrüche kannte ich nun schon. Als meine ersten Schamhaare zu sehen waren, hatte sie jedes einzeln begrüßt.

»Mein Andy ist jetzt ein Mann«, jubelte sie, »ist das nicht irre? Nun wird alles viel, viel aufregender und noch schöner.«

Ich konnte mich über das weiße Zeugs nicht freuen. Im Gegenteil, mein erster Erguss brachte mich völlig durcheinander. Wie sich das anhörte: »Andy, du bist jetzt ein Mann!« Mir schossen die wildesten Gedanken durch den Kopf. Was ist, wenn so ein Tropfen aus Versehen in Mutters Mu landet und ich Vater werde? Wie Kinder entstehen und im Bauch der Mutter wachsen, wusste ich, davon hatte sie mir erzählt. Ein bisschen Sperma, und schon war's passiert.

Mir wurde abwechselnd heiß und kalt. Bloß kein Kind mit Mutter! Aber das Risiko war doch nicht auszuschließen. Sollte ein Baby von mir unterwegs sein, würden die mich garantiert aus dem Verein werfen, weil ich nicht mehr genügend Zeit fürs Training hätte. Die würden mich bei Wettkämpfen aus der Kinderklasse streichen, in

Gedanken kämpfte ich aber schon in der Männerklasse. Ich wollte keinen Nachwuchs mit Mutter, und ich nahm mir vor, besser aufzupassen.

Erschrocken war ich, als sie das Zeugs ohne mit der Wimper zu zucken schluckte. Ach du grüne Neune, es ist passiert! Sie musste kein bisschen würgen, fuhr sich mit dem Handrücken über den Mund und sagte triumphierend: »Darauf kannst du stolz sein, sehr stolz sogar. Das macht man nur, wenn man jemand richtig lieb hat. Das ist das Absolute, dann liebt eine Frau einen Mann wirklich.« In meinem Kopf war nur Platz für einen Gedanken: Hoffentlich kriegt sie kein Kind!

Bald war ich perfekt. Ich wusste, was zu machen war und in welcher Reihenfolge. Oben mit Streicheln beginnen, die Ohrläppchen zutschen, auf den Mund küssen, den Hals runter zu den Brüsten. Noch ein Stückchen weiter, und immer mit der Hand schön streicheln. Innenschenkel, Außenschenkel, langsam umdrehen und wieder zurück. Dann sollte ich die Mu lecken, einen Finger reinstecken und hin- und herbewegen.

Ich gebe zu, es hat mir gefallen, es war schön. Ich wollte es und konnte nicht genug bekommen. Besonders gut ging es mir als Mutters kleiner Kavalier – und wenn sie auf später verwies: »Du wirst mal viel, viel besser als die anderen. Andy, du wirst mal ein ganz toller Hecht.« Am nächsten Morgen fiel nie ein Satz zwischen uns, als hätte es die halbe Stunde vor dem Einschlafen nicht gegeben. Ich fragte nie nach. Warum auch? Es war schön, wie es war. In den ersten Jahren hätte sie von mir aus jeden Abend kommen können. Ich wurde immer aktiver. Kam sie ins Bett, gab mir das Gutenachtküsschen, sagte: »Träum was Schönes«, um sich anschließend auf ihre Schlafseite zu drehen, war ich enttäuscht. Aber ich wusste ja, morgen, spätestens übermorgen, würden wir es wieder machen. Mit diesen Gedanken schlief ich ein.

Ich lernte, der Mann hat in puncto Frauen die höchste Perfektion erreicht, wenn er mit ihnen gezielt umgehen kann – und zwar in allen Variationen. Erst dann kann er sie voll befriedigen. »Verlass dich drauf«, sagte sie immer wieder, »ich zeige dir alles. Und später entscheidest du ganz alleine, welche Stellung, welchen Griff du anwendest. Wichtig ist, dass du als erwachsener Mann die Kniffe im Schlaf beherrschst.«

Manchmal kam sie ins Schimpfen. Noch viel mehr Mütter sollten das mit ihren Söhnen machen, damit sie später nicht versagen, aber die meisten scheuen sich ja davor. So genau wusste ich das nicht, aber ich vermutete, von hundert Müttern würden sich höchstens zwei trauen, das Nötige zu unternehmen.

Und ich hatte eine davon! Wenn das kein Glück war.

Heute weiß ich, sie hatte alles ziemlich schlau und perfekt eingefädelt. Das musste man ihr lassen. Was sie mir beibrachte, kam wie Aufklärung bei mir an. So klein, wie ich war, mir leuchtete ein, was sie mir erzählte und zeigte. Bald wusste ich viel mehr als die anderen in der Klasse – und fühlte mich ihnen haushoch überlegen.

Ich saß im Unterricht auf meiner Bank und malte mir aus, was am Abend in unserem Bett wieder Schönes los sein würde. Die Lehrerin ertappte mich, wie ich selig vor mich hin lächelte. Sie ermahnte mich: »Du bist doch wieder ganz woanders, Andy.«

Recht hatte sie.

In der Pause stand ich allein in einer Ecke auf dem Schulhof oder lehnte am Zaun, die Hände vor der Brust verschränkt und dachte: Wenn ihr wüsstet, ihr habt doch alle keine Ahnung, ihr Zwerge. Ihr Armleuchter habt ja noch nicht einmal eine richtige Mu gesehen. Schaut euch ruhig auf dem Klo harmlose Bildchen an und kichert verlegen rum, ich habe zu Hause alles live. Von euch kann mir doch keiner das Wasser reichen. Pah, ich begebe mich doch nicht zu euch herab, wer bin ich denn? Ich hab's nicht nötig, mich mit Kindern abzugeben, und mit ahnungslosen Gören will ich auch keine Freundschaft.

Üblich war, dass die anderen sich um meine Freundschaft bemühten und ich dankend ablehnte. Ich doch nicht, was fällt denen denn ein? Ich war Andy, der König vom Schulhof, und mindestens drei Nummern zu groß für diese unreifen Dinger. Ich fühlte mich wohl als interessanter Einzelgänger. Wenn ich zwei Kampfhähne trennte oder einem Mädchen beistand, das von einem Jungen drangsaliert wurde, lief das arrogant und herablassend ab: »Lasst mal, ich regele das schon.« Fehlte nur noch, dass ich »Lasst mal, Kinder« gesagt hätte.

Machte ich mich für ein Mädchen stark und wollte die sich anschließend bei mir bedanken, lehnte ich großspurig ab. »Komm, lass gut sein.« Ich drehte mich augenblicklich auf dem Absatz um und stolzierte zurück in meine Ecke. Von dort überblickte ich das Treiben auf dem Schulhof, als würde ich auf einem Thron sitzen.

Andy, der Geheimnisvolle. Keiner durfte mir zu nahe kommen, keiner sollte mich durchschauen. Das war nicht nur Mache, ich hatte ja wirklich was zu verbergen. Ich führte mich auf wie ein kleiner Erwachsener. Mit zehn kam ich mir wie ein Zwanzigjähriger vor, und war auch noch stolz darauf. So gesehen hatte Mutter mir meine Kindheit genommen. Vielleicht ist das der größte von allen Schäden, die sie anrichtete. Eine verkorkste Kindheit lässt sich nun mal nicht nachholen – weder in einer Therapie noch sonst wo.

## Cholera oder Pest?

13 Der erste Mensch, dem ich erzählte, was Mutter mir angetan hatte, war meine Verteidigerin, die ich nach der zweiten Verhaftung beauftragt hatte. Sie hörte mir zu und handelte, nahm Kontakt zu einem Psychiater auf, der an mehreren Wochentagen in der U-Haft in Moabit tätig war.

Dr. U. bestellte mich in sein Behandlungszimmer, und er spürte meinen Leidensdruck auf den ersten Blick. Er erkannte, dass ich einen Riesenschmerz im Körper trug. Er begriff, sollte ich diesen nicht loswerden, bestand die Gefahr, dass ich durchdrehte. Er holte mich zweimal, manchmal sogar dreimal die Woche für ein bis zwei Stunden zu sich – das war viel in einer solchen Institution, und ich redete frei von der Leber weg. Mit einer Offenheit, die mich selber verblüffte.

Ich kotzte mich bei ihm aus, bildhaft gesprochen, und solange ich in seinem Zimmer saß und er mir zuhörte, ging es mir besser. Danach zog ich mich wieder in die Zelle zurück und wollte nur meine Ruhe. Die Beamten spielten sich auf und schauten stündlich durch die Luke – es hieß, ich sei suizidgefährdet. Die Kumpels rechts und links auf dem Gang meinten es gut mit mir, sie wollten mich ablenken: »Andy, komm doch raus, wir wollen mit dir quatschen und Karten spielen.«

Ich brüllte sie an, als wären sie schuld daran, dass ich schon wieder in der Klemme saß: »Verpfeift euch oder ich hau euch die Fresse ein!«

Sie reagierten erschrocken: »Was hast du denn? Mach mal nicht so'n Affen, wir sind hier alle unter Druck!«

Ich wusste, es war ungerecht. Die Leute waren nicht verantwortlich für meine Lage, und doch kriegten sie meine volle Wut ab. Aber mir war nicht nach Schach und Karten, und nach dem üblichen Knastgelaber gleich gar nicht. Reden wollte ich nur mit Dr. U. – am besten jeden Tag.

Trotz der Gespräche nahm meine Ratlosigkeit zu. Was war bloß los mit mir, warum war das nun wieder passiert? Wie konnte ich nur so blöde gewesen sein und den offenen Vollzug vergeigen. Denn eins war sicher, so eine Chance würde ich nicht noch einmal bekommen. Dachte ich an Marion, kam ich mir vor wie ein elender Lappen, ich kotzte mich selber an. Die Gedanken hämmerten von morgens bis abends auf mich ein, im Kopf herrschte ein Krieg der verschiedensten Stimmen. Um die Nacht zu überstehen, schluckte ich eine Menge Beruhigungsmittel, und am nächsten Morgen war ich nur noch verstörter.

Mein Zorn wurde immer unberechenbarer, ich reagierte aggressiv auf alles und jeden. Ein falsches Wort von einem Beamten – und ich drosch mit den Fäusten auf die Zellenwand ein, bis Blut spritzte. Die Handknochen waren offen, sie sahen aus wie nach den schlimmsten Karatekämpfen. Die Beamten interessierte nur, wer die Kosten für die Renovierung der Zelle übernahm. Das war schon eine böse Nummer.

Das Unglück geschah beim nächsten Besuchstermin. Zur vereinbarten Zeit wartete ich mit einem Beamten im Besuchsraum auf Marion. Sie kam, begrüßte mich, setzte sich und fing zu zittern an. Die Stimmung war niederschmetternd, mein erbärmlicher Zustand brachte sie aus der Fassung. Ihr kamen die Tränen, mir kamen die Tränen – unsere Nerven lagen blank.

Plötzlich flog die Tür auf und ein Beamter polterte putzmunter ins Zimmer, so ein aufgeblasener Muskelonkel. Der Volltrottel knallte die Sachen auf den Tisch, die Marion gewaschen und gebügelt hatte. Sie hatte sie am Eingang zur Kontrolle abgeben müssen.

Marion zuckte zusammen und bekam einen Weinkrampf.

Ich blaffte den Beamten an: »Kannst du nicht anklopfen, du Vogel!«

»Ich muss hier nicht anklopfen«, antwortete er kurz.

Die Luft war aufgeladen wie vor einem Gewitter, ich hatte mich emotional verrannt.

»Wenn ich dir ein paar in die Fresse haue, klopfst du nie wieder an.«

Darauf sagte er: »Na, det mach mal.«

Im Bruchteil einer Sekunde war ich über den Tisch, schob die Frau beiseite, griff mit der Linken nach seinem Hals und drückte ihn an die Wand, die rechte Faust hatte ich zum Schlag erhoben.

Das einstmals stolze Kraftpaket jammerte: »Nicht, nicht!«

Marion schrie: »Lass ihn, Andy! Bitte, bitte nicht!«

Ihre Stimme kam von weit her, als würde ich mich in einer Druckkammer aufhalten. Bis auf »Tu es nicht, Andy!« rauschte alles an mir vorüber.

Ihre Stimme lenkte die Faust knapp an seiner Nase Richtung weiße Wand vorbei – der Putz sprang nur so. Ich hatte mit aller Wucht zugeschlagen. Ringfinger und Mittelfinger, die durch den Sport gefühllos geworden waren, schlugen zwei tiefe Dellen in die Wand.

Inzwischen hatte der zweite Wärter den Alarmknopf gedrückt, und keine fünf Minuten später saß ich in einer Sicherheitszelle. Dass der Beamte nicht k.o. gegangen war, verdankte ich Marion.

Als sich die Wut langsam legte, wurde mir klar: Hätte mich Marion mit ihrem Schrei nicht zurückgehalten, wäre der Beamte ein Krüppel und ich für den Rest meines Lebens hinter Gittern gelandet. Um ein Haar wäre ein Verfahren wegen versuchten oder vollendeten Totschlags an einem Vollzugsbeamten noch dazugekommen. Ich war tatsächlich nicht mehr normal.

Als nichts mehr ging, schlug Dr. U. eine Einweisung in die psychiatrische Abteilung in Tegel vor. Dort würden die Ärzte mehr Zeit für mich haben. Ich vertraute ihm. Er wird schon wissen, dachte ich, was das Beste für mich ist.

Kurz vor meiner Verhandlung wechselte ich in die Gefängnispsychiatrie in der Vollzugsanstalt Tegel. Die Patienten schlurften wie Zombies durch die Flure, niemand kümmerte sich um mich, kein Mensch hörte mir zu, ich wurde erst einmal abgestellt. Spätestens am dritten Tag wurde mir klar, ich war vom Regen in die Taufe geraten. Jeden, der nach Arzt aussah und den ich erwischen konnte, quatschte ich an:

»Reden Sie mit mir! Ich werde sonst wahnsinnig. Ich muss reden, bitte reden Sie mit mir, ich könnte durchdrehen.«

»Ja, ja, später. Sie sehen doch, ich bin im Moment beschäftigt!«

Ärzte und Therapeuten gingen gleichgültig an mir vorbei, und ich schrie ihnen verzweifelt hinterher: »Wer redet denn hier mit mir?« Ich gab nicht auf und drängelte: »Macht endlich was!« Ich flehte wie ein Kind: »Hört mich an, bitte!«

Umsonst!

Schon möglich, dass die Ärzte sich durch mich bedrängt fühlten und mein Flehen für sie eher wie eine Forderung klang. Jedenfalls wurde ich als bedrohlich eingestuft und mit Psychopharmaka ruhiggestellt.

Dr. U. war weit weg, für mich nicht erreichbar; Marion und die Anwältin befanden sich hinter einer Wand aus Nebel, ich fühlte mich allein gelassen.

Ich klammerte mich an den Arzt, der mir nach einer Woche Gespräche anbot. Ich weiß nicht mehr, wie oft ich mit ihm zu tun hatte, in Erinnerung ist mir nur unser letztes Gespräch geblieben. Unauslöschlich, denn es ging total nach hinten los. Mag sein, ich hatte mich wieder einmal im Ton vergriffen, aber seiner lag auch daneben. Als ich über den Missbrauch redete, unterbrach er mich schroff.

»Hören Sie mal, warum sind Sie denn nicht zu Ihren Großeltern gegangen? Wenn ich Sie richtig verstanden habe, wohnten die doch mit Ihnen und Ihrer Mutter in der gleichen Wohnung, nur durch den schmalen Flur getrennt.«

Ich dachte, ich würde gleich platzen, ich war außer mir. Das war so hingerotzt, als ginge es darum, Großmutter zu fragen, ob sie mir schnell mal einen abgerissenen Knopf ans Hemd nähen könnte. Und bei den Worten »Hören Sie mal« standen bei mir sofort alle Zeichen auf Sturm. Der Arzt redete mit mir in einem Ton, von oben herab, als hätte er die Weisheit mit Löffeln gefressen. Was wusste er davon, was in einem Zwölfjährigen vorgeht, wie schwer das ist, über so ein Thema mit Oma und Opa zu reden – und wenn der Flur noch so schmal ist. Was bildete sich dieser verdammte Quacksalber eigentlich ein? Am liebsten wäre ich ihm an die Gurgel gesprungen. Aber ich war gewarnt, mein letzter Auftritt lag noch nicht lange zurück.

Ich baute mich vor seinem Schreibtisch auf und brüllte: »Weil ich schon immer gerne gefickt habe!« Und weg war ich. Dieser Weißkittel hat mich nie wieder auf seinen verdammten Gesprächsstuhl gekriegt.

Pfeife, Versager, komplette Null, zu schwach, um nein zu sagen und obendrein nicht in der Lage, Oma und Opa um Hilfe zu bitten – das war bei mir angekommen. Ich fühlte mich so klein und mickrig, als hätte er mich Puschmütze genannt. Ich wusste, das war die nächste heikle Situation, das Pendel konnte leicht in eine gefährliche Richtung ausschlagen, aber der Arzt hatte meine verwundbarste Stelle getroffen. Denn diese Fragen waren in den letzten Jahren immer wieder in mir hochgekommen. Nie so klar und so deutlich, wie er sie formuliert hatte, eher unscharf und verschwommen. Aber ich wurde jedes Mal panisch, weil ich keine Antwort darauf wusste.

In meiner Zelle rannte ich hin und her wie ein Tiger im Käfig. Vom Bett zum Schrank, zurück zum Bett, wieder zum Schrank – dabei fluchte ich wie ein Kutscher: »Was verlangt dieser Psycho eigentlich von einem Kind? Was weiß der, was ein Kind kann und nicht kann!« Ich konnte mich nicht beruhigen, mein Groll nahm zu. Er kriegte meine volle Wut ab, eigentlich war es schon Hass.

Mit dieser rücksichtslosen Offenheit hatte er das Schlimmste angesprochen. Wahrscheinlich wollte er mich provozieren, um herauszubekommen, wie tief ich in meinem Selbsthass festsaß. Aber das habe ich erst später begriffen.

Seine Frage war ein Treffer ins Schwarze, aber sie war unfair und unprofessionell gewesen. In meinem Zustand brauchte ich Streicheleinheiten und ein Ohr, das mir geduldig zuhörte, und niemanden, der den Finger auf die Wunde legte. Ich musste wie Fundmunition behandelt werden: sich vorsichtig nähern, behutsam entschärfen und dann weitersehen. Mir nützte kein Arzt, der von oben herab mit Sprüchen wie »Warum sind Sie nicht …, warum haben Sie nicht« kam.

Nach dem Gespräch geschah etwas, was ich längst kannte. So unberechenbar wie ein epileptischer Anfall wurden schlagartig Schuldgefühle in mir ausgelöst. Mir wurde siedend heiß, ich fühlte mich schäbig, japste wie ein Karpfen auf dem Trockenen und kriegte voll die Panik. Augenblicklich ging es mir dreckig, im Nacken drückte ein dicker, schwerer Klumpen, und meine Hilflosigkeit schlug in Frust um. Vorher war mir das nachts im Tiergarten zwischen den Büschen oder mitten beim schönsten Frühstück passiert. Ich bin nie dahintergestiegen, warum es gerade jetzt losging, was der Auslöser dafür war.

Den Frust schmetterte ich immer auf die gleiche Weise ab – mit Gewalt. Ich ging im Tiergarten oder auf der Kurfürstenstraße auf die Frau zu, die ich kontrollieren wollte, und statt einer Begrüßung gab's saftige Ohrfeigen oder einen ordentlichen Schüttelmann. Sie schaute mich irritiert an. Warum, warum? Ja, das war die Frage: Warum?

Beim Frühstück fegte ich die Eierbecher vom Tisch, klatschte der Frau die Konfitüre ins Gesicht, packte sie am Schlafittchen und knallte ihr eine, dass sie den Teppich entlangrutschte. Anschließend verlangte ich, dass die Frau sich bei mir entschuldigte. Es war verrückt, aber sie taten es alle. Ob aus Angst, noch mehr Schläge einzufangen, oder weil sie begriffen hatten, dann würde das Ekel schneller Ruhe geben – keine Ahnung. Ich dachte nicht darüber nach, mir reichte die Entschuldigung.

War keine Frau zur Stelle, telefonierte ich, bis eine da war. Die konnte im tiefsten Schlaf liegen – egal, ich zitierte sie zu mir. Nölte sie rum, jetzt nicht, ich bin so müde, ich bin erst vor drei Stunden ins Bett gegangen, wurde ich deutlicher: »Keine Widerrede, du erscheinst augenblicklich!« Die war noch nicht durch die Tür, da hatte sie schon ein paar in die Fresse. Ich ließ sie im Unklaren, warum ich das tat, sie konnte nur spekulieren, was eventuell hinter der Attacke stecken könnte. In diesem Job gab es immer etwas, das sie vor mir verheimlichte. Vielleicht hatte sie letzte Nacht die Hälfte der Zeit mit einer Kollegin verquatscht oder sie ahnte, ich war ihr auf die Schliche gekommen, dass sie ab und zu hinter meinem Rücken einen Schein von der Kuppe abzweigte.

Es lief immer nach dem gleichen Schema ab. Mit der Warum-Frage kamen Schuldgefühle hoch, der Druck stieg an, und weil ich damit nicht umgehen konnte, schlug ich in meiner Verzweiflung zu. Der Klumpen löste sich sofort auf, und zehn Minuten danach machte ich meine Scherzchen. Alles war wieder im Lot. Spätestens nach einer Stunde war der Zwischenfall für mich vergessen.

Hätte ich dem Arzt in der Psychiatrie eine verpasst, wäre es mir sicherlich für den Moment auch besser gegangen. Zum Glück habe ich es nicht getan. Ich schimpfte in meiner Zelle und schlief vor Erschöpfung darüber ein.

Ich stand vor demselben Richter wie beim ersten Prozess. Die Anklage lautete: »Gefährliche Körperverletzung und Mord«.

Eine Bekannte hatte mich um Hilfe gebeten, da sie seit Monaten von ihrem ehemaligen Partner tyrannisiert wurde. Sie hatte sich von ihm getrennt, inzwischen war er ohne Wohnung und bedrohte sie täglich am Telefon. Im Alkoholrausch baute er sich vor ihrem Haus auf und beschimpfte sie auf die übelste Weise. Anzeigen bei der Polizei waren zwecklos, die zuckten nur hilflos mit den Schultern. In ihrer Ratlosigkeit bat sie mich, dafür zu sorgen, dass er sie und ihre Mutter endlich in Ruhe lasse. Für fünftausend Mark vermittelte ich den »Auftrag« an einen Bekannten weiter. Nach wenigen Tagen meldete sich die Frau wieder bei mir. Sie beschwerte sich über die unzureichende Erledigung. Die »Behandlung« hätte nicht ausgereicht, ihr Ex würde Rache schwören und ließe sich immer neue Belästigungen einfallen. Gegen weitere tausend Mark erklärte ich mich bereit, den Auftrag einem anderen Typen zu übergeben, um diesen zu wiederholen. Dieses Mal korrekt, das hieß krankenhausreif schlagen oder mindestens die Nase oder eine Hand brechen. Der neu Beauftragte kam nicht mehr dazu, den Auftrag auszuführen, denn inzwischen wurde der Ex in einem Hausflur tot aufgefunden. Jemand, der nie überführt wurde, hatte ihm fünfzehn Messerstiche verpasst, die unmittelbar zum Tod durch Verbluten führten.

Nach drei Verhandlungstagen war der Fall abgeschlossen, die Anklage wegen gefährlicher Körperverletzung und Anstiftung zum Mord wurde mangels Beweisen fallengelassen. Dass die Tötung für die Auftraggeberin oder mich vorhersehbar oder gar gewollt war, konnte vom Gericht nicht festgestellt werden. Verurteilt wurde ich wegen Anstiftung zur schweren Körperverletzung zu dreieinhalb Jahren Freiheitsentzug. Erheblich strafverschärfend wirkte sich aus, dass ich die Straftaten begangen hatte, als ich im offenen Vollzug untergebracht war. In einem vom Gericht angeordneten Gutachten wurde mir die volle Schuldfähigkeit attestiert, der Gutachter fand keine Anhaltspunkte für eine Erkrankung oder Störung. Ich war also voll verantwortlich für meine Handlungen, die mir vorgeworfen wurden, und der Aufenthalt in der psychiatrischen Abteilung in Tegel wurde damit eigentlich gegenstandslos.

Als der Richter mich fragte, was ich zu meiner Verteidigung zu sagen hätte, erzählte ich die Geschichte mit Mutter. Vermutlich reagierte er genauso skeptisch wie die meisten Leute im Saal, das war an den verständnislosen Blicken abzulesen. Was erzählt der Typ denn da über seine Mutter? So was macht eine Mutter doch nicht! Alle schauten mich an, als würde ich mich mit einer Gruselgeschichte interessant machen wollen. Ich bin sicher, die wenigsten haben mir die Wahrheit abgenommen.

Drei Wochen später stand die Verlegung von der Gefängnispsychiatrie in den normalen Vollzug an. Die Entlassungsdiagnose lautete: »Anpassungsstörung, keine Hinweise auf eine schwere psychische Erkrankung. Der Patient zeigt eine unterschwellig gespannt-aggressive Motorik im Sinne eines Imponiergehabes.«

So wurden mich die Ärzte los. Sollten sich andere mit meinem Verhalten herumärgern. Offiziell hieß es, ich sei bei ihnen an der falschen Stelle, besser aufgehoben wäre ich im Haus IV in der Sozialtherapeutischen Anstalt in Tegel. Was da besser für mich sein sollte, konnte mir niemand beantworten. Wie auch immer, schlimmer konnte es nicht mehr kommen, denn was ich mir in der Psychiatrie täglich hatte ansehen müssen, legte sich auf mein Gemüt.

In der Sozialtherapeutischen Anstalt, in der längerfristige Therapien für gewalttätige Häftlinge und Sexualstraftäter durchgeführt werden, wurde ich abgelehnt. Die Begründung lautete: Wenn ich in dem Haus auftauchen würde, müsste man dort um die Sicherheit der Insassen fürchten, die in der Abteilung wegen Kindesmissbrauch eingewiesen worden waren, denn aufgrund meiner eigenen Missbrauchsgeschichte bestünde die Gefahr, dass ich meine aufgestaute Wut an diesen Straftätern auslassen konnte.

In anderen Häusern wollten sie mich auch nicht. Zu unberechenbar, zu brutal, zu gefährlich, hieß es. Die hatten schon genug Ärger ohne Marquardt. Der Buschfunk in Tegel hatte mich inzwischen zum Karategroßmeister befördert, vor dem die Beamten reihenweise das große Zittern kriegten. Den Gerüchten nach hätte ich mindestens Zwei Meter fünfzig groß und in den Schultern Ein Meter fünfzig breit sein müssen.

Irgendein Haus musste mich aber nehmen. Nach der zweiten Vorstellung wurde ich nur zögernd im Haus V akzeptiert. In diesem sind vor allem Langstrafer untergebracht, die meisten von ihnen haben mehr als zehn Jahre abzusitzen, einige standen zusätzlich noch unter Sicherheitsverwahrung. Für die waren die Chancen äußerst gering, jemals wieder entlassen zu werden.

Von einem Tag auf den anderen befand ich mich mitten unter den schweren Jungs. Die Altknackis hatten sich mit ihrem Knastdasein abgefunden und sich in dem Bau häuslich eingerichtet. Über ihre krummen Dinger und den Knasthorizont hinaus wollten und konnten sie nichts denken. Rein in den Knast, raus aus dem Knast, rein in den Knast – das ewige dumpfe Einerlei, als wäre ihnen das Knastleben in die Wiege gelegt worden. Einer nannte seine Zelle »meine Wohnung«. Das sollte ironisch klingen, aber bei mir blieb was anderes hängen: Ich fühle mich ganz wohl hier. Um Gottes willen, dachte ich, bloß das nicht! Dahin komme ich hoffentlich nie. Mit dem Nachschlag, den ich bei meiner zweiten Verurteilung erhalten hatte, war ich allerdings auf dem besten Wege dahin.

Und nun traf ein, womit ich nicht gerechnet hatte. Meine Panik vor dem größten geschlossenen Vollzug in Europa war unbegründet, hier wurde auch nur mit Wasser gekocht. Ich wurde schnell ruhiger, und bald schwächten sich sogar meine heftigen Gewaltausbrüche ab. Als ich mich in Haus V so einigermaßen eingerichtet hatte, durfte ich von dort alle vierzehn Tage für eine Stunde den

Psychologischen Dienst der Anstalt beanspruchen. Mein Therapeut machte mir klar, meine Karten seien gar nicht so schlecht. Die Strafe sei hoch, aber das Ende absehbar. Ich könne von Glück reden, dass die letzten Gewaltausbrüche so glimpflich verlaufen und ohne einschneidende Konsequenzen geblieben seien. In Zukunft sollte ich mich aber besser nicht mehr darauf verlassen; mit zweiundvierzig sei ich zwar nicht mehr der Jüngste, aber jung genug, um neu durchzustarten. Die letzte Chance, mein Leben auf die Reihe zu kriegen, würde die Inanspruchnahme von therapeutischer Hilfe sein, denn alleine sei ich nachweislich nicht dazu in der Lage.

Wenn ich sein Angebot ernst nehmen und nicht nur als lästige Pflicht betrachten würde, könne er mir helfen. Dass ich bei meiner Entlassung stramm auf die fünfzig zugehen würde und keine finanzielle Absicherung hätte, sollte mich nicht daran hindern, den ersten konsequenten Versuch anzugehen, mein Leben grundlegend umzukrempeln.

Marion betrachtete er als einen Glücksfall. Selbstverständlich war das nicht, dass sie nach allem, was ich ihr zugemutet hatte, weiter zu mir hielt. Dass sie mich nicht im Regen stehen gelassen hatte, sei ungewöhnlich, denn von den vielen Versprechungen, die ich ihr nach der ersten U-Haft gemacht hätte, seien ja die wenigsten von mir eingelöst worden. »Verdient haben Sie sich die Liebe dieser Frau nicht.«

Ich schätzte die klare Sprache meines Therapeuten. Was er sagte, kam aus der gleichen Ecke wie bei Dr. U. und meiner Anwältin. Bei den drei Menschen spürte ich Kompetenz. Ich setzte mich ernsthaft hin und überlegte.

Mehrere Stellen hatten mir bescheinigt, ich sei nicht dumm im Kopf, und einen Jagdschein bräuchte ich auch nicht. Offensichtlich rührten meine schweren Macken aus der Kindheit her, und wenn ich in den nächsten Jahren die Hilfe von ihm annehmen würde, gab es vielleicht eine Zukunft ohne Knast für mich.

Wenn ich ehrlich zu mir war, musste ich zugeben, der große Unterschied zu den anderen Knackis, auf den ich mir was einbildete, existierte nur in meinem Kopf. In Wirklichkeit fiel er recht schmal aus. Gut, die Zuhälterei hatte ich aufgegeben und ich drückte keiner Frau mehr Kredite auf, aber meine krummen Geschäfte hatte ich im offenen Vollzug organisiert. Marion hatte ich weiter nach Strich und Faden belogen, denn die Eskapaden mit anderen Frauen konnte ich nicht unterlassen. Bei genauerer Betrachtung trieb ich es sogar heftiger als vor Hakenfelde.

Ob ich es wahrhaben wollte oder nicht, das Wort »Chance« gab es für mich nur noch in der Einzahl. Wenn ich die Kurve jetzt nicht kriegte, war es für immer vorbei, und irgendwann würde ich auch zu meiner Zelle »Wohnung« sagen. Um nicht den Rest meines Lebens hinter Gittern zu verbringen, musste ich mich auf das Angebot einlassen. Andere Gedankengänge spielten bei der Entscheidung keine Rolle. Ich wollte weder ein besserer Mensch werden, noch ging es mir um Wiedergutmachung. Zu diesem Zeitpunkt hatte ich einzig und allein mein eigenes Wohl im Sinn.

Es war wie verhext. Während der Besuche brachte ich es nicht fertig, Marion zu sagen, wie sehr ich sie bewunderte, dafür, dass sie das Sportstudio ohne mich stemmte und mit den Typen aus dem Milieu fertig wurde, die ich als Kunden in den Laden reingeholt hatte. Inzwischen trainierte bei uns die halbe Berliner Unterwelt. Und für diese Jungs war eine ehemalige Hure als Chefin nicht akzeptabel, von so einer ließ sich ein richtiger Kerl doch nichts vorschreiben. Da konnte ihr Name auf dem Firmenschuld draußen an der Tür in Goldbuchstaben stehen, es interessierte sie überhaupt nicht. Für die Luden blieb ich der Boss, auch wenn ich hinter Mauern saß.

Marion kündigte nach Rücksprache mit mir einem Typen nach dem anderen die Mitgliedschaft. Das ging schon über die Schmerzgrenze, denn finanziell rutschten wir durch den Verlust dieser Kunden noch stärker ins Minus. Uns blieb aber keine andere Wahl, denn meine Trennung vom Milieu gehörte zu dem konsequenten Schnitt, den mein Therapeut für den Neuanfang erforderlich hielt. Dass Marion den Laden trotz aller Schwierigkeiten am Laufen hielt, war eine Riesenleistung. Insgeheim war ich stolz auf sie. Und doch brachte ich es nicht fertig, ihr ins Gesicht zu sagen: »Ich bewundere dich dafür sehr.« Nur – woher sollte sie das erfahren, wenn ich es ihr nicht mitteilte?

Zum ersten Mal in meinem Leben hatte ich Angst, eine Frau könnte mich verlassen. Ich nahm mir fest vor, beim nächsten Besuchstermin damit rauszurücken. War's so weit, kam wieder nur irgendeine Belanglosigkeit über meine Lippen. Als würde ich mich innerlich verkrampfen und verknoten und verdrehen, wenn ich zu Marion was Liebes sagen wollte.

Als ich mit meinem Therapeuten ausführlicher auf den Missbrauch zu sprechen kam, wurde er deutlich. Es war mein Gesichtsausdruck, vielleicht auch der Ton, möglicherweise die ganze Art, wie ich darüber redete, die ihn zu dieser Direktheit brachten:

»Wofür schämen Sie sich eigentlich? Vergessen Sie nicht, Sie waren ein Kind! Die ersten Jahre gab es für den kleinen Jungen keinen Grund, nein zu sagen. Ihre Mutter zerquetschte Ihnen nicht die Hand und stellte Sie auch nicht bei Minusgraden auf dem Balkon ab. Für Ihre

Mutter waren Sie ›mein Andy‹ und nicht ›na, du Puschmütze‹.«

Bumm – ich hielt die Luft an! Er war noch nicht am Ende, es ging noch weiter in diesem Stil.

»Es war jahrelang angenehm, na und? Hatten Sie Schmerzen? Hatten Sie nicht. Im Gegenteil, die Mutter bereitete Lustgefühle. Was weiß denn ein Kind, was die Mutter da gerade anstellt. Und als Sie einigermaßen selbständig denken konnten, haben Sie sich doch erfolgreich gewehrt. Herr Marquardt, Ihre Selbstvorwürfe entbehren jeglicher Grundlage!«

Das waren noch einmal zwei kräftige Bumms, die runterliefen wie Öl. Er nahm mir diese Dauerlast, und ich wollte ihn dafür auf der Stelle umarmen.

Ich legte mich anschließend in der Zelle auf mein Bett und wiederholte diese Sätze, als hätte ich den Auftrag, sie auswendig zu lernen.

»Vergessen Sie nicht, Sie waren noch ein Kind, Herr Marquardt. Hatten Sie Schmerzen? Nein, hatten Sie nicht! Was weiß denn ein Kind, was die Mutter da gerade anstellt? Es kann es doch gar nicht wissen!«

Am liebsten hätte ich es schriftlich gehabt, damit niemand dran rütteln konnte. Ich war total erleichtert und bereit, mehr über mich zu erfahren.

Nach einem Vierteljahr hatte mein Therapeut die Karre aus dem gröbsten Dreck gezogen. Wenn ich ihn richtig begriffen hatte, war mein Geprotze ein lebenslanges Bemühen, mir zu beweisen, dass ich als Kind nicht versagt hatte. Gegenüber Vater nicht und auch nicht gegenüber Mutter.

Jetzt verstand ich auch die Bemerkung von Dr. U. in der Untersuchungshaft in Moabit: »Ihr Sport und Ihre Allmachtsfantasien haben Ihnen das Leben gerettet.« Wenn ich als Zehnjähriger auf dem Schulhof verächtlich auf meine Mitschüler herabsah, fühlte ich mich überlegen. In Judo und Karate war ich der Knallharte, der seine Gegner ratzbatz von der Matte fegte. Ich war der Größte, mit mir konnte es keiner aufnehmen.

Wie allen Kindern, die in ihren Familien wie in Fallen hocken, blieben mir nur zwei Möglichkeiten: die Flucht in diese Allmachtsfantasien – ich bin was ganz Besonderes – oder der Rückzug nach innen: ich armes, geschundenes Kind. Eine normale Entwicklung würde bei solchen Eltern nie klappen.

Hätte ich meine Aggressionen nach innen gerichtet, wäre ich in der Kinderklapper gelandet oder als Dreizehnjähriger aus diesem Hochhaus in Rudow vom obersten Stock gesprungen. Gewählt habe ich den schwereren Abstieg die Treppen hinunter, weil ich mich für einzigartig hielt. Die Füße oben, den Kopf unten, und das einundzwanzig Etagen, bis runter ins Parterre.

In mir waren zwei Andies – ein harter und ein weicher. Bis weit in die Neunziger hatte der harte Andy eindeutig die Oberhand, er kommandierte, ohne Widerspruch akzeptieren zu können. Der weiche Andy hatte sich im Verborgenen eingerichtet und kuschte in seinem Eckchen. Er war immer vorhanden, aber selten im Einsatz. Neuerdings steckte er für eine Stunde beim Psychologischen Dienst mutig den Kopf heraus und meldete sich auch, wenn Marion zu Besuch kam.

Wenn sie erzählte, wie sie von früh bis abends schuftete, um das Sportstudio einigermaßen über Wasser zu halten, ertappte ich mich, wie ich zu ihr sagte: »Du kämpfst ja wie eine Löwin. Alle Achtung, wie du das packst!«

Der harte Andy gab mir prompt einen kräftigen Tritt in die Seite. »Eh, was ist denn jetzt los mit dir, hör doch mal uff hier, ist ja noch schöner, spinnst du? Nimmst die in den Arm und fängst an, 'ne Träne rauszudrücken, nur weil es dir gut geht mit der. Wat soll'n dette? Nu mach mal 'n Punkt, Andy.« Und gleich danach habe ich die Frau behandelt wie immer.

Wochenlang gab's ein elendes Gezerre zwischen den beiden Andys. Hin, her, hin, her, bis der harte Andy mit Unterstützung des Therapeuten einen richtigen Hammer abkriegte. Der nette, einfühlsame Andy hatte nämlich nicht nur den Kopf kurz rausgesteckt, sondern den Schlagarm gleich mit: »Was geht hier eigentlich ab, du Nase? Verdammt noch mal! Willst du etwa, dass Andy sein Leben im Knast beschließt? Das lasse ich auf keinen Fall zu.«

Ich spürte, in mir waren auch gute Gefühle, aus denen ich mich bisher rausmanövriert, die ich brutalst unterdrückt hatte, weil der Harte sie als hinderlich und geschäftsschädigend einstufte. Außer grobem Sex ließ er nichts zu. Damit wollte der Weiche nun endgültig aufräumen.

Wenn ich Marions Hand mit meiner berührte und darauf liegen ließ, machte sie kein Gewese. Als hätten wir all die vergangenen Jahre miteinander Hand in Hand verbracht, so selbstverständlich nahm sie meine Zärtlichkeiten an. Hätte sie verschreckt auf unsere Hände gestarrt oder laut und sichtbar ihre Freude gezeigt, wäre der Weiche ganz schnell in Deckung gegangen, weil er sich zu diesem Zeitpunkt noch vor dem Harten schämte.

Es hört sich kitschig an, aber in diesen Tagen entdeckte ich die Liebe. Eigentlich habe ich sie mir erarbeitet – oder erkämpft, vielleicht auch nur zugelassen. Wie auch immer, jetzt boxte sich der Weiche Runde für Runde durch, und heute bin ich mir sicher, irgendwann stemme ich den menschlichen Andy endgültig.

Nach zwei Jahren schlug mein Therapeut vor, dass ich mir zur weiteren Bearbeitung des Missbrauchs einen auf mein Thema spezialisierten Psychotherapeuten außerhalb der Anstalt suchen sollte. Die Vollzugslockerungen, die mir inzwischen gewährt wurden, ließen eine Weiterbehandlung außerhalb der Anstalt zu. Sofort meldete sich mein Misstrauen. Er will mich loswerden, dachte ich, er schickt mich weg, er mag mich nicht mehr. Als ich meine Sorgen in der Abschlusssitzung ansprach, zerstreute er meine Bedenken.

Ich nahm mit mehreren Therapeuten außerhalb der Anstalt Kontakt auf und entschied mich kurzfristig für Herrn Lemke von der Berliner Einrichtung »Kind im Zentrum«, die auf Therapien von Missbrauchsopfern spezialisiert ist. Vom ersten Tag hatten wir miteinander, was man einen guten Draht nennt. Er erkannte, an welchem Punkt der Aufarbeitung ich stand und wohin ich wollte. Zwischen uns lief es monatelang gut, bis sich in einer Sitzung meine Stimmung um hundertachtzig Grad drehte.

Seiner Ansicht nach saß ich immer noch in einer Opfer-Täter-Spirale fest, wie ferngesteuert würde ich durch mein Leben rennen.

Wow, nun mal langsam. Ferngesteuert, was sollte denn das nun wieder? Begeisterung löste die Feststellung bei mir gerade nicht aus. »Wenn ich Sie richtig verstanden habe«, konterte ich, »war und bin ich ohne eigenen Willen unterwegs. Ich teilte aus, weil Vater und Mutter mich mit ihren Schweinereien in diese Spur setzten, in der ich bis heute rumrutsche.«

Das war übel. Ich dachte, was heißt dachte, ich war fest davon überzeugt, dass ich in meinem Leben allein darüber entscheide, was ich will und was ich tue. Ich, Andreas Marquardt, ich herrsche, ich bin die Macht!

Sollte Herr Lemke Recht haben, was ich nicht glauben wollte, dann hatte ich einen Scheißdreck selber bestimmt. Ich wurde wie ein Hampelmann an der Strippe geführt, und genau das war der Schaden, der aus der Kindheit rührte.

Na, bravo! Der international erfolgreiche Karatekämpfer ein armes Opfer!

Das klang in meinen Ohren wie verkehrte Welt, als hätte jemand behauptet, ab heute kriegen Männer die Kinder. Für mich war das das Verrückteste, was ich bisher gehört hatte. In mir sträubte sich alles, so ein Schwächling wollte ich nicht sein. Vor ein paar Jahren hätte ich dem, der mir so viel krauses Zeug erzählte, links und rechts eine saftige Schelle verpasst.

Der Gedanke, meine Kindheit hätte mich noch als erwachsener Mann voll im Griff, widerte mich an. Dass ich Jahrzehnte wie eine willenlose Marionette funktioniert haben soll, machte mich wütend. Das hieß doch: Hätte es die Sauereien in der Kindheit nicht gegeben, wäre aus mir ein ganz anderer geworden.

Das war schon ein grobes Eisen, eine böse Nummer; so unmissverständlich hatte das noch niemand ausgedrückt. Marionette, Hampelmann – als wäre ich programmiert worden. Das war alles bitter, sehr bitter sogar. Ich hielt mich nie für Cäsar oder Napoleon, ich war ja nicht verrückt, aber wer will schon eine simple Nummer ohne eigenen Willen sein? Mir dröhnte der Schädel. Nach der Sitzung stürzten die Gedanken auf mich ein. Ich schlich wie ein alter, gebrochener Mann im meiner Zelle umher und grübelte vor mich hin.

Ja gut, eine Überlegung war dieser Gedanke schon wert. Möglich konnte schließlich vieles sein. Immerhin hatte es Momente in meinem Leben gegeben, da dachte ich, so wie du dich da aufgeführt hast, musste das was mit früher zu tun gehabt haben. Aber das mit den Strippen und der Marionette war krass – und die reine Spekulation. Das ließ sich unmöglich exakt zurückverfolgen. Überzeugt von dem, was der Therapeut sagte, war ich nicht, aber es ließ mich auch nicht wieder los.

Wenn ich als Erwachsener von dem getrieben wurde, was mir als Kind passiert war, dann hatte der nette Andy kaum eine echte Chance, sich durchzusetzen. Demnach musste es erst zum Crash kommen, denn von alleine würde der Harte in einem solchen Fall das Kommando nie aus der Hand geben.

Ich schaltete den Fernseher ein, drei Minuten später schaltete ich ihn wieder aus. Ich blätterte in der Zeitung, es nützte nichts, ich konnte mich nicht ablenken. Immer wieder kam ich auf die Sitzung zurück.

Da war noch so ein schwachsinniger Satz, der mir nicht mehr aus dem Kopf ging:

»Sie erniedrigen Frauen, um sich zu erhöhen, damit Sie sich im Spiegel ertragen können!«

Je länger ich darüber nachdachte, umso mehr kam ich ins Grübeln. Ich schob die Gedanken von einer Ecke in die andere, aber sie drängten sich stets wieder nach vorn.

Man kann die Dinge immer so und so sehen, es kommt drauf an, von welcher Seite man sie betrachtet. Schon möglich, dass es von außen so aussah, aber was ich überhaupt nicht verstand: Wie konnte etwas so lange nachwirken, das Jahrzehnte zurücklag?

Als ich mit Vater abrechnete, war ich siebzehn gewesen. Danach habe ich ihn nie wieder gesehen. Mit neunzehn zog ich nach Tempelhof. Mutter sah ich nach dem Umzug nur noch sporadisch, in größeren Abständen, nie länger als eine Stunde.

Wenn ich dem Therapeuten folgte, blieb mir nur die Wahl zwischen Pest und Cholera. Es war anscheinend völlig egal, meine Wut hätte ich nach außen oder nach innen richten können, früher oder später wäre ich so oder so in einer Anstalt gelandet. Mit der Pest hatte ich mir insgesamt acht Jahre Knast eingehandelt. Bei Cholera hätte man mich in die geschlossene Psychiatrie gesteckt, und da wäre ich bis zum Anschlag mit Tabletten vollgestopft worden. Also war ich mit der Pest noch ganz gut bedient.

In den letzten zwei Jahren war ich im Psychologischen Dienst in Tegel gut vorangekommen – und nun das. Wieder dröhnten laute Stimmen in meinem Kopf und lagen genauso heftig miteinander im Clinch wie die Stimmen zu Beginn der zweiten U-Haft in Moabit. In den nächsten Sitzungen bei Herrn Lemke ging es rauf und runter. Ich fühlte mich angegriffen, meine Stimmung schwankte, danach war ich tagelang abgespannt und erschöpft. Aber etwas war anders geworden: Ich flippte nicht aus. Die extremen Ausraster passten nicht mehr zu mir.

Bei den Besuchen spürte Marion, wie bedrückt ich war. Sie hörte ruhig zu, als ich ihr meinen Kummer erzählte.

Ein Erwachsener hat immer eine Wahl, antwortete sie. Dieser Mann aus dem Columbiabad habe sie damals auch missbraucht und geschlagen, deshalb habe er sie aber nicht jahrelang an der Strippe führen können.

»Aber doch nicht schon mit sieben!«, schrie ich sie an. »So früh, wie ich gepiekt wurde, so klein, wie ich war, die Weichen wurden bei mir ganz früh gestellt. Wäre ich so alt gewesen wie du, wäre der Schaden auch nicht so groß.«

Den Ton kannte Marion nicht von mir. Sie ließ sich nicht beeindrucken und blieb dabei: »Der Mensch ist mit achtzehn erwachsen und verantwortlich für das, was er anrichtet.«

»Das sehe ich aber anders«, konterte ich.

»Kann schon sein«, sagte sie. »Aber das ändert nichts

an der Tatsache, dass ein Erwachsener nun mal voll verantwortlich ist für sein Tun. Ich würde mich sehr wundern, wenn dein Therapeut das nicht auch so sieht.«

Jetzt wurde ich fies: »Vielleicht habe ich bei dir die Strippen gezogen?«

Ihre Antwort war kurz und bündig: »Du wirst lachen, eine Weile habe ich das vermutet. Inzwischen weiß ich, ich bin immer wieder zu dir zurückgekommen, weil ich dich liebe! Mich hat niemand an der Strippe geführt. Weder du noch dieses Dreckschwein.«

Ich lag stundenlang auf dem Bett, starrte an die Decke – und langsam stieg Mitleid mit dem kleinen Andy in mir auf. Ganz schön viel sogar. So hatte ich den kleinen Jungen bisher nie gefühlt. Bis jetzt hatte ich ihn verdrängt, und nun kam er mit Macht zum Vorschein.

Ich war traurig, verdammt geknickt und sehr nachdenklich. Das Puzzle oben an der Decke fügte sich zu einem Bild.

****

Wenn Mutter im Radio ein Lied aus dem Musical *Hair* hörte, trällerte sie es mit. Das Musical war der Hit der Saison. An einem schulfreien Tag ging sie mit mir in ein Schallplattengeschäft und kaufte uns die LP.

Wann immer ich nach Hause kam und Mutter war da, spielte sie diese Musik. Je öfter ich genauer hinhörte, umso besser gefielen mir die Songs, besonders die lustigen. Wenn Mutter kurz vor dem Schlafengehen die Platte aus der Hülle nahm, auf Kratzer kontrollierte und mit einem gelben Läppchen behutsam abputzte, war das für mich ein Signal.

Ich lag platt wie eine Flunder im Bett, schloss die Augen und stellte mich ein bisschen wie tot. Ich wusste, gleich legt sie die LP auf, macht das Licht aus und es geht los. Ich zählte leise mit. Eins ... die Platte lag auf dem Teller. Zwei ... das Ding fing an sich zu drehen. Bei drei senkte sich den Tonarm. Mutter knipste die Lampe aus und stieg in unser Bett. Gleichzeitig mit der Vier vernahm ich die Musik: Weltraumklänge von ganz weit her aus dem All, als würde ein Riesenschwarm Hummeln auf die Erde zufliegen, direkt zu uns ins Schlafzimmer. Dann sang eine Frau: *Wenn der Mond im siebten Hause steht, Jupiter auf Mars zugeht und herrscht unter den Planeten, lenkt Liebe ihre Bahn. Genau ab dann regiert der Wassermann die Erde.* Das Lied hieß »Wassermann«.

Mutter fing an, mich zu streicheln. Leise und behutsam, so zurückhaltend, als wäre sie schüchtern und wollte erst einmal vorsichtig anklopfen und fragen: »Ist da jemand?« Dann die Küsschen. Ein, zwei Küsschen auf die Oberschenkel, Hemd aus, Hose runter, ein Küsschen auf den Bauch, federleicht, wie hingehaucht. Und immer noch ein Küsschen, Küsschen über Küsschen.

Die Küsserei hielt an bis zum vierten Song auf der LP. Es war eins von meinen Lieblingsliedern: *Ich bin ein Farbiger, ein Neger, ein schwarzer Niemand, ein Dschungelkater, kohlpechrabenschwarzer Dreck, Onkel Tom und Othello.*

Dann nahm sie behutsam mein Zipfelmützchen zwischen Daumen und Zeigefinger, schaukelte es leicht hin und her und pustete darauf.

Das Lied auf der Platte interessierte mich sehr. Der Neger war auch noch Baumwollpflücker, Frauenschänder, schwarzes Schwein mit dicken Lippen sowie Tittencop mit breiter Nase. Der Tittencop brachte meine Fantasie besonders in Schwung. Ich wusste nie so richtig, was der Ausdruck eigentlich bedeutete. Ich traute mich aber nicht, danach zu fragen, und in Berlin war mir noch keiner begegnet. Ein Cop, reimte ich mir zusammen, war ein Polizist in Amerika, und Titten und Titties waren ja dasselbe, Frauenbrüste. Demnach war der Tittencop in diesem Song ein schwarzer Polizist mit dicken Lippen und Frauenbrust, der in Amerika auf den Straßen aufpasst, damit die Menschen keine Verbrechen begehen. Schon komisch, ein Mann mit Titties unter der Uniformjacke.

Jetzt nahm Mutter Schwänzli und Säcklein gründlicher ran – und kam darüber ins Schwärmen: »Wie schön ist das doch immer wieder mit uns beiden, stimmt's, Andy?«

Ich werde genickt haben, wie immer, und die nächsten Sätze kannte ich auch, die waren jedes Mal gleich: »Eine richtige Mutter darf sich für nichts zu fein sein und sich vor nichts drücken – davor schon gar nicht. Alle Frauen sollten das mit ihren Söhnen praktisch durchgehen, damit die später an ihren Weibern nicht rumstümpern wie die Kasper. Und noch eins, Andy: je früher, umso besser. Glaube mir, deine Mutter kennt sich aus.«

Wird schon so sein, warum auch nicht, ich vertraute ihr. Für mich gab es keinen Grund, daran zu zweifeln. Mir wurde kribbelig, wenn sie so redete, eigentlich wollte ich das gar nicht hören, es war mir irgendwie peinlich. Und dass ich mit keiner Menschenseele auch nur ein Sterbenswörtchen darüber reden durfte, leuchtete mir ein. Die meisten Menschen lebten eben immer noch hinterm Mond, wie Mutter sich ausdrückte.

Mit einem Ohr war ich ständig bei der Musik. »Luft« fand ich super. Der Text dieses sechsten Liedes war eine Wucht. *Hallo Schwefeldioxyd, hallo Kohlenmonoxyd, herein, herein, ich atme euch ein. Tagaus und tagein – herein. Hallo Teer und Ruß und Rauch, alle Auspuffgase auch. Oh fein, oh fein, wir atmen euch ein.*

Ich summte leise mit und nahm mir vor, nicht mit mir, das Mistzeug atme ich nicht ein, ich gehe euch aus dem Weg, wo ich kann. Stand ich bei Rot an der Kreuzung, hielt ich die Luft an und guckte angeekelt auf die verrußten Auspuffe der Autos. Eins stand fest, niemals wollte ich rauchen. Ein richtiger Sportler atmet dieses Gift doch nicht noch zusätzlich mit blöden Zigaretten ein und versaut sich seine Lungen.

Zwischendurch seufzte Mutter immer wieder mal leise: »Ach, Andy, wir sind schon so ein Pärchen – wie Max und Klärchen.«

Wieso Max und Klärchen? Mit der Bemerkung konnte ich nichts anfangen, hatte ich da vielleicht etwas überhört? Egal, der tolle Text lenkte mich jedes Mal voll ab.

Das Gefummel zog sich ungefähr eine Viertelstunde bis zum Titellied hin. Das war »Hair«, die Nummer neun war unser Pausenlied. Bei »Hair« haben wir verschnauft. »So viel Zeit muss sein«, meinte Mutter. Wir lagen nebeneinander auf der Matratze und hörten entspannt Musik.

»Igittigittigit!« An einer Textstelle stöhnte Mutter regelmäßig auf, sie konnte es einfach nicht fassen. »Lange Loden wie ein Weib! Wie kann ein Mann nur so lange Fusseln tragen?«

Nebenbei ging sie mir mit den Fingern durch die Haare, als wollte sie die Länge überprüfen. »Du hast keine Mähne«, murmelte sie vor sich hin, »deine Haare sind kurz und schön gepflegt.«

Meine waren ordentlich geschnitten, hinten hoch, der Nacken ausrasiert, wie bei einem richtigen Sportler eben. Mutter konnte sich kaum beruhigen: »Also wirklich, diese Fusseln bei einem ausgewachsenen Mann, das ist doch weibisch, ist das nicht ekelhaft, Andy?«

Fand ich auch. Wir haben uns den Bauch gehalten und

halb krankgelacht, wenn die Zeile kam: *Mach daraus für die Laus ein Zuhaus. Bau im Haargeäst dem Star ein Nest.* Manchmal hatte ich Seitenstechen von dem Gegacker, und musste ich am nächsten Morgen erst zur zweiten Unterrichtseinheit in die Schule, stand Mutter auf, knipste die Nachttischlampe an, wischte sich mit einem Papiertaschentuch die Lachtränen weg und schwenkte den Plattenarm zurück auf ebenjene Stelle. »Und jetzt das Ganze noch einmal«, sagte sie vergnügt, und beide stimmten wir in Zimmerlautstärke mit ein: »Mach daraus für die Laus ein Zuhaus. Bau im Haargeäst dem Star ein Nest.«

Inzwischen lief Song Nummer zehn: »Nein sagt sich so leicht.« Das Lied stieß mir später des Öfteren auf, und es dauerte Jahre, bis ich begriffen hatte, dass das Gegenteil stimmte. Nein sagt sich sehr schwer, wenn man Kind ist, aber auch als Erwachsener fiel es mir nicht leicht, dieses Wort gegenüber Mutter zu gebrauchen.

Damals dachte ich nicht im Traum daran, nein zu sagen. Es hat mir gefallen, Mutter musste mich nicht zwingen. Ich war nicht unglücklich, ich bin auch nicht deprimiert durch die Gegend gelaufen, mir ging es gut, ich war ein stolzer, kleiner Erwachsener.

Welches Kind macht sich schon groß Gedanken darüber, ob es gut oder schlecht ist, was seine Eltern von ihm verlangen. Die Kleinen spucken die Suppe aus, wenn sie satt sind und immer noch ein Löffelchen rein soll; die Älteren motzen, wenn sie im Sommer um acht Uhr oben in der Wohnung sein müssen. Das Gelaber – »Wir wollen doch nur dein Bestes« – hängt ihnen zum Hals raus, und doch spüren sie tief im Inneren, es wird schon seine Richtigkeit haben, was Mama und Papa fordern.

Klar, es ist dieses Urvertrauen, worauf Kinder bauen. Ging mir doch mit Mutter auch nicht anders. Sie war dabei, also konnte nichts schiefgehen, und lobte sie mich, ging es mir besonders gut.

Danach sang eine traurige Stimme: *Wie grausam sind oft grad die, die wir lieben. Warum sind Leute so gefühllos, warum sind sie nur so kalt?*

Das muss man sich noch mal vorbeten: *Wie grausam sind oft grad die, die wir lieben.* Heute denke ich, so ein Text war doch kein Zufall, er hört sich jetzt an wie eine Zusammenfassung meines Lebens.

An Vater habe ich bei diesen Worten manchmal gedacht; was Mutter anging, sind diese Zeilen lange an mir vorbeigerauscht. Warum sollte ich? Es gab keinen Grund, es war doch meine Mutter, gewarnt wurde ich vor fremden Menschen, den bösen Mitmenschen.

Richtig lustig wurde es bei »Black Boys«, der Nummer vierzehn. *Black Boys find ich klasse, die sind braun und süß. La, la, la, la. Ich brauch 'n Negerkuss mit Schokoladenguss.*

Wir kicherten, hielten die Hand vor den Mund und stießen uns gegenseitig an, um Oma und Opa in ihren Betten auf der anderen Seite des Flurs nicht zu wecken. Mutter atmete noch einmal kräftig durch, drehte sich auf meine Seite und flüsterte mir aufmunternd ins Ohr: »Du bist dran, Andy. Zeig, was du Schönes bei Mutti gelernt hast. Und wenn ich bitten darf, das volle Programm.«

Das musste sie mir nicht dreimal sagen, ich ging eifrig zur Sache. Streicheln, kneten und schlecken, von oben bis unten abfingern und wieder zurück. Ich hab's getan und genossen; ich ließ nichts aus, ich war ein guter Schüler.

Nach »Black Boys« nahm Mutter aus ihrem Nachtschränkchen einen Gummischwanz, den sie vor dem Schlafengehen mit Vaseline eingerieben hatte, und drückte ihn mir in die Hand.

»Schieb ihn mir in die Mu, Andy – so richtig schön tief!«

Was für ein Riesending! Gewundert habe ich mich schon, der war mindestens fünfmal so groß wie meiner und lag in meiner Hand wie Omas Wäscheknüppel. Ich zögerte, ich wollte Mutter doch nicht wehtun.

»Komm, hab dich nicht so«, beruhigte sie mich. »Keine Bange, sei kein Frosch, du warst viel größer, als du da unten rausgekrochen bist.« Wie groß so ein Baby ungefähr ist, wenn es auf die Welt kommt, konnte ich mir vorstellen. Meine Angst, ich könnte ihr mit dem Ding Schmerzen bereiten, war also unnötig. So schlimm wird's denn nicht sein, dachte ich mir, und schob das Ding tief in die Mu.

Sie ächzte beim Einführen wie eine ungeölte Haustür, drehte sich mühselig nach links, klappte sich auf und zu wie ein Taschenmesser und stöhnte im Takt. So stöhnt doch kein Mensch, dem was wehtut, dachte ich. Im Gegenteil, das Gestöhne klang wie genießen, als gefalle es ihr sehr. Mir fiel regelrecht ein Stein vom Herzen, ich war heilfroh, dass ich ihr keine Schmerzen zufügte.

Zwischendurch gab's des Öfteren dickes Lob: »Wie gut du das machst, also unglaublich, du bist ja ein echtes Talent!«

In Gedanken klopfte ich mir auf die Schulter. Was willst du denn, sagte ich zu mir, es läuft doch wie am Schnürchen. Mutter hatte ganz Recht, ich sollte stolz auf mich sein. Ich war nicht nur ein großes Talent im Sport, ich schlug auch bei den Frauen ein. Vor mir lag eine super Zukunft. Ich musste nur aufpassen, dass ich mich nicht zu sehr von den Liedern auf der Platte ablenken ließ. Denn wenn ich zu lange mit den Gedanken woanders war, gab's Schwierigkeiten. Ich kam aus dem Rhythmus, wurde unkonzentriert und verlor die Übersicht. Schwupps, und das Ding war bei dem Gewackel raus aus der Mu.

»Herrgott noch mal, pass doch auf!«, blaffte sie mich dann an. »Sei nicht so zimperlich, trau dich, ich bin nicht aus Watte. Wie oft soll ich dir noch sagen, das tut nicht weh, das tut gut.«

Ich riss mich zusammen und schob nun mit beiden Händen. Sie wusste schließlich selber am besten, was sie vertrug. Mir tat beim Wettkampf ja auch nichts weh, wenn ich einen Schlag abbekam oder mich nicht rechtzeitig auf der Matte abfangen konnte. Andere jaulten da auf vor Schmerzen, packten ihre sieben Sachen und rannten wimmernd zur Mama nach Hause. Mutter und ich, wir waren beide aus ganz anderem Holz. Außerdem war es ihre Mu – und nicht meine.

Es dauerte eine Weile, bis wir aufeinander eingespielt und meine Skrupel verschwunden waren. Ehrlich gesagt, die Gummischwanznummer war nun wirklich gewöhnungsbedürftig, da musste ich mich erst herantasten. Eigentlich war das die absolute Härte, die Nummer kostete mich viel Überwindung. Was die Jahre vorher gelaufen war, konnte man dagegen getrost als Kinderkram bezeichnen.

Inzwischen lief »White Boys«: *White Boys sind die Besten, nett und grad nicht dumm. White Boys sind das Wahre, blond und schick gebaut, wenn sie mich berühren, krieg ich Gänsehaut.*

Der Song passte perfekt, Wort für Wort, wie für mich gedichtet. Nett war ich, grad nicht dumm traf auch zu, blond und schick gebaut sowieso. Ich war ein echter »White Boy«. Weit und breit der Beste in meiner Altersklasse, auf der Matte und im Bett. Mutter konnte sehr zufrieden sein. Selbst das mit der Gänsehaut stimmte. Ich musste nur die Zunge an Mutters Nippel halten und schon zitterte sie, bekam prompt eine Gänsehaut. Alles echt, da war nichts gespielt. Ich konnte mit Fug und Recht von mir sagen: »Ich bin das Wahre.«

Irgendwann ließ Mutter den Gummischwanz im Schubfach, packte mein rechtes Handgelenk und tunkte meine Fingerspitzen in das Vaselinenäpfchen auf dem Nachttisch.

Mach die Finger lang, forderte sie, und lass den Daumen darunter verschwinden. Sie nannte das eine »schmale Hand machen«. Ich hielt die Luft an, und obwohl ich einiges gewohnt war, blieb mir die Spucke weg, als sie sich die glitschige »schmale Hand« so mir nichts, dir nichts in die Mu schob. Im ersten Moment dachte ich, das müsse doch barbarisch wehtun, und zog reflexartig die Hand zurück. Sie griff noch fester zu und herrschte mich an:

»Hab ich dir nicht schon hundertmal gesagt, ich bin nicht aus Watte!« Und flupp, weg war die »schmale Hand« – und dieses Mal beinah bis zum halben Arm.

Ich hab's immer wieder getan, und irgendwann nicht mehr darüber nachgedacht.

Heute kann ich darüber nur den Kopf schütteln, ich fasse es nicht. Andere Kinder kriegen in dem Alter vor dem Einschlafen Gutenachtgeschichten mit Prinzen und Prinzessinnen vorgelesen. Ich dagegen lag mit meiner Mutter im Bett und hatte viermal die Woche Sexualkundeunterricht bei Musical-Melodien. Selbstverständlich zu meinem Besten, damit ich später nicht so ein Tiefflieger würde wie Vater. Ist das nicht völlig abgedreht und verrückt?

»Schweben im Raum«, die Nummer sechzehn auf der LP, lief um die fünf Minuten. Mutter schnurrte wie ein Kätzchen, rollte sich auf die Seite und bat, die Hand vorsichtig rauszuziehen. Dann winkelte sie die Beine an, ging auf die Knie, beugte sich nach vorneüber und stützte sich auf beide Handflächen. Ihr großer weißer Hintern leuchtete wie der Mond.

»Nimm mich von hinten«, forderte sie streng. »Mach!«

In der Hundestellung hatte ich meine Mühe, das war Schwerstarbeit. Mit der freien Hand sollte ich ja noch abwechselnd ihren Rücken kraulen und die linke Titti massieren. Kurz entschlossen stieg ich aus dem Bett, postierte mich auf den Bettvorleger und schob, was das Zeug hielt.

Mutter tat, als ob sie kräftig von hinten genommen wurde. Sie bewegte sich immer schneller, ihre Haare flogen nur so. Ich kam mir vor wie ein Reiter, der nicht abgeworfen werden will. Eine Hand fest ins Fell gekrallt, die andere tief in der Mu drin.

Die Stellung war schwierig, denn Mutter rackerte so vor sich hin, dass die »schmale Hand« immer wieder wie von alleine raus wollte. Am liebsten hätte ich laut geflucht, denn jetzt war Schluss mit »Bitte« und »Danke, mein Andy«. Jetzt hieß es: »Kannst du nicht aufpassen!« Sie war einfach nur sauer, und ich hatte Angst, sie würde sich jeden Moment umdrehen und mir eine knallen. Vor lauter Eifer, nichts falsch zu machen, schlief mein Schwanz bei »Schweben im Raum« regelmäßig ein. Bei »Rot, blau und weiß« und »3500«, die Nummern siebzehn und achtzehn, nahm sie ihn sich noch einmal gründlich vor, und nach zwei Minuten war er wieder flott und munter.

Bei »Hat's der Mensch nicht weit gebracht?«, dem nächsten Song, legte sie sich auf den Rücken, spreizte die Beine weit nach hinten auseinander und forderte laut:

»Stoss ihn rein, Andy!«

Die blökt mir noch das ganze Haus zusammen, dachte ich und schaute automatisch in Richtung Tür, so laut und fordernd hörte sich ihre Stimme an. Ich hätte mich nicht gewundert, wenn Oma und Opa plötzlich auf dem Bettvorleger gestanden hätten. Stoßen – selbstverständlich kannte ich das Wort, aber Mutter meinte was anderes. Praktisch sollte mein Ding jetzt in die Mu. Die schaut aber komisch, dachte ich, und legte mich auf sie. Im Schummerlicht sah ihr Gesicht so verzerrt aus. Ihre linke Hand umfasste meine linke Pobacke, und mit der rechten führte sie sich meinen Schwanz ein. Im Grunde vögelte sie sich ihn selber rein.

»Die letzten Sterne« fing an, und jetzt ging es in eine Art Endspurt. Ihre Stimme wurde heiser, noch fremder, und wenn ich nicht genau gewusst hätte, das kann nur Mutter sein, hätte ich gedacht, unter mir liegt eine fremde Frau. Sie krallte beide Hände in meine Pobacken und führte mein Becken hoch, runter, hoch, runter, immer schneller, bis zum Orgasmus.

»Finale« war das letzte Lied: *Wir sehen einander hungrig in die Augen, in Wintermäntel eingehüllt, und in Düfte aus Retorten. Glauben noch großen Worten. Aus dem bösen alten Märchenbuch.*

Das Aufräumlied. Abwischen, abtrocknen, Hemd und Hose überziehen. Mutter streichelte mich noch ein bisschen, sagte: »Nun schlaf mal schön und träum was Nettes.« Ich drehte mich auf die Seite, und weg war ich.

Langsam genierte ich mich für das, was vor dem Einschlafen passierte. Was geht denn hier eigentlich ab?, fragte ich mich, es ist deine Mutter, nicht irgendeine fremde Frau! Das kann nicht normal sein. Wenn die anderen Jungen in der Schule über ihre Mütter redeten, sperrte ich meine Ohren weit auf. Sicher war, kein einziger hatte Sex mit seiner Mutter. Die Mütter meiner Klassenkameraden scherten sich nicht darum, wie ihre Söhne später im Bett mit den Frauen klarkommen würden, die kümmerten sich ums Essen, ums Anziehen und die Schule, und sie sorgten dafür, dass jedes Kind ein eigenes Bett hatte. Sie legten ihren Jungen sogar frische Papiertaschentücher unters Kopfkissen.

Die Zweifel bohrten in mir, ich war hin und her gerissen. Das Wenige, das unsere Biologielehrerin im Unterricht zu dem Thema sagte, verstärkte mein Gefühl, etwas stimmte nicht bei mir zu Hause. War etwa alles Humbug, was Mutter mir erzählte und beibrachte?

So weit wollte ich gar nicht denken, meine Gefühle für sie sollten bleiben, wie sie waren. Ich wollte mich rauswinden, aber auch nicht ganz darauf verzichten. Ja und nein, und beides halbherzig.

Etwas machte mich zusätzlich stutzig. Mein Trainer benutzte beinahe die gleichen Worte wie Mutter, wenn er mit mir ein Extratraining absolvierte: »Das bleibt aber unter uns, Andy, kein Ton zu den anderen, sonst wollen die auch.«

Im Grunde sagten beide das Gleiche: Du wirst mal ein ganz Großer, vorausgesetzt, du lernst und trainierst fleißig so weiter und hältst deine Klappe. Mir leuchtete ein, dass der Neid auf mein Ausnahmetalent nicht unnötig geschürt werden musste, und es war Ehrensache, dass ich meine Klappe hielt. Ich dachte nicht im Traum daran, meine großartige Zukunft durch Quatschen zu gefährden. Weder im Sport noch bei den Frauen.

Allerdings spitzte sich meine Situation weiter zu. Ich wurde das Gefühl nicht mehr los, man konnte mir ansehen, was Mutter und ich in unserem Bett anstellten. Ich wurde von Tag zu Tag unsicherer, der Ekel verstärkte sich, und es machte mich wütend, wenn Mutter in ihrer Geilheit meinen Samen »heiße Suppe« nannte.

Um der Sache aus dem Weg zu gehen, rannte ich noch

öfter zum Sport und kam abends immer später nach Hause. Kurz vor dem Schlafengehen fiel mir eine Ausrede nach der anderen ein: »Ich bin so kaputt, nicht heute, lieber morgen.« Am nächsten Abend hatte ich heftige Kopfschmerzen, weil ich im Training bei einem Wurf schlecht gefallen war. Oder mir fiel fünf Minuten vor dem Schlafengehen ein, ich hätte am nächsten Morgen gleich in der ersten Unterrichtsstunde eine Geschichtsarbeit zu schreiben. Mutter musterte mich skeptisch, nahm aber Rücksicht auf meine Sorgen und Wehwehchen. Ich kriegte es auf einmal die Woche runter, manchmal lagen sogar zehn Tage dazwischen.

Die Tour hielt jedoch nicht lange. Sie durchschaute mich, fegte meine Ausreden vom Tisch und machte Druck: »Wenn du nicht mitmachst, ist ab morgen der Sport nach der Schule gestrichen, dann kannst du nicht falsch fallen und dir den Hals verrenken.«

Okay, sagte ich mir, Pech gehabt, dann mach halt weiter. Lass es geschehen, ist ja nicht so schlimm, wichtiger ist der Sport. Es fuchste mich, wie sie mit mir umging. Ein Satz – und ich spurte, das war die pure Erpressung. Mir schmeckte das überhaupt nicht.

Ich gab nach, bald waren wir wieder bei drei- bis viermal die Woche, so oft wie früher. Allerdings mit einem Unterschied: Sie langte nicht mehr ganz so selbstverständlich zu.

War es so weit, dass sie ihren Orgasmus hatte, spielte ich toter Mann. Ich machte mich steif, presste die Lippen aufeinander und drehte das Gesicht zur Seite. Sie musste sich damit abfinden, dass sie mich ab jetzt nicht mehr auf den Mund küssen durfte. Ich hatte die leise Hoffnung, je mehr ich zicke, umso schneller hat sie die Nase voll und lässt mich in Ruhe. Selber rührte ich keinen Finger mehr, auch wenn sie mich noch so anflehte.

Sie fand sich schnell damit ab, dass die Knutscherei wegfiel, und wenn ich so weit war, schob sie mir neuerdings einen Finger in den Mund und forderte: »Lutschen!«

Klar, dahinter stand die Angst, ich könnte das ganze Haus zusammenschreien. Ich tröstete mich: Tut doch gar nicht weh, es gibt Schlimmeres. Im Gegenteil, es ist angenehm und ganz bequem. Du hast ein schönes warmes Gefühl, und danach drehst dich auf die Seite und pennst. Was willst du mehr, anderen geht's wirklich beschissen. Ich hatte doch mitgekriegt, wie einige zu Hause regelmäßig Prügel bezogen. Und so lange lagen Vaters Auftritte noch nicht zurück.

Mutter und ich schlossen eine Art Burgfrieden, der über mehrere Monate hielt. Bis ich das nächste Mal durchknallte und plötzlich – mittendrin im Programm – aus dem Bett sprang, mich auf dem Bettvorleger aufbaute und sie anschrie: »Dann steck mich doch ins Heim! Denkst du, ich habe Angst davor? Mach doch, ist doch egal. Die Schweinerei läuft jedenfalls nicht mehr! Ist vorbei, geht nicht mehr, lass mich in Ruhe! Ich will endlich ein eigenes Bett.«

Sie stand auf, streckte mir die Arme entgegen und wollte mich streicheln.

»Finger weg, du!« Ich war nicht zu beschwichtigen. »Schluss, aus – mehr kriegst du nicht!«

Sie zuckte zusammen, als hätte ich ihr eins mit der Peitsche übergezogen, und ging zurück in unser Bett. »Leg dich hin«, flehte sie, »du wirst dich noch erkälten. Ist doch alles wieder gut, komm unter die Zudecke, hier ist es warm.«

Die hat doch bloß Schiss, dachte ich, dass ich splitterfasernackt aus dem Zimmer renne und bei Oma und Opa unterkrieche. Ich bibberte noch eine Weile in meiner Ecke und schimpfte leise: »Gar nichts ist gut. Du meinst nur, ich soll ruhig bleiben. Die Bombe darf nicht platzen.« Ich spielte ihr eine Härte vor, die ich eigentlich gar nicht hatte.

Ich verstand mich selber nicht mehr. Meine Neugier war längst verflogen dachte ich am Tag daran, schämte ich mich, und trotzdem erregte ich mich jedes Mal, wenn sie vor dem Einschlafen zu mir ins Bett kam und mich berührte. Als würde ich mich in zwei Personen aufteilen. Einmal in die, die am liebsten erst gar nicht mehr schlafen gehen wollte, der alles nur noch widerlich und lästig war, und die andere, die sich erregte und sich nach dem Orgasmus sofort wieder verdünnisierte. Ekel und Geilheit passten doch eigentlich gar nicht zusammen, aber irgendwie schien es bei mir doch zu gehen.

Ich versuchte, mich vom Kopf her wegzudröhnen, und nutzte dafür die mentalen Techniken, die mir Herr Yamada im Karatetraining beigebracht hatte. Das klappte bis auf die Momente, wo es in mir kochte und tobte und ich Mutter mit bloßen Händen erwürgen wollte. Ich beruhigte mich jedoch immer wieder, weil ein Rest in mir noch daran glauben wollte, dass sie wirklich sicher mein Bestes im Auge hatte.

Eine Mutter muss doch merken, sagte ich mir, wenn ihr Kind die Schnauze gestrichen voll hat. Anscheinend interessierte es sie aber nicht im Geringsten, wie es in mir aussah. Sie hatte nur ihr Bestes im Auge, meins war einzig vorgeschoben. Es konnte nur so sein.

Ich wehrte mich kaum noch und wurde immer verschlossener. Mit Oma und Opa redete ich nur noch das Nötigste. An ihren Gesichtern sah ich, wie sie sich um mich sorgten. Bei den geringsten Kleinigkeiten fühlte ich mich provoziert; auf dem Schulhof machten alle einen Bogen um mich. Auf der Matte wurde ich immer aggressiver. Kein Wunder, dass die sportlichen Erfolge zunahmen.

Was tatsächlich zu Hause ablief, begriff ich, als ich dreizehneinhalb war. Ich wollte nicht mehr. Toller Hecht hin, toller Hecht her, ich pfiff auf meine rosige Zukunft bei den Frauen. Ständig hatte ich diesen leichten Kokosgeruch von Mutters Hautcreme in der Nase. Früher roch ich das gern, jetzt hielt ich die Luft an, wenn sie ins Bett stieg. Ich konnte sie nicht mehr riechen; es schüttelte mich, wenn ich nur daran dachte, dass ich aus diesem Loch gekrochen war.

Ohne Ankündigung flüchtete ich zum Schlafen nach nebenan auf die Wohnzimmercouch. Mutter stand im Türrahmen und lag mir in den Ohren:

»Komm doch wieder ins Bett. Da schläft es sich doch besser, ich zeige dir noch viel, viel Schönes.«

Ich ließ mich nicht mehr erpressen, und befehlen gleich gar nicht. Ich dachte nicht daran, den Umzug ins Wohnzimmer zu rechtfertigen. Für mich war alles gesagt. Meine Entschlossenheit muss mir im Gesicht gestanden haben, denn nach einigen Tagen ließ sie mich in Ruhe.

Ich kann heute ohne Angst darüber sprechen, meine Stimme zittert nicht mehr. Vor vier Jahren war das noch unvorstellbar gewesen, der Kloß im Hals hätte kein Wort rausgelassen, und um mir Luft zu verschaffen, musste ich in dieser Zeit sofort auf etwas eindreschen, auf einen Mitgefangenen, auf die Zellenwand.

Heute rede ich sachlich, beinahe eiskalt darüber, aber ohne Hass. Es ist eine Geschichte aus meinem Leben, und ich rede darüber, als wäre es einem anderen passiert. Ich bin stolz, dass ich so darüber sprechen kann, und ich will nicht bedauert werden.

## Die Abrechnung

14 Es ist einfacher für mich, weil ich drei Wochen vor ihrem Tod noch einmal mit Mutter gesprochen habe. Endlich hatte ich den Mumm beisammen, es war höchste Zeit, ich musste reinen Tisch machen. Der ganze Müll lag wie ein Zentnersack auf meiner Seele. Ich redete ununterbrochen, ohne jede Hemmung, und ließ raus, was sich in all den Jahren in mir zusammengebraut hatte. In einer Dreiviertelstunde wurde ich das Wichtigste los.

Mutter saß in ihrem Rollstuhl wie festgenagelt, sie musste mir zuhören. Ich sagte ihr auf den Kopf zu, was sie mir als Kind Widerwärtiges angetan hat, wie ich mich dabei gefühlt, dass sie mir tiefe Wunden zugefügt hatte und ich in eine andere Welt flüchten musste, um einigermaßen zu Rande zu kommen. Dass es doch nicht normal gewesen sei, was damals zwischen Mutter und Sohn abging.

Marion und ich hatten tagelang gemeinsam hin und her überlegt. Sollte ich, sollte ich es ihr nicht sagen? Was brachte es, wenn ich der alten und kranken Frau die Schweinereien von früher vorhalte? Marions Haltung war eindeutig: »Tu es, es geht um dich! Wenn du das Bedürfnis hast, dann muss es auch raus. Du hast lange genug Rücksicht genommen.«

Stumm rührte Mutter geschlagene fünfundvierzig Minuten lang mit dem Löffel in ihrer Kaffeetasse. In den aufgedunsenen Händen Wasser, im Gesicht keine Regung, die offenen Beine verbunden und verpflastert, Kopf und Hals waren vom Alkohol aufgeschwemmt – sie hatte das doppelte Gewicht von früher. Ein abstoßendes Bild – ja. Da war nichts mehr übrig von der attraktiven Frau, die sie mal war. Mein Verstand sagte mir, die Frau im Rollstuhl ist deine Mutter. Gespürt habe ich nur Verachtung für dieses Wrack.

Ich habe sie niedergemacht. Gespräch konnte man dazu nicht sagen, Abrechnung war das passende Wort. Gott sei Dank verhaspelte ich mich nicht, ich habe auch nicht gebrüllt. Total klar im Kopf, so sachlich wie ein Anwalt, habe ich ihr Punkt für Punkt ins Gesicht gesagt, was ich heute von dieser Riesensauerei halte, und ich habe ihr ihren Platz in meinem Leben zugewiesen.

»Du, du bist das Gegenteil von einer Mutter und rangierst bei mir irgendwo da ganz hinten unter ferner liefen, am äußersten Rand. Schon lange spielst du nicht mehr die erste Geige in meinem Leben, seit Ewigkeiten nicht. Auch jetzt, wo du krank bist, hilflos und schwach, spüre ich kein Fünkchen Mitleid mit dir. Dein Elend nehme ich ohne irgendeine Regung zur Kenntnis, es interessiert mich nicht. Du bist für mich eine fremde Person.«

Ich war richtig froh. Endlich hatte ich gegenüber Mutter eine gerade Linie vertreten können, ich war nicht mehr auf einer Berg-und-Tal-Fahrt. Es ging mir von Minute zu Minute besser, ich war nicht zu bremsen.

»Mitten rein in dein Suffgesicht sage ich dir, du warst eine miese Mutter. So etwas darf eine Mutter nicht tun! Hast du verstanden?«

Keine Reaktion. Wenigstens nicken hätte sie können.

»Mag ja sein, dass du in deiner Kindheit selber Scheiße erlebt oder sonst was im Krieg gesehen und durchgemacht hast. Mir egal, andere Frauen haben Ähnliches erfahren und sind trotzdem ordentliche Mütter gewesen.

Für Vater gilt das Gleiche, auch so ein Drecksack. Ich hatte einfach Pech mit euch!«

Ich war so stolz auf mich, wie ich einen Satz nach dem anderen rausbrachte, ohne ins Holpern zu geraten. Unten an der Haustür hatte ich noch Angst, ich würde es nicht schaffen. Inzwischen war auch das flaue Gefühl im Magen verschwunden, meine Stimme wurde fester.

»Mutter, ich weiß, ich war kein Wunschkind, aber ich war ein Kind, euer Kind! Man muss ja ein Kind nicht über alle Maßen lieben, verdammt noch mal, aber doch nicht so!«

Jetzt starrte sie Löcher in die Decke.

»Sitz nicht da wie ein bepisster Pudel, der abwartet! Erinnere dich lieber, wie ich dich angefleht habe: ›Mama, bitte, ich will das nicht mehr! Sonst sag ich's Oma und Opa, wenn du mich nicht in Ruhe lässt.‹ Da war ich dreizehn, und dein Hohngelächter vergesse ich nie! Ha, ha, ha, ha! So von oben nach unten. Und dann wurdest du richtig fies: ›Na, was meinst du wohl, wem man mehr glaubt, einer Mutter oder dem missratenen Sohn, der nichts anderes als seinen Sport im Kopf hat? Sieh dich vor, mein Bürschchen! Was du vorhast, ist Verrat. Plapperst du auch nur ein Sterbenswörtchen aus, gebe ich dich weg, ich sorge dafür, dass du ins Heim kommst. Die springen da nicht wie ich. Jeden dritten Tag die Sportsachen waschen und ausbessern, Schuhe kaufen, Hemden kaufen und die teuren Trainingsanzüge. Das Gewese machen die da nicht mit. Da kann der Kampfsportler seinen Sport vergessen. Den finanziert dann nämlich keiner mehr. Am besten, du gehst gleich, dann hat der Ärger sein Ende. Überlege dir gut, was du machst.‹ Und dann hast du einen tiefen Seufzer ausgestoßen: ›Wenn du nur nicht so undankbar wärst, Andy.‹

Das war ein Volltreffer, mitten in mein Herz. Ich war

so durcheinander, so zittrig und aufgewühlt, aber ich wollte nicht heulen vor dir. Ich wollte nur weg von dir, ganz weit weg, am liebsten nie wieder nach Hause kommen. Insgeheim wünschte ich dir die Pest an den Hals. Auf der Treppe drehte ich mich noch einmal um und hob die Faust gegen die Wohnungstür: ›Hoffentlich stirbst du bald!‹

Nach dem Training bin ich stundenlang mit meiner Sporttasche durch die Stadt gelaufen, und dann doch wieder bei dir gelandet. Wo sollte ich hin?

Du hast mich sehr gequält, als du immer mehr von mir verlangt hast. Ich wollte nicht, ich schämte mich so, aber du hast mich erpresst und weichgeklopft.

›Was soll das Getue, hab dich nicht so, hat dir doch die Jahre über immer Spaß gemacht. Was du schon alles weißt und kannst, Andy, du bist doch der glücklichste Junge auf der Welt‹, das hast du immer zu mir gesagt.

Ich habe nicht gewagt, Oma und Opa zu bitten, dass sie von dir verlangen, du sollst mir ein eigenes Bett kaufen. Ich fürchtete, ich würde dabei im Gesicht rot anlaufen, und sie könnten dahintersteigen, was wirklich abläuft. Dieser Druck! Ich dachte, mir reißt es den Kopf auseinander. Kannst du das begreifen, Mutter?«

Jetzt hob sie ganz langsam ihr Gesicht, wie in Zeitlupe, und schaute mich das erste Mal an, mit diesem Ausdruck in den Augen: Was willst du denn von mir hören, was soll ich sagen, es ist so lange her, ich kann's doch nicht mehr rückgängig machen.

Jedenfalls habe ich den Blick so gedeutet, und in diesem Moment tat sie mir fast Leid. Vor mir im Rollstuhl saß eine alte, kranke, hilflose Frau. Im Zimmer roch es nach Urin, Fusel und Eiter. Wieder war ich am Kippen, ich riss mich zusammen, ich durfte nicht lockerlassen. Den Triumph wollte ich ihr nicht noch einmal gönnen.

»Diese ganze Sauerei hat mich geprägt, verstehst du? Wie, das weiß ich bis heute selber nicht, das ist so schwer zu begreifen. Und richtig kann es mir keiner erklären, weil es nicht zu erklären ist. Fest steht, es hat mich geprägt. Dass ich bin, wie ich bin, verdanke ich in erster Linie euch. Vater und du, ihr habt die guten Seiten in mir zerbröselt. Ein Glück, dass Oma und Opa da waren und mein Sport. Ich habe überlebt, weil ich stark war.«

Opa und Oma wollte ich es nie sagen, weil ich eine Scheißangst hatte, sie könnten mich im falschen Licht sehen, und für Opa wäre ich mit einem Schlag nicht mehr »sein Junge« gewesen, den er so gern um sich hatte. Ich hatte Schiss, er könnte mich fallen lassen, und all seine Mühen wären für die Katz gewesen. Umsonst die Jahre, in denen er mich für den Sport begeistert hatte und mit mir von einem Verein zum anderen gezuckelt war. Ich wollte auch Oma nicht enttäuschen. Mit so einem Früchtchen hätten beide bestimmt nicht länger unter einem Dach wohnen wollen. Das war schließlich ihre Wohnung, und darin mussten sie solche Schweinereien nicht dulden. Nein, so einen Enkel hatten beide nicht verdient.

Mutter saß vor mir wie ein kleines Kind, das Schelte bekommt. Ihre Augen gingen immer wieder zur Decke hoch, als könnte sie von dort Beistand erwarten. Es war ihr unangenehm, äußerst unangenehm sogar, aber darauf nahm ich keine Rücksicht mehr.

»Alles wäre einfacher gewesen, wenn du mich nur gequält und verdroschen hättest wie Vater. Striemen und blaue Flecken hätte ich nicht verstecken müssen, die sind vorzeigbar, damit können die Leute was anfangen.

Fakt ist, die Wahrheit hätte mir niemand abgenommen. Im Kaufhaus klauen, damit kann jeder was anfangen, das kriegen die Leute in ihre Köpfe rein, weil jeder schon mal was hat mitgehen lassen – oder dies zumindest wollte. Was du mit mir gemacht hast, das begreift kein normaler Mensch!

Omas Reaktion wäre wohl gewesen: ›Jetzt ist aber gut, Andy, die Lügerei sieht dir nicht ähnlich.‹ Und Opa: ›Du bist wohl beim Training mit dem Kopf auf den Fußboden geknallt? Komm mal wieder auf'n Teppich!‹

Egal zu wem ich auch gegangen wäre, zu Oma, Opa, zu meinem Trainer oder zu einer Lehrerin, alle wären ratlos gewesen und hätten nur verständnislos mit dem Kopf geschüttelt: Was erzählt der Dreikäsehoch da Furchtbares über seine Mutter? Die hätten mich für krank erklärt, und du hättest sie machen lassen, bloß um dein Gesicht nicht zu verlieren. Mir konnte niemand helfen. Oma und Opa nicht, und fremde Leute erst recht nicht.

Ich hätte gleich damit rauskommen müssen. Nach dem ersten oder zweiten Mal, spätestens nach dem dritten Mal. Was weiß ich, wann der richtige Zeitpunkt gewesen wäre. Wie ich es auch drehe, es hat mir einfach zu lange Spaß gemacht.

Und noch eins: Du hättest sie zugequatscht, denn so leicht hast du dir die Butter nicht vom Brot nehmen lassen. Du konntest reden wie ein Buch. Du hättest allen weisgemacht, die Schweinereien existieren nur in meinem Kopf. Der Junge will sich nur wichtig machen mit dem perversen Gelaber. Ich wäre gegen eine Wand gelaufen, denn einer Mutter glauben die Menschen doch alles!

Am schlimmsten war die Vorstellung, du verbündest dich mit Oma und Opa – und ab mit der missratenen Göre ins Heim. Der blanke Horror! Du bist doch vor nichts zurückgeschreckt. Ich habe als Kind nicht versagt, Oma und Opa auch nicht. Du hast versagt, du warst eine Monstermutter!

Endlich schaute sie mich an und presste sich einen Satz ab: »Ich hoffe, du kannst mir verzeihen.«

Damit hatte ich nicht gerechnet. Erwartet hatte ich zwei, drei bissige Bemerkungen, die mich lächerlich machen sollten, aber so einen Satz niemals. Verdutzt ging ich zur Tür, drehte mich noch einmal um und stammelte: »Die Frage kann ich dir jetzt nicht beantworten.« Weg war ich.

Auf der Treppe griff ich mir an den Kopf. Was denn für eine Frage? Ich hätte mir eine scheuern können. »Ich hoffe, du kannst mir verzeihen.« Das war doch gar keine Frage. Das war wieder so eine Forderung, obendrein in dem Ton, den ich so gut kannte.

Ich ärgerte mich, dass ich wieder die Flucht ergriffen hatte. Vielleicht wären noch ein paar vernünftige Sätze gefallen, wenn ich nicht weggerannt wäre wie ein geprügelter Hund. Hatte sie denn wieder gewonnen?

Draußen auf dem Bürgersteig beruhigte ich mich. Was soll's, verzeihen kam sowieso nicht in Frage.

Drei Wochen später war sie tot. Sie hat die Last mit ins Grab genommen. Ich habe sie verbrennen lassen und auf dem Friedhof still beigesetzt. Blumen aufs Grab und Schluss. Marion war dabei, sonst niemand. Den Leuten aus dem Haus, in dem sie wohnte, habe ich abgesagt. Mir egal, wie sie darüber dachten. Wäre es nach mir gegangen, hätte der Totengräber sie sang- und klanglos verscharrt. Ohne mich, ohne eine einzige Blume auf dem Grab. Verziehen habe ich ihr bis heute nicht, meine Gefühle bleiben kalt. Das wird sich nie ändern, denn es gibt keine Entschuldigung. Eine Mutter darf ihr Kind nicht so behandeln.

Vierzehn Tage nach der Beerdigung löste ich ihre Wohnung auf. Mir war seltsam zumute, als ich durch die leeren, verlassenen Zimmer ging. Die Stille war unheimlich. Hier war mir all das Schlimme zugestoßen, in diesem völlig runtergekommenen Loch bin ich groß geworden. Die Erinnerung wog schwer wie Blei.

Ich stand auf dem Flur und sah mein Gesicht in dem großen Spiegel mit Goldrand. Ich war übrig geblieben, der letzte aus der Sippe, alle anderen waren schon längst tot. Mich überkam ein Gefühl, das ich nicht kannte. Ein bisschen einsam, ein klein wenig traurig – gemischt mit Erleichterung, Verachtung und Dankbarkeit. Obwohl Oma und Opa so lange nicht mehr da waren, konnte ich sie spüren.

Noch einmal habe ich mich umgesehen. Gleich links, wenn man reinkommt, der kleine Schrank für Handfeger und Müllsäcke, dahinter das Schlafzimmer von Oma und Opa. Rechts gegenüber die Abstellkammer für Getränke, danach unser Badezimmer. Der Flur war lang, ungefähr vier Meter, und machte einen Bogen auf das große Wohnzimmer zu. Dort hingen an den Wänden die Bilder und Fotos von früher, Aufnahmen von unseren Hunden. Von Anka, unser Schäferhündin, von Lady, einem Mini-Yorkshire. Über der Couch das Ölgemälde, die Golden Gate Brigde in San Francisco. Auf der Anrichte standen die holzgeschnitzten Figuren, die ich von meinen Wettkämpfen aus Asien mitgebracht hatte. Alles völlig eingestaubt, kaum wiederzuerkennen.

Oben an der Decke dicke, fette Spinnweben, alles dreckig und verrottet, die Sessellehnen zerschlissen und mit schäbigen Deckchen verhüllt. Der alte Fernseher stand immer noch da. Der ganze Krempel war mir vertraut.

Eine Tür vom Wohnzimmer führte in Mutters und mein Zimmer. Da stand die Kiste – unser Bett. Einsachtzig mal zwei Meter, ein französisches Bett. Sechzehn Jahre haben Mutter und ich in diesem Bett geschlafen. Sie ist darin gestorben. Schräg gegenüber befand sich der alte Kleiderschrank. Meine Schrankseite war immer tiptop, Mutter legte ihre Sachen nur rein. Meine Jacken hingen fein säuberlich aufgereiht nach Frühling, Sommer, Herbst und Winter. Jede Hose hatte ihren passenden Bügel. Im oberen Fach lagen ordentlich übereinandergestapelt die Unterhosen, im mittleren Schubfach die präzise zusammengerollten Socken, die T-Shirts sortierte ich penibel nach Farben. Hell auf hell, dunkel auf dunkel, Naht auf Naht, genau übereinander. Handtuch auf Handtuch lag auf Kante gefaltet an seinem Platz, wie mit dem Lineal gezogen. Der Kommiss ist dagegen ein Scheißdreck, sagte Opa, wenn er einen Blick in den Schrank reinwarf. Ich konnte die Augen schließen und hatte garantiert sofort das Gesuchte in den Händen.

Später sahen alle meine Wohnungen aus, als würde niemand drin wohnen. Sauber, beinahe steril, alles hatte seinen festen Platz, niemand durfte etwas verstellen. Seitdem ich mit Marion zusammenlebe, habe ich mich schon ein bisschen angepasst und gerate nicht mehr in Rage, wenn etwas nicht an seinem Platz liegt. Bestimmte Dinge kann ich bis heute nicht lassen. Ich bügele besser als jede Frau, und wie ein Hemd vernünftig zusammengelegt wird, weiß nur ich.

Schöne Erinnerungen habe ich an die große Küche. Wenn Oma Essen für mich machte, rückte ich mir einen Küchenstuhl ran und fragte sie Löcher in den Bauch. Am gemütlichsten war es hier frühmorgens vor der Schule. Da lagen zwei warme Brötchen auf meinem Frühstücksteller. Bevor Opa in sein Bett stieg, wickelte er die Brötchen, die er in der Nachtschicht für uns gebacken hatte, in ein Tuch, damit sie zum Frühstück noch frisch und warm waren.

Die alten Klamotten habe ich von der Müllabfuhr auf

eine Kippe fahren lassen. Behalten habe ich aus dem Ramsch die Fotos von den Großeltern, das Hochzeitsbild meiner Eltern und noch vier, fünf Aufnahmen aus dem Garten. Alle anderen Bilder flogen in die Abfalltonnen.

## Wieder in Freiheit

15 Einige Monate nach meiner Entlassung machte ich einen Kurzbesuch in einem Insiderlokal in der Lietzenburger Straße. In dem Laden verkehrt seit Jahren die Berliner Halbwelt. Von ganz unten bis ganz oben, außen hui, innen pfui.

Einige von früher sahen mich kommen, sie waren sofort bei mir am Tisch.

»Hallo, Mann, Andy, bist du das? Warst ja lange weg gewesen.«

»Ja, ja, kann man so sagen – ganz schön lange.«

Ich redete nur das Nötigste. Die Typen peilten präzise, wo ich herkam. Meine Verhaftung hatte sich damals wie ein Lauffeuer rumgesprochen, und dass ich wegen der zweiten Geschichte Nachschlag erhielt und vom offenen Vollzug in Hakenfelde in den geschlossenen nach Tegel kam, wusste in dem Schuppen jeder, der hier reingehörte.

Und nun saß er wieder auf seinem Platz: der Harte, der Brutale, der Machtmann. Ganz wie früher, bei Kaffee und Selters.

Nicht ganz, etwas irritierte sie, ich sah es in den Gesichtern. Andy ohne Goldketten, keine dicken Ringe an den Fingern, statt der Rolex eine einfache Swatch am Handgelenk – ein Weihnachtsbaum ohne Kugeln und Lametta. Die billigen Klamotten waren eindeutig von der Stange, die popligen Schuhe zu hundert Prozent aus dem Kaufhaus, nur die Frisur war die alte. Vor dem Laden parkte kein schwerer Schlitten. Durch die Fensterscheiben war auf dem Bürgersteig ein gelbbeiger Twingo zu sehen, aus dem vor zwei Minuten eindeutig Andy gekrochen kam. Eine Karre, die einer wie er früher nicht mit dem Arsch angeguckt hätte.

Nicht zu fassen, was ist bloß los mit Andy? Die Frage lag in der Luft.

Als ich nach zwanzig Minuten zahlte, konnten sie sich das Grinsen nicht verkneifen. Das gibt's doch gar nicht: Andy und ein Portemonnaie! Und höchstens drei, vier lausige Fünf-Euro-Scheine drin. Kein Gewedel mit Bündeln voller Hunderter, und ein ganz normales Trinkgeld, um nicht zu sagen spärliches, lag abgezählt auf dem Tisch.

Das sah wieder mal ganz nach Andy aus, absolut schwer zu durchschauen, der Gauner. Garantiert steckte da mehr dahinter; im Grunde dachten doch alle das Gleiche: Andy blufft. Dieser Täuscher gibt wieder mal die schlichte Kirchenmaus und hat dabei die Millionen verbuddelt. Da ist noch viel Kohle – mit Sicherheit. Karate-Andy steht doch über den Dingen.

Die Kommentare hätte ich noch gerne gehört, als ich mich wieder hinter das Lenkrad meines Twingo quetschte.

Es war ihr Problem, was sie dachten, wofür sie mich hielten, keiner sollte richtig bei mir durchblicken. Ich schob den Normalo, und die Typen rätselten. Ich gebe zu, ich habe die Situation genossen, da bin ich anfällig. Das Spiel gefiel mir sogar ausgesprochen gut, weil so vieles mitschwang. Wer ich wirklich war, mussten die nicht erfahren. Ich redete nicht über mich, jedenfalls nicht mit denen, Distanz war mir immer wichtig. Neu für mich war der Blick von außen auf das Milieu.

Angenommen, ich hätte versucht, den Luden zu erklären, dass ich inzwischen ein anderes Leben führe und all den Schnickschnack überflüssig finde, für den ich früher massig Kohle hingeblättert hätte, sie hätten sich enttäuscht von mir abgewandt. Als hätte ich sie und ihr Leben verraten. Für sie war es unvorstellbar, dass es einem Menschen ohne Rolex, Goldkettchen und Riesenschlitten gut gehen konnte. Im Milieu ist es normal, nach dem Knast da weiterzumachen, wo man stand, bevor man einfuhr; es ist normal, die Knasterfahrungen zu nutzen, um nicht postwendend wieder dort zu landen, wo man gerade herkam. Klar, so wie ich nach meiner ersten Verurteilung.

Vielleicht wird es ein Jahr dauern, bis sich in dem Laden rumgesprochen hat, dass ich nicht bluffe, sondern – bis auf den Sonntag – zehn Stunden am Tag in unserem Sportstudio schufte und von meiner Arbeit lebe. Der eine und andere wird sich nicht davon abbringen lassen und weiter steif und fest behaupten, Karate-Andy hat seine Millionen vergraben. Und ganz bestimmt findet sich einer, der Stein und Bein schwört, dass er mich neulich nachts im Tiergarten gesehen hat, wie ich mit dem Spaten auf dem Rücken durch die Büsche geschlichen bin. In diesen Kreisen wird ja unheimlich aufgedreht, und je haarsträubender die Story, desto länger wird drauf rumgekaut.

Die alten Luden werden nicht in ihre Schädel reinkriegen, dass einer wie ich sich grundlegend ändern kann. Egal was die anderen denken, meine Entscheidung steht, daran gibt's nichts zu rütteln. Ich bin endgültig raus aus der Scheinwelt, und ich will nie wieder dahin zurück.

Ich bin in der Lage, nein zu sagen, wenn ein Angebot kommt, das nicht ganz astrein ist – früher bin ich doch beinahe automatisch eingestiegen. Ich habe die Chance kurz abgecheckt: Erstens, zweitens, drittens, könnte klappen, aha, fifty-fifty, also lukrativ – okay, wir machen das, ich bin genau der Richtige für die Sache. Dahinter stand die reine Gier, und ich fühlte mich zugleich geehrt und gebauchpinselt.

Heute lasse ich ein solches Angebot sausen, und wenn es noch so in den Fingerspitzen juckt, ich schalte den Verstand ein, und das Kribbeln lässt nach. Ich könnte sofort wieder einsteigen, und es würde auch eine gewisse Zeit klappen, aber acht Jahre reichen. Ich will nicht noch einmal in den Knast. Ich fahre lieber mit meinem Twingo durch Berlin und amüsiere mich, wenn Leute aus den alten Zeiten mich erkennen und sich wundern, dass ich immer noch keinen großen Schlitten fahre. Quatscht mich einer von früher auf der Straße an, sage ich »Hallo« und freue mich, dass ich noch nicht vergessen bin. Es amüsiert mich, wenn ich daran denke, dass der Typ einmal vor mir zitterte. Ich lasse mich auf ein kurzes Gespräch ein, aber es bedeutet mir nicht mehr viel.

Als Zuhälter war ich extrem ichbezogen. Wichtig war mein Wohlergehen: Geld, Wohnung, Auto – raffen, raffen, immer nur ich, die anderen waren mir gleichgültig. Ich war hart und brutal gegen mich und meine Mitmenschen. Ich durfte keine Schwächen zeigen, ich habe keine Schwächen gezeigt. Heute gestatte ich mir welche und habe erfahren, die Welt stürzt nicht gleich ein.

Heute bin ich glücklich. Damals war ich berauscht von mir und brauchte ständig neue Reize; eigentlich konnte ich mich überhaupt niemals richtig freuen. Wichtig sind mir die Rückmeldungen von Marion, wie sie mit dem neuen Andy zurechtkommt. Neulich sagte sie, ich lache in einem Jahr so viel wie früher in zehn, und was ihr besonders auffiele: Die Augen lachen mit.

Ich war süchtig nach Anerkennung. Ganz egal aus welcher Ecke sie kam. Die Beachtung, die ich jetzt ohne

Goldkettchen und Rolex finde, macht mich aber zufriedener. Jetzt, wo ich ohne Turbo auskomme und nicht mehr mit Hundertern und Fünfhundertern um mich werfe, erscheint mir vieles von damals ziemlich affig. Geblieben ist meine Leidenschaft für Uhren. Gefällt mir eine, will ich sie haben. Wie früher, nur der finanzielle Rahmen ist ein anderer.

Ich presche nicht mehr rastlos durch die Gegend, ich bin angekommen, lehne mich mal zurück und genieße, wenn die Arbeit das zulässt. Ich gehe sehr gern essen, am liebsten mit Marion, aber auch mal alleine. Früher war das unvorstellbar, einen ganzen Abend lang essen, trinken und reden – das wäre unter verlorene Zeit gelaufen. Essen am Imbissstand dauerte gewöhnlich zehn Minuten. Zwei Currywürste, doppelte Portion Pommes mit viel Mayo, dazu eine kühle Cola – das war's.

Marion sagt, nach zwanzig Jahren hat sie den Mann bekommen, den sie von Anfang an wollte, den lieben Kerl, der immer in mir war. Sie sagt nie, sie hätte über mich gesiegt. Ich fühle mich auch nicht besiegt – im Gegenteil, ich bin erleichtert.

Kürzlich hatte sie die Idee, Mutters Grab zu besuchen. Einfach mal schauen. Der Vorschlag überraschte mich, die Beerdigung lag schließlich schon anderthalb Jahre zurück, und danach waren wir nie wieder auf dem Friedhof gewesen. Ich fühlte nichts, aber vielleicht war der Zeitpunkt gekommen, das Kriegsbeil endgültig zu begraben und die schlechten Erinnerungen loszuwerden. Ich dachte kurz nach, und stimmte dann zu. Ist ja schließlich deine Mutter, sagte ich mir, und verordnete mir das passende Gefühl. Eine Art Dankbarkeit, die ein Sohn gewöhnlich für seine verstorbene Mutter aufbringt. Ich merkte gleich, da biss sich etwas, und schon war ich nicht mehr ich. Das war wieder eine Situation, in der ich mir ein Gefühl in der Annahme aufzwang, so müsste eigentlich der neue Andy fühlen.

Eine halbe Stunde vor Abmarsch eierte ich rum. Ich möchte ja, aber ich weiß gar nicht, wo das Grab ist. Keine Ahnung, ob links oder rechts vom Eingang, das liegt doch alles schon so lange zurück.

»Was ist los?«, fragte Marion. »Willst du oder willst du nicht? Mir musst du keinen Gefallen tun.«

Verdammt noch mal, dachte ich, sie hatte Recht, das war doch wieder Selbstbetrug.

»Gehen wir lieber zu Oma und Opa auf den Alten Luisenstadt-Friedhof«, sagte ich. Da muss ich nicht lange suchen, den Weg kenne ich. Die beiden liegen unter der schönen Riesentanne, links von der Kapelle, Abteilung 1, Reihe 18.«

Geblieben sind meine Disziplin, die Härte gegen mich, und trotz eines Herzinfarkts vor einiger Zeit fließt immer noch reichlich Energie. Es ist über ein Jahr her, dass es mir plötzlich die Beine wegzog und ich wochenlang krankmachen musste. Ich trete kürzer, aber mein Wille ist ungebrochen, vielleicht sogar positiv verstärkt, denn ich habe am eigenen Leib gespürt, wie schnell das Leben vorbei sein kann.

Vor meinem Infarkt habe ich im Club Adagio, am Potsdamer Platz, in einer Benefizveranstaltung für Kinder mit HIV und Aids einen Weltrekord aufgestellt. Fernsehen, Medien – alles dabei. Innerhalb von knapp fünf Sekunden zertrümmerte ich fünf übereinandergebundene Baseballschläger. Zwei mit dem Schienbein, einen mit dem rechten Ellenbogen, den anderen mit dem linken Ellenbogen. Den fünften Schläger habe ich mit der rechten Handkante erledigt. Das Schienbein sah entsprechend aus, Handkante und Ellenbogen auch – aber es hat geklappt.

Als ich das gespendete Geld in einer Kita den Kindern mit einem symbolischen Scheck überreichte, habe ich dieselbe Aktion noch einmal vorgeführt. Dieses Mal ausschließlich mit der Handkante.

Ich mache viele Benefizveranstaltungen für behinderte und kranke Kinder mit. Für mich geht jedes Mal die Sonne auf, wenn ich in die glücklichen Augen der Kleinen schaue. Ich liebe ihre fröhlichen Gesichter, und ist eine Veranstaltung gelaufen, habe ich die Gewissheit, meine Kraft und Stärke haben etwas Freude und Zuversicht in das Leben der Kinder gebracht. Mit einem tiefen Gefühl der Zufriedenheit fahre ich nach Hause. Mir liegt daran, dass Erwachsene genauer hinsehen, wie Kinder groß werden, denn es passiert immer noch zu viel Schlechtes.

Ab und an halte ich ein und frage mich: Alles Taktik, was ich da gerade tue? Spiele ich den guten Andy, oder bin ich das wirklich?

Es ist eine kurze Unsicherheit, die schnell vorübergeht, denn es gibt keinen Grund mehr, falsch zu spielen. Da ist niemand mehr, dem ich Fallen stellen müsste.

Wer weiß, was noch passiert wäre, wenn ich die Kurve nicht gekriegt hätte. So wie ich drauf war, kann ich nichts ausschließen. Es ist hart, sich das einzugestehen, aber ich denke, alleine hätte ich nicht die Kraft aufgebracht, mich zu drehen und zu sagen, bis hierher und nicht weiter. Die Entscheidung, auszusteigen, war der erste wichtige Schritt. Und je mehr ich über mich erfahre, umso leichter fällt mir der nächste: nie wieder rückfällig werden.

Ich habe noch zwanzig Jahre vor mir, und die werde ich nutzen. Läuft es gut, werde ich meinen Frieden finden.

# Nachwort

Bei Lesungen aus *Härte* in Justizvollzugsanstalten oder öffentlichen Bibliotheken und Buchhandlungen stimmen die Zuhörer überein: Ein Mensch wird nicht als Straftäter geboren, und Gewalt in der Kindheit erhöht das Risiko, straffällig zu werden, signifikant. Sehr verschieden jedoch sind die Reaktionen auf die im Buch beschriebene Gewalt der Eltern, insbesondere auf die sexuelle Gewalt der Mutter und deren Folgen für den heranwachsenden Andreas Marquardt. Viele Gefangene wissen: Die Tatsache, dass sie im Gefängnis sitzen, hängt nicht zuletzt mit der Gewalt und den Demütigungen zusammen, denen auch sie in ihrer Kindheit ausgesetzt waren. Aus eigener Erfahrung trauen sie Eltern alles zu – auch sexuelle Gewalt an ihren Kindern. Vom Vater oder der Mutter begangen, mitunter von beiden gemeinsam. Ganz anders die Zuhörer in öffentlichen Lesungen: Es gebe zwar Rabenmütter, räumen sie ein, die ihre Kinder schlagen, verdursten und verhungern lassen; aber eine sexuell übergriffige Mutter wie die von Andreas Marquardt kann nur eine große Ausnahme sein. Missbrauch durch Mütter, Stiefmütter oder Tanten können sie sich einfach nicht vorstellen. Täter sind in ihrem Verständnis grundsätzlich männlich. Da die große Mehrheit der Bevölkerung – so wie sie auch – Kindesmissbrauch nur mit Männern in Verbindung bringt, werden missbrauchende Frauen nur selten entdeckt.

Die Großeltern von Andreas Marquardt, die mit dem Enkel und seiner Mutter jahrelang unter einem Dach lebten, verhielten sich nach dem gleichen Muster. Mutter und Sohn in einem Bett, was kann da schon passieren? Bei Vater und Tochter wären sie mit Sicherheit frühzeitig alarmiert gewesen.

Doch selbst 2015 können missbrauchte Mädchen und Jungen, die den Mut aufbringen und ihr Leid offenbaren, noch immer auf taube Ohren stoßen. Täter oder Täterin müssen den Vorwurf nur entschieden genug zurückweisen: »Ungeheuerlich, das Kind lügt, alle Kinder haben eine blühende Phantasie!«, und meist wird ihnen geglaubt. Das Kind verstummt, der Missbrauch läuft weiter, und das Opfer leidet einsam vor sich hin. Ein Gefangener in einer Vollzugsanstalt in Mecklenburg-Vorpommern brachte es auf den Punkt: »Würden Wegsehen und Weghören als Straftaten gelten, wären die Gefängnisse voll mit Verwandten, Nachbarn, Lehrern und Polizisten.«

In der Zeit, als die Eltern der Mitschüler von Andreas Marquardt ihre Kinder über Geschlechterbeziehungen aufklärten, fügte die Mutter von Andreas seiner kindlichen Seele tiefe Wunden zu, in die sich Scham, Ekel und das Gefühl von Ausgeliefertsein einnisteten. Eine explosive Mischung, die etliche Jahre später einen Brandsatz zündete, der den erwachsenen Andreas Marquardt zu seinem menschenverachtenden Rachefeldzug gegen alles Weibliche (»Frauen waren Viecher für mich«) antrieb. »Nie wieder will ich einer Frau so hilflos ausgeliefert sein«, nahm er sich vor und drehte den Spieß konsequent um. Den Frauen, die sich auf ihn einließen, versprach er das Blaue vom Himmel und drängte sie auf perfide Weise in die Prostitution. Jede glaubte, sie sei die Einzige und war bald bereit, Startkapital für die gemeinsame Zukunft anzuschaffen. Eiskalt registrierte er ihre Unterwerfung wie durch Sehschlitze aus einem Bunker, in dem das Kindheitstrauma ihn eingesperrt hielt. Schuldgefühle, Gewissensbisse? Fehlanzeige. Die in der Kindheit erlebte Gewalt verhinderte im Bewusstsein die Ausbildung einer moralischen Instanz, die Gut und Böse ausdifferenziert und Mitgefühl für andere ermöglicht. Als junger Mann ist Andreas Marquardt undurchlässig für den Schmerz, den er anderen zufügt.

In der mehrjährigen Therapie erschließt sich ihm der ursächliche Zusammenhang zwischen seinem Verhalten als Erwachsener und der in der Kindheit erworbenen Aggressivität (»Mein Hassprogramm Frauen«). Erst hier wird er sich seiner Schuld bewusst und erkennt: Getanes Unrecht ist nicht ungeschehen zu machen, weder das erlittene noch das anderen zugefügte. Und dass er als Kind selbst Opfer von Gewalt wurde, verringert auch nicht das Ausmaß seiner Schuld. Der Exzuhälter würde sich gerne bei den misshandelten Frauen entschuldigen, aber außer seiner Lebenspartnerin Marion Erdmann möchte wohl keine mehr etwas mit ihm zu tun haben. Offenbar trauen sie dem Frieden nicht. Andreas Marquardt beweist seit seiner Entlassung aus dem Gefängnis (2003), dass er sich aus der Umklammerung der Krake Missbrauch befreit hat. Die Liebe seiner Lebensgefährtin, ihr unerschütterlicher Glaube an das Menschliche in ihm unterstützen seine wachsende Beziehungsfähigkeit. Er möchte, dass Erwachsene genauer hinsehen, wie Kinder groß werden und sich einmischen, wenn Anzeichen von Gewalt durch Erwachsene bemerkbar sind. In dem von ihm und der Partnerin in Neukölln geführten Karatestudio vermittelt er Kindern Techniken der Selbstverteidigung. Er schult ihre Fähigkeiten, gewaltbereite Erwachsene frühzeitig zu durchschauen und sich bei der Abwehr Hilfe zu holen. Den Gefangenen rät er, sich auf eine Therapie einzulassen, um mehr über sich zu erfahren und zu lernen, ein straffreies Leben zu führen.

Jürgen Lemke, Psychotherapeut/Autor